金融网络视角下的系统风险与宏观审慎政策

Systematic Risk and Macro-prudential Policy from the
Perspective of Financial Networks

贾彦东　著

经济管理出版社
ECONOMY & MANAGEMENT PUBLISHING HOUSE

图书在版编目（CIP）数据

金融网络视角下的系统风险与宏观审慎政策/贾彦东著. —北京：经济管理出版社，2020.8
ISBN 978-7-5096-7298-3

Ⅰ.①金…　Ⅱ.①贾…　Ⅲ.①金融风险—风险管理—金融政策—研究—中国
Ⅳ.①F832.0

中国版本图书馆 CIP 数据核字（2020）第 138981 号

组稿编辑：宋　娜
责任编辑：宋　娜　张馨予
责任印制：黄章平
责任校对：张晓燕

出版发行：经济管理出版社
　　　　　（北京市海淀区北蜂窝 8 号中雅大厦 A 座 11 层　100038）
网　　址：www. E-mp. com. cn
电　　话：（010）51915602
印　　刷：三河市延风印装有限公司
经　　销：新华书店
开　　本：720mm×1000mm/16
印　　张：20
字　　数：278 千字
版　　次：2020 年 9 月第 1 版　2020 年 9 月第 1 次印刷
书　　号：ISBN 978-7-5096-7298-3
定　　价：98.00 元

本书获国家自然科学基金面上项目"金融网络结构下的中国系统风险模型构建"(项目批准号：71873140)资助

序　言

博士后制度在我国落地生根已逾30年，已经成为国家人才体系建设中的重要一环。30多年来，博士后制度对推动我国人事人才体制机制改革、促进科技创新和经济社会发展发挥了重要的作用，也培养了一批国家急需的高层次创新型人才。

自1986年1月开始招收第一名博士后研究人员起，截至目前，国家已累计招收14万余名博士后研究人员，已经出站的博士后大多成为各领域的科研骨干和学术带头人。其中，已有50余位博士后当选两院院士；众多博士后入选各类人才计划，其中，国家百千万人才工程年入选率达34.36%，国家杰出青年科学基金入选率平均达21.04%，教育部"长江学者"入选率平均达10%左右。

2015年底，国务院办公厅出台《关于改革完善博士后制度的意见》，要求各地各部门各设站单位按照党中央、国务院决策部署，牢固树立并切实贯彻创新、协调、绿色、开放、共享的发展理念，深入实施创新驱动发展战略和人才优先发展战略，完善体制机制，健全服务体系，推动博士后事业科学发展。这为我国博士后事业的进一步发展指明了方向，也为哲学社会科学领域博士后工作提出了新的研究方向。

习近平总书记在2016年5月17日全国哲学社会科学工作座谈会上发表重要讲话指出：一个国家的发展水平，既取决于自然科学发展水平，也取决于哲学社会科学发展水平。一个没有发达的自然科学的国家不可能走在世界前列，一个没有繁荣的哲学社会科学的国家也不可能走在世界前列。坚持和发展中国特色社会主义，需要不断在实践中和理论上进行探索、用发展着的理论指导发展着的实践。在这个过程中，哲学社会科学具有不可替代的重要地位，哲学社会科学工作者具有不可替代的重要作用。这是党和国家领导人对包括哲学社会科学博士后在内的所有哲学社会科学领域的研究者、工作者提出的殷切希望！

中国社会科学院是中央直属的国家哲学社会科学研究机构，在哲学社会科学博士后工作领域处于领军地位。为充分调动哲学社会科学博士后研究人员科研创新的积极性，展示哲学社会科学领域博士后的优秀成果，提高我国哲学社会科学发展的整体水平，中国社会科学院和全国博士后管理委员会于 2012 年联合推出了《中国社会科学博士后文库》（以下简称《文库》），每年在全国范围内择优出版博士后成果。经过多年的发展，《文库》已经成为集中、系统、全面反映我国哲学社会科学博士后优秀成果的高端学术平台，学术影响力和社会影响力逐年提高。

下一步，做好哲学社会科学博士后工作，做好《文库》工作，要认真学习领会习近平总书记系列重要讲话精神，自觉肩负起新的时代使命，锐意创新、发奋进取。为此，需做到：

第一，始终坚持马克思主义的指导地位。哲学社会科学研究离不开正确的世界观、方法论的指导。习近平总书记深刻指出：坚持以马克思主义为指导，是当代中国哲学社会科学区别于其他哲学社会科学的根本标志，必须旗帜鲜明加以坚持。马克思主义揭示了事物的本质、内在联系及发展规律，是"伟大的认识工具"，是人们观察世界、分析问题的有力思想武器。马克思主义尽管诞生在一个半多世纪之前，但在当今时代，马克思主义与新的时代实践结合起来，越来越显示出更加强大的生命力。哲学社会科学博士后研究人员应该更加自觉地坚持马克思主义在科研工作中的指导地位，继续推进马克思主义中国化、时代化、大众化，继续发展21世纪马克思主义、当代中国马克思主义。要继续把《文库》建设成为马克思主义中国化最新理论成果宣传、展示、交流的平台，为中国特色社会主义建设提供强有力的理论支撑。

第二，逐步树立智库意识和品牌意识。哲学社会科学肩负着回答时代命题、规划未来道路的使命。当前中央对哲学社会科学愈加重视，尤其是提出要发挥哲学社会科学在治国理政、提高改革决策水平、推进国家治理体系和治理能力现代化中的作用。从2015年开始，中央已启动了国家高端智库的建设，这对哲学社会科学博士后工作提出了更高的针对性要求，也为哲学社会科学博士后研究提供了更为广阔的应用空间。《文库》依托中国社会科学院，面向全国哲学社会科学领域博士后科研流动站、工作站的博士后征集优秀成果，入选出版的著作也代表了哲学社会科学博士后最高的学术研究水平。因此，要善于把中国社会科学院服务党和国家决策的大智库功能与《文库》的小智库功能结合起来，进而以智库意识推动品牌意识建设，最终树立《文库》的智库意识和品牌意识。

第三，积极推动中国特色哲学社会科学学术体系和话语体系建设。改革开放30多年来，我国在经济建设、政治建设、文化建设、社会建设、生态文明建设和党的建设各个领域都取得了举世瞩目的成就，比历史上任何时期都更接近中华民族伟大复兴的目标。但正如习近平总书记所指出的那样：在解读中国实践、构建中国理论上，我们应该最有发言权，但实际上我国哲学社会科学在国际上的声音还比较小，还处于"有理说不出、说了传不开"的境地。这里问题的实质，就是中国特色、中国特质的哲学社会科学学术体系和话语体系的缺失和建设问题。具有中国特色、中国特质的学术体系和话语体系必然是由具有中国特色、中国特质的概念、范畴和学科等组成。这一切不是凭空想象得来的，而是在中国化的马克思主义指导下，在参考我们民族特质、历史智慧的基础上再创造出来的。在这一过程中，积极吸纳儒、释、道、墨、名、法、农、杂、兵等各家学说的精髓，无疑是保持中国特色、中国特质的重要保证。换言之，不能站在历史、文化虚无主义立场搞研究。要通过《文库》积极引导哲学社会科学博士后研究人员：一方面，要积极吸收古今中外各种学术资源，坚持古为今用、洋为中用。另一方面，要以中国自己的实践为研究定位，围绕中国自己的问题，坚持问题导向，努力探索具备中国特色、中国特质的概念、范畴与理论体系，在体现继承性和民族性、体现原创性和时代性、体现系统性和专业性方面，不断加强和深化中国特色学术体系和话语体系建设。

新形势下，我国哲学社会科学地位更加重要、任务更加繁重。衷心希望广大哲学社会科学博士后工作者和博士后们，以《文库》系列著作的出版为契机，以习近平总书记在全国哲学社会科学座谈会上的讲话为根本遵循，将自身的研究工作与时代的需求结合起来，将自身的研究工作与国家和人民的召唤结合起来，以深厚的学识修养赢得尊重，以高尚的人格魅力引领风气，在为祖国、为人民立德立功立言中，在实现中华民族伟大复兴中国梦的征程中，成就自我、实现价值。

是为序。

中国社会科学院副院长
中国社会科学院博士后管理委员会主任
2016 年 12 月 1 日

摘　要

2008 年国际金融危机爆发后，宏观审慎政策逐步成为金融监管与宏观经济调控模式改革的核心。银行机构的复杂关联关系、高杠杆率，金融中介的影子银行化，超出预期的市场流动性风险，以及缺乏有效机制应对系统重要性金融机构的影响等，均是造成监管当局无法评估金融机构及市场之间的风险溢出效应，进而导致系统风险低估的重要原因。

本书聚焦金融网络视角下的系统风险和宏观审慎政策，以理论探讨和实证分析为先导，较为系统地研究了金融网络结构与系统风险形成、金融风险的传染，以及宏观审慎政策的应对。以实证分析和理论模拟等方法为主要工具，本书较为全面地分析了金融网络和关联度分析对我国系统风险监测和宏观审慎政策的重要作用，并给出主要结论和政策应对建议。

全书除导论外，正文共分为四个部分、八个章节。结构如下：

第二章是对宏观审慎政策的内涵及早期政策实践经验的总结，重点回答什么是宏观审慎政策，"宏观"与"审慎"的含义，各国的政策实践情况如何，以及未来相关的研究方向与我国的政策选择等问题。第三章、第四章分别对近年来宏观审慎政策的理论基础、系统风险相关研究以及与网络模型之间的关系进行跟踪和深入梳理。第五章着重讨论截面维度的系统风险刻画以及对金融网络稳定性的描述等。第六章基于金融网络模型对风险扩散机制的分析，尝试将金融网络结构因素纳入对系统风险的衡量中，构建"系统风险曲线"，从而对金融网络条件下的系统风险进行重新度量，并依此建立了以"直接贡献"和"间接参与贡献"两种方式分析和评估金融机构系统重要性的模式。第七章分别使用 GVAR 方差分解网络分析法和

Shapely 值分析方法，对我国网络稳定性、金融机构系统重要性以及机构间的关联程度进行了实证和分析。第八章将金融网络结构视为一种新的不确定性，讨论了网络结构随机变化对金融体系稳定性的影响。第九章为主要结论和政策建议。

本书主要结论可归纳为：

第一，无论是理论还是政策方面都已经认识到，有效的宏观审慎政策将有助于防范系统风险，提升系统应对冲击的能力。从目前理论和实践看，相关研究和实践经验均尚不充足。目前关于系统性风险虽然尚未形成一个准确且被普遍接受的定义，但截面维度风险、网络效应以及金融体系的关联度等结构问题已经成为未来研究的关键。

第二，以金融系统内个体间相互连接构成的网络为对象，立足于金融网络结构的稳定性分析，并以此为视角对整个金融体系的系统性风险状况进行监测、预警与分析，是现有制度约束下推进我国宏观审慎管理制度建立的关键。因此，应借鉴矩阵模型的思路构建中国金融网络的风险传递模型，并以单一时点压力测试的方式衡量金融网络稳定性，从而为推动宏观审慎管理框架的建立开拓新的思路。

第三，基于金融网络模型对风险扩散机制的分析，可以将金融网络结构因素纳入对系统风险的衡量中，并可建立以"直接贡献"和"间接参与贡献"两种方式分析和评价金融机构系统重要性的模式。结合"系统风险曲线"，能够实现当前金融网络条件下我国各银行机构系统重要性的分值及排序。这将为宏观审慎工具的设计以及系统风险模型的进一步开发打下基础。

第四，基于上市银行资产负债数据的分析结果表明，除了四大国有银行之外，股份制银行对系统性风险的贡献度不容忽视。当银行系统较脆弱时，高杠杆率的银行的系统贡献度较大；当银行系统较稳定时，低杠杆率的银行的系统贡献度较大。此外，资产组合的构成和规模也对银行的系统贡献度有影响。因此，监管当局应该根据不同时期的系统稳定性进行动态宏观审慎监管，加强对股份制银行的关注。

　　第五，基于股票价格变化的分析显示，虽然商业银行在我国金融体系中仍占主导地位，但非银行金融机构已开始表现出不可忽视的影响力。各金融机构在金融冲击传递中所扮演的角色是随时间不断变化的。此外，中国金融部门对发达经济体表现出明显的影响力。货币政策等宏观因素也影响金融机构在冲击传递网络中受其他机构影响的程度。杠杆率等机构特定因素则决定了金融机构对其他机构的影响。同时，应充分认识金融市场政策干预的国际外溢效应，并高度重视非银行金融机构对金融稳定的影响。

　　第六，若将金融网络结构视为一种不确定性，则资本充足水平、银行间头寸的占比、机构之间关联概率、网络集中度、流动性水平以及网络的均匀程度等因素都将影响整个金融体系应对冲击的能力。以随机网络为出发点，构建完备有效的金融网络模型不仅有利于系统风险模型的开发，而且政策应用空间较大，其必将开辟系统风险研究的新方向。

关键词： 金融网络模型；宏观审慎政策；系统风险模型；压力测试

Abstract

After the financial crisis in 2008, macro-prudential policy has become the core of the reform of financial supervision and macro-economic regulation mode. Complex linkages among banking institutions, high leverage, shadow banking of financial intermediaries, excessive market liquidity risks, and lack of effective mechanisms to deal with the impact of systemically important financial institutions, et ceteva, all of these are important reasons for the regulatory authorities to be unable to assess the risk spillover effects between financial institutions and markets, thus leading to the underestimation of system risks.

This book focuses on system risk and macro-prudential policy from the perspective of financial network. Taking theoretical discussion and empirical analysis as the guide, it systematically studies the structure of financial network and the formation of system risk, the transmission of financial risk, and the response of macro-prudential policy. With empirical analysis and theoretical simulation as the main tools, this book comprehensively analyses the important role of financial network and correlation analysis in China's system risk monitoring and macro prudential policy, and gives the main conclusions and policy recommendations.

In addition to the introduction, the book is divided into four parts and eight chapters. The structure is as follows:

Chapter 2 is a summary of the connotation of macro-prudential policy and the experience of early policy practice, focusing on answering what macro-prudential policy is, what are the meanings of "macro" and "prudential", what are the policy practices of various countries, and the future research directions and policies of our country, and other issues. Chapter 3 and Chapter 4 respectively tracked and sorted out the theoretical basis of macro-prudential policy in recent years, relevant research on system risk and the relationship between them and network model. Chapter 5 focuses on discussing the description of system risk in cross-sectional dimension and the stability of financial network, and so on. Chapter 6 is based on the analysis of risk diffusion mechanism by the financial network model, attempts to incorporate the structural factors of the financial network into the measurement of the system risk so as to construct a "system risk curve", thus re-measuring the system risk under the condition of financial network, and further establishes a model to analyze and evaluate the system importance of financial institutions by means of "direct contribution" and "indirect participation contribution". Chapter 7, using GVAR variance decomposition network analysis method and Shapley value analysis method respectively, makes an empirical analysis of the network stability, the system importance of financial institutions and the degree of association between institutions in China. Chapter 8 introduces the uncertainty of network structure and discusses the influence of stochastic network structure on the stability of financial system. Chapter 9 is the main conclusions and policy recommendations.

The main conclusions can be summarized as follows:

Firstly, both in theory and policy, it has been recognized that effective macro-prudential policies will help to prevent system risks and enhance the system's ability to cope with shocks. From the current theory and practice, relevant research and practial experience are not sufficient. Although there is not yet an accurate and generally accepted definition of systemic risk, structural issues such as cross-sectional dimension risk, network effect and financial system relevance have become the key to future research.

Secondly, taking the interconnected network of individuals in the financial system as the object, based on the stability analysis of the financial network structure, and from this perspective, monitoring, early warning and analysis of the systemic risk situation of the whole financial system are the key to promote the establishment of macro-prudential management system in China under the constraints of the existing system. Therefore, we should use the idea of matrix model to construct the risk transfer model of China's financial network, and measure the stability of financial network by means of a single point-in-time stress test, so as to open up new ideas for promoting the establishment of macro-prudential management framework.

Thirdly, based on the analysis of risk diffusion mechanism by financial network model, we can integrate the structural factors of financial network into the measurement of system risk, and establish a model of analyzing and evaluating the importance of financial institutions' system in two ways: direct contribution and indirect participation contribution. Combining with the system risk curve, we can achieve the value and ranking of the importance of the banking institutions under the current financial network conditions. This will lay a foundation for the design of macro-prudential tools and the further development of the system risk model.

Fourthly, the analysis results based on the assets and liabilities data of listed banks show that besides the four major state-owned banks, the contribution of joint-stock banks to systemic risk can not be ignored. When the banking system is weak, highly leveraged banks contribute more to the system; When the banking system is stable, the banks with low leverage ratio contribute more to the system; In addition, the composition and size of the asset portfolio also have an impact on the system contribution of the bank. Therefore, the regulatory authorities should conduct dynamic macro-prudential supervision according to the system stability in different periods, and strengthen the attention of joint-stock banks.

Fifthly, based on the analysis of stock price changes, it shows that although commercial banks still play a dominant role in China's financial system, non-bank financial institutions have begun to show their influence that can not be ignored. The role of financial institutions in the transmission of financial shocks is changing with time. In addition, China's financial sector has shown obvious influence on the developed economies. Macroscopic factors such as monetary policy also affect the extent to which financial institutions are affected by other institutions in the shock transmission network. Institutional specific factors such as leverage ratio determine the impact of financial institutions on other institutions. At the same time, we should fully understand the international spillover effect of financial market policy intervention, and attach great importance to the impact of non-bank financial institutions on financial stability.

Sixthly, if the network structure is regarded as an uncertainty, factors such as capital adequacy level, the proportion of inter-bank positions, the association probability between institutions, network concentration, liquidity level and network uniformity will affect the ability of the whole financial system to cope with shocks. Taking random network as a starting point, building a complete and effective financial network model is not only beneficial to the development of system risk model, but also has a large space for policy application, which will certainly open up a new direction of system risk research.

Key Words: Financial Network Model; Macro-prudential Policy; System Risk Model; Stress Test

目　录

Contents

第一章 导 论

2008 年，由美国次级住房抵押贷款债券引发了国际金融危机。危机通过各类金融产品、金融机构和金融市场迅速在全世界蔓延，逐步演变为自20 世纪 30 年代大萧条以来最严重的全球性金融危机。金融危机使现有金融体系、监管部门和宏观调控机制中存在的一系列问题得以凸现，并促使各国政府和国际组织都着力推动以宏观审慎政策为重要内容的金融监管体系改革。在这一背景下，加强和完善宏观审慎政策，有效提升系统性风险防范能力，熨平经济周期性波动，保持经济金融平稳较快发展，不仅成为当前各国政府和金融监管部门面临的首要问题，更是值得深入研究的重要理论课题。

第一节 问题、背景与意义

一、宏观审慎政策与系统性风险

宏观审慎政策与系统性风险是本书讨论的核心，特别是在金融体系关联性上升、网络复杂度增强的背景下，如何分析系统风险的形成，如何完善宏观审慎政策框架以开展风险应对等均已经成为主要问题。

所谓宏观审慎政策是指运用潜在工具为达到促进金融系统稳定目的而

制定的所有政策。具体而言，宏观审慎政策就是运用审慎工具控制系统风险，限制金融服务的突然中断对实体经济造成的影响。系统风险是维护金融稳定的关键。一般而言，系统风险（Systemic Risk）指的是整个金融体系部分或完全丧失功能的可能性。通常表现为，金融系统受外部共同冲击（Common Shock）或内部传染效应（Contagion Process）影响而出现的金融机构大面积倒闭的状态的可能性。与抽象理论定义不同，实践中我们经常需要对系统风险状况进行定量的分析与度量，对各种冲击给系统风险带来的影响进行判断和评估。因此，在操作上如何分析和判断系统风险显得尤为关键。

金融体系的复杂性和关联程度反映了金融体系的不同方面。复杂性并非严谨的研究概念，也难以量化，通常包括金融机构、金融产品以及业务等方面的衍生和复杂化程度，与产品和业务创新密切相关。通常金融系统越复杂，体系内关联性也往往越强。金融体系关联性一般可划分为三个层次：一是传染性，即单一机构的风险扩散至系统中其他机构的过程；二是关联度，主要指单一机构风险通过资产和负债等相互联系直接或间接影响其他机构的过程；三是相关性，指的是由于机构间资产价格的相关性，导致外部冲击同时对多家机构产生影响。

二、研究的背景

1. 国际方面

各国际组织、主要国家政府和学者们均对危机的爆发与蔓延进行了深入剖析和反思。然而，当我们回顾危机爆发前的全球经济金融发展状况时不难发现，20世纪七八十年代以来，随着金融市场的迅速发展和高度繁荣，金融机构在加速金融创新的过程中，各种金融业务不断扩张，系统性风险的来源也发生了很大变化，并进一步使整个金融体系表现出以下特点：

第一，金融创新、混业经营导致金融市场同质性增强，金融机构关联性上升，加剧了金融市场动荡与系统风险的传播。金融市场维持合理流动性和稳定性的基本要求是：要有大量具有不同目标并且具有稳定预期的市场参与者，即市场中存在异质性。然而，金融自由化和国际化打破了市场分割，使跨市场金融关联急剧上升。各种金融机构行为趋同，减少了投资者偏好的差异性，增加了系统性风险。

第二，金融体系中顺周期性制度安排过多，容易引起市场波动加剧。金融危机促使人们重新审视监管制度安排的合理性。例如，机构行为、信用评级、程序交易、发起—配售商业模式、公允价值会计准则、盯市原则、按模型定价和巴塞尔新资本协议内部评级法等，这些制度均存在一定的顺周期性。

第三，金融市场作用扩大，场外交易系统性风险增大。伴随着全球化的进程以及金融行业的整合，金融市场取得了长足的发展，也使如今的金融体系更加复杂、更不透明，发展速度更快。近年来，金融市场创新不断涌现，金融衍生产品和结构性产品发展很快，一些衍生产品完全脱离了基础产品的发展，规模巨大。部分金融产品在场外交易，没有交易场所、没有清算系统，缺乏信息披露，交易不透明，产品流动性较差。在面对风险的条件下，监管机构难以评估场外市场隐藏的巨大系统性风险。

第四，金融创新过度，金融机构杠杆率过高。在全球流动性过剩背景下，越来越多的金融机构通过表外业务等模式进一步提高金融机构的杠杆率和回报率。金融机构对市场流动性的依赖程度显著增强。若金融市场流动性出现波动，依靠金融市场短期融资从事中长期投资获取利差的模式将无法生存，许多机构将面临流动性风险，并极易引发系统性风险。

第五，金融机构规模日益增大，"大而不能倒"风险明显增加。伴随着金融市场的日益发展，长期的宽松货币政策，积极的金融创新以及金融监管的不足，使全球范围内金融机构的规模日益庞大。金融行业内部结构不合理状况突出。庞大的金融机构，一方面带来了"大而不能倒"的预期，鼓励了道德风险；另一方面，复杂的业务，使其对系统风险的承受和影响程度很难做出正确的评价和分析。"大而不能倒"机构的风险极大地增加了整个金融体系的风险。

正是由于对金融发展与创新的失控以及整个宏观经济管理方向的偏差，使系统性风险得到不断的积累和聚集，并最终形成了系统性危机。目前理论与实务界普遍认为，本次国际金融危机的重大教训之一就是不能只关注单个金融机构或单个行业的风险，而必须从系统性角度防范金融风险，加强宏观审慎监管。宏观审慎政策框架是一个动态发展的框架，其主要目标是维护金融稳定、防范系统性金融风险。金融稳定理事会（FSB）、国际清算银行（BIS）、巴塞尔银行监管委员会（BCBS）以及其他标准制定机构都在加强宏观审慎政策的研究，建立宏观审慎政策框架已成为危机后国际金融体制改革的核心内容。

2. 国内方面

近年来，我国金融体系改革发展取得显著成效，抗风险能力和竞争力大幅提升，金融业整体健康稳定、运行良好，但也蕴含新的风险因素。国际金融危机暴露出来的问题也一定程度存在于我国。

首先，防范和化解系统性风险的任务十分艰巨。我国金融体系虽然受到危机的冲击较小，但金融系统中存在的系统风险隐患不容忽视，主要表现在：①当前我国仍存在部分行业产能过剩、资产价格泡沫、地方政府融资平台风险、金融风险过度向银行业集中、监管存在真空等系统性风险隐患，防范和化解系统性风险的任务十分艰巨。②随着金融机构不断整合并发展壮大，一些机构成为系统重要性机构，其失败可能引发连锁反应；金融机构之间和市场之间相互依存或相互关联的程度日益提高；一些非银行金融机构游离于监管之外，存在较大的系统性金融风险隐患；随着市场主体定价和交易风险能力的提高，在不同类型金融机构之间以及在机构和市场之间转移风险也变得更加容易。因此，提高系统性风险的防范和化解能力是加强我国宏观审慎管理的主要内容。

其次，加强中国金融监管体制改革愈加迫切。近年来，随着金融创新的不断发展，中国现行的金融监管体制存在明显漏洞，在维护金融稳定上面临很大挑战。①我国现行分业监管体制下，金融监管侧重于微观审慎监管，各监管部门以防范本行业和单一机构风险为目标，同时扮演金融监管和促进行业发展的角色，难以有效防范经济与金融之间以及金融行业相互之间的关联可能引发的系统性风险，监管空白与监管套利并存，隐含较大的风险。②中央银行和金融监管机构分设的监管体制导致金融体系的信息和数据分割，部门之间的监管协调机制往往运转艰难，导致危机的预防与应对工作陷入被动。③跨行业、跨市场的机构快速发展，银行、证券、保险行业日益融合和渗透，组织结构复杂、业务多元化的金融控股公司不断形成、壮大，现行分业监管体制对上述机构的监管明显不足。交叉性金融业务快速发展，产生的监管套利的隐藏风险较大。因此，亟须进一步改革和创新金融监管体制，加强宏观审慎管理，有效地弥补监管真空。

最后，开展宏观审慎和系统风险问题的研究，也是完善我国金融宏观调控政策框架的需要。货币政策、财政政策、产业政策和审慎监管政策对金融稳定的作用不可忽视。宏观审慎政策实施必须建立在上述机构认识一致、协调行动的基础上。中央银行必须及时获得货币、财政、监管、竞争等各类政策信息，以了解市场全局。应该从防范风险的角度出发，建立宏观审慎和微观审慎协调配合、互为补充的框架，处理好中央银行与其他宏观调控部门的关系。

三、研究的价值和意义

1. 研究意义

由美国次贷危机引发的国际金融危机重创了全球经济金融体系，暴露出金融监管体系的严重缺陷。危机的一个重大教训是，各国当局和有关国际组织忽视了对系统性金融风险的关注，在个体金融机构看似稳健的情况下，没有对金融机构经营模式的变化、金融机构和市场之间的相互关联性、金融体系和实体经济的相互作用等可能的风险隐患给予足够的重视。

（1）国际经验方面，各国监管者主要采用微观审慎监管方法对金融机构进行监管，关注个体金融机构的经营状况和行为，以防范单一金融机构风险，保护存款人和投资者利益为目标。监管单个金融机构是否稳健并不能保证整体金融稳定的自动实现，并且无法管理金融机构对宏观风险因素的共同敞口。微观审慎监管方法可以处理由单一机构问题导致的系统性危机，即单一机构风险通过资产负债表关联等渠道传播到其他机构。然而，后果最严重的金融危机往往是由金融机构普遍暴露于宏观风险因素所引起的。在这种情况下，资产价格或经济形势的逆转同时影响众多机构。由于缺乏全系统的角度，微观审慎监管无法及时、充分地识别系统性金融风险并采取适当的行动。根据个体金融机构的资产负债表特征制定审慎监管要求时可能忽视整个金融体系内杠杆率和期限错配的累积以及关联性的上升，也难以解决金融体系对实体经济的顺周期效应，从而加剧了金融体系的脆弱性。随着金融危机的爆发和加深，传统的微观审慎监管维护金融稳定的有效性受到了广泛的质疑。

自20世纪90年代后期以来，许多国家进行了微观审慎监管职能从中央银行分离的改革，中央银行承担维护整体金融稳定的职责。许多国家的中央银行成立了金融稳定部门，定期发布金融稳定报告以监测金融体系风险的变动趋势，并与监管当局开展联合评估。然而，本次金融危机表明，随着系统性金融风险的来源与传播渠道日益复杂，中央银行不仅缺乏金融稳定相关的充分信息，也不具备相应的监管手段和应对政策。央行和监管机构分设的监管体制造成金融体系信息和数据分割，部门间的协调机制往往运转艰难，致使危机防范与应对陷入被动。

有效的金融监管是金融市场、金融体系稳健运行的根本保障。有必要建立一种新型政策模式，更好地防范系统性金融风险，切实维护金融稳定。宏观审慎政策作为与微观审慎监管相对的政策手段，正逐步得到重视。宏观审慎政策将金融体系视为一个整体，将重点放在金融体系内部以及金融体系和实体经济的相互关联上，通过实施逆周期政策和跨市场、跨行业的全面监管，防范和化解系统性金融风险，从而抑制金融不稳定给经济发展造成的巨大成本。宏观审慎管理虽然形式上可能涉及对银行准备、资本等传统意义上监管指标的弹性要求，但其关键是在客观准确判断宏观形势的基础上进行适时、灵活的逆周期调控，以抑制信贷顺周期波动，同时加强对跨部门风险的监测，防范源于总量的宏观和系统性金融风险，促进经济平稳运行。同时，宏观审慎政策也将为微观审慎政策和其他经济政策提供补充。

（2）中国实践方面，对于中国而言，研究构建宏观审慎管理框架具有重要的理论和现实意义。首先，构建宏观审慎管理框架为金融监管提供了新的理念和模式，对中国金融监管体制改革具有重要意义。近年来，随着金融创新的不断发展，中国现行的分业监管体制存在明显漏洞，在维护金融稳定上面临很大挑战。一方面，跨行业、跨市场的机构快速发展，银行、证券、保险行业日益融合和渗透，组织结构复杂、业务多元化的金融控股公司不断形成、壮大，现行分业监管体制对上述机构的监管明显不足。另一方面，交叉性金融业务快速发展，而在当前的分业监管体制下，对交叉性金融产品没有统一的监管框架和监管标准，由此产生的监管套利隐藏较大的风险。因此，亟须进一步改革和创新金融监管体制和机制，加强宏观审慎管理，有效弥补监管真空和缝隙。此外，与国际金融监管标准和准则类似，中国现有的部分金融监管工具，如贷款损失拨备要求、流动性管理以及监管资本框架等，也都具有一定程度的顺周期性，不利于金融体系在经济扩张和衰退时期建立缓冲机制，甚至可能恶化风险。因此，运用宏观审慎理念和方法抑制金融体系顺周期性、加强金融监管对中国金融改革具有重大意义。

其次，构建宏观审慎政策框架为防范系统性金融风险提供了新的手段和方法，对维护中国金融体系安全具有重要意义。当前，中国金融体系仍面临着防范系统性金融风险的艰巨任务。一方面，金融体系的稳定性与宏观经济政策的关系非常直接和密切，而当前宏观经济调控形势存在着较大的不确定性，为金融体系和实体经济相互作用的加强提供了更大空间，在顺周期性作用下可能使金融体系更加脆弱。随着国内外宏观经济指标日益密切相关且同向变动，金融动荡可能会更频繁地触发，带来巨大的经济成本。另一方面，随着金融机构不断整合并发展壮大，一些机构成为系统重要性机构，其失败可能引发连锁反应；金融机构之间和市场之间相互依存或相互关联的程度日益提高；一些非银行金融机构（如担保公司、小额贷款公司、私募股权基金等）游离于监管之外，存在较大的系统性金融风险隐患；随着市场主体定价和交易风险能力的提高，在不同类型金融机构之间以及在机构和市场之间转移风险也变得更加容易。基于上述原因，迫切需要运用宏观审慎方法防范系统性金融风险，维护经济金融稳定。

　　2. 研究价值

　　开展宏观审慎政策研究，尤其是讨论金融网络条件下的系统风险，都将具有极强的理论研究价值。首先，通过对宏观审慎的起源、发展与演变的梳理与分析，深入理解宏观审慎政策的内涵与特点，探讨宏观审慎政策的理论基础以及宏观审慎政策框架的理论基础，将有利于我国宏观审慎政策框架的建立。其次，分析宏观经济周期波动与金融波动的关系，全面讨论经济周期变化与系统风险之间的相互作用机制，准确描述金融体系顺周期性特征及其诱发的系统性金融风险，将有利于从理论上明确传统宏观调控政策在防范与应对系统性金融风险中的不足，为宏观审慎政策工具的开发与使用提供理论支撑。最后，研究微观个体行为诱发系统性金融风险的机理，研究宏观审慎与微观审慎的相互关系，讨论系统重要性金融机构及"大而不能倒"类机构的风险扩散机理，分析金融创新、金融机构间关联性以及金融业务复杂性增强对系统风险的影响，将有利于对微观审慎工具与宏观审慎政策的应用范围、相互协调、作用机制与实施效率等进行理论分析。

第二节　金融体系的关联性特征

一、中国金融体系复杂性与关联度

　　从全球范围来看，过去50年金融体系扩张远快于实体经济，金融关联度和复杂性持续上升。中国金融体系近些年也经历了类似的变化：金融机构快速扩张，机构间关联度上升，金融业务和产品创新速度加快，金融体系复杂性明显增强。持续上升的复杂性，带来了双重效果：一方面，金融系统动员资金的能力显著提升，金融效率明显改善；另一方面，风险的积累变得更为隐秘，风险的扩散和作用机制也表现出许多非线性特征，并给金融监管和宏观调控带来挑战。

1. 我国金融机构间直接关联性趋势增强

从机构层面来看，银行与银行、银行与其他金融机构之间的直接关联逐步上升。截至 2019 年 5 月，其他存款性公司同业资产和负债分别达29.2 万亿元和 10.3 万亿元，占其总资产和总负债的比重分别达 10.6% 和3.7%，是 2007 年年底规模的 5.2 倍和 4.9 倍。其他存款性公司对其他金融机构的债权和负债规模也分别达 25 万亿元和 17.7 万亿元，在总资产和总负债中的占比分别为 9% 和 6.4%。

尽管从 2017 年开始，银行与非银行金融机构债权在整个银行类机构总资产中的占比有所下降（从 25% 降至 20%），但仍远高于 2007 年的水平，表明金融机构间直接关联性依然处于较高水平（见图 1-1）。

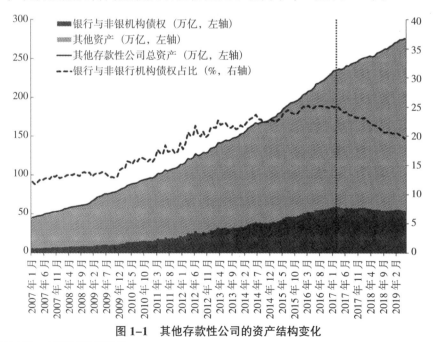

图 1-1 其他存款性公司的资产结构变化

资料来源：人民银行统计数据。

通过对其他存款性公司资产规模增速进行分解，可以发现，2009~2016年，金融机构之间的债权变动是拉动其他存款性公司资产规模增长的重要原因，平均贡献率为28.3%。2017年4月，随着金融监管当局出台强化监管措施，金融体系复杂化的一些典型特征受到抑制，金融机构间债权贡献率快速下降，并拉动总资产增速继续降低（见图1-2）。

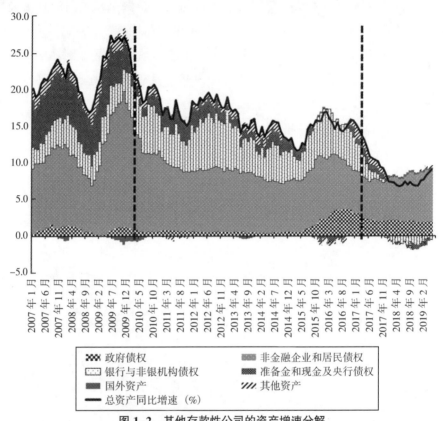

图1-2　其他存款性公司的资产增速分解

资料来源：人民银行统计数据。

2.金融业务复杂性强，金融机构间资产交叉持有程度较高

出于减少资本占用、规避监管、突破分业监管要求等需要，银行表外活动快速扩张且日趋复杂。银行与信托、保险、证券、资产管理、金融租赁等各类非银行金融机构建立起广泛而密切的联系。结构性信托、资管计

划等产品相互嵌套，信用关系复杂，资金链条长。银行资金与其他金融机构业务交叉融合，提升信贷、货币、债券、股票、房地产等各子市场连通性和关联度的同时，导致金融体系复杂程度显著增强，风险积累更加隐秘。

从金融产品来看，各类金融机构之间资产交叉持有比例较高。据统计，截至 2018 年底，国内资产管理行业整体资产规模约 94 万亿元。其中，银行表外理财 22 万亿元，信托公司受托资金 18.9 万亿元，证券公司资产管理计划 13.4 万亿元，公募和私募基金 25.7 万亿元，基金及其子公司资产管理计划 11.3 万亿元，保险资产管理计划 2.6 万亿元。约 30 万亿元资产为行业内交叉持有，占比接近 30%，其中"银行—信托"14 万亿元、"银行—证券"12 万亿元、"银行—基金"5 万亿元。

3. 各类机构资本结构呈"网状化"交织

随着各类金融牌照发放数量的增长，整个金融体系已形成多种金融控股或金融资本系集团。不同类型的金融控股公司（集团）使金融体系股权关系错综复杂，主要可分为四类。

第一类是传统金融机构通过设立或收购子公司等方式形成事实上的金融控股集团。例如，工、农、中、建、交五大银行均已涵盖银行、证券（境外）、保险、基金、金融租赁等业务。此外，一些地方政府整合资源后也形成了地方性金融控股平台，如上海国际集团、天津泰达国际控股集团等。第二类是产融结合型的企业集团。部分央企拥有多家金融子公司，范围涉及保险、信托、基金、期货、银行等。第三类是产业和资本深度融合涌现的民营资本系金融集团。例如，海航系、明天系、恒大系等。第四类是互联网企业涉足金融领域形成的金融企业集团。例如，阿里巴巴、腾讯、百度等，尤其蚂蚁金服，已拥有第三方支付、小额贷款、保险、基金、银行等多种金融牌照。

上述控股集团或金融资本系的股权结构复杂，以追求规模经济和协同效率最大化为主要目标，借助集团内金融机构实现关联投资、信息共享、税收及会计处理等，建立起网络化资金信用关联。金融机构股权结构"网状化"已是我国金融体系的重要特征，对金融风险、资源配置，以及金融监管等都将产生显著影响。

二、金融体系关联度变化的诱因

金融体系复杂性和关联度变化是一个渐进的过程，一般在经济繁荣或金融快速自由化时期发展较快，如欧美等主要发达国家在 20 世纪 80 年代初，以及 2008 年国际金融危机爆发前近十年都呈现这一特点。中国金融体系的复杂化则是在经济、金融体制改革不断深化，利率市场化改革不断推进的背景下逐步增强的。归纳而言，主要原因有：

1. 金融新业态快速发展，提升系统关联性

近年来，各类新型金融机构和金融新业态大量涌现。快速发展的信息技术加快向金融体系和金融业渗透，新型机构在现有市场细分和政策"夹缝"中寻找商机。部分机构依托互联网技术或传统金融机构，充当金融中介的"中介"，拉长信用链条或实现对现有金融中介的"脱媒"。此外，由于金融信息、人才、知识等要素加快流动，创新的学习成本大大降低。借助于现代通信平台和新媒体，各类国内外的结构化金融创新很容易被复制和大面积传播，从而出现了一系列突破传统风险控制模式的储蓄和投资工具，使金融机构的风险控制能力明显降低。由于金融监管部门在信息、知识、能力等方面不够适应，导致监管套利的空间较大，各类型机构之间关联性显著增强。

2. 金融业转型和产品创新明显加快

在股份制改革和利率市场化背景下，金融机构追求利润或股东回报的动机大大增强。受到收入盈利要求和业绩考核的双重压力影响，金融机构做大资产规模、提高收益、抢占市场的冲动十分强烈。一方面，传统正规金融机构加快转型和发展，并力求在经营战略、市场定位、管理架构、业态和产品等创新方面抢占先机；另一方面，部分中小金融机构业务和产品创新活跃，在资产负债管理、市场营销、薪酬激励等方面创新积极，表现比较激进。金融机构业务转型和产品创新速度加快，成为推动整个金融体

系复杂性和关联度上升的动力之一。

3. 宽松政策环境下，金融机构普遍存在对风险的过度承担

2008 年国际金融危机以来，发达国家普遍实行低利率和量化宽松政策，以平滑市场剧烈调整和资产负债大面积"崩塌"的影响，全球货币条件处于普遍宽松状态。稳增长压力使政府不得不以各种信用去弥补、替代市场自发调整可能减少的融资活动，逆周期无风险信用扩张普遍提升了金融机构风险偏好水平。在我国，金融机构在做大资产规模、抢占市场的动机影响下，规模扩张明显。特别是，中小银行及众多的非银行金融机构，依赖银行间市场和机构间的同业业务，实现了资产规模的快速扩张。资产负债的期限错配程度加剧，加杠杆买债、通道业务、结构化债券发行等现象普遍，金融机构对银行间市场资金的依赖性大大提升，机构间的关联性也由此显著提升。

4. 政府信用介入金融体系程度加深

受国际金融危机影响，近年来我国财政政策力度较强，政府债务率不断升高，尤其是地方政府债务率。在追求经济高速增长目标的影响下，一些地方政府多方寻求非正规渠道或通过引导基金、政府增信等新方式开展融资。为吸引资金并取得合规性和合法性支持，部分融资往往采取多个机构合作、多种资金结合、多层结构嵌套、多次加杠杆等方式，每层结构似乎都有利可图且符合现行规定，但最终都流向基础设施、房地产等领域，其中不少项目财务可持续性存疑，严重依赖土地出让、财政投入或滚动融资。

此外，政府隐性担保强化了委托代理和道德风险问题。很多金融产品和融资都有地方政府和国有机构的广泛参与，政府直接背书或被默认的隐性担保事实上强化了不少借贷双方的道德风险，加剧了一些金融机构和企业的委托代理问题，风险评估和资产定价变得更加困难、复杂甚至被扭曲，一旦风险暴露还可能增大救助的可能性和成本。随着政府信用介入金融体系程度的不断加深，金融体系的复杂性和关联度出现进一步上升。

5. 金融体系内部存在结构失衡，金融监管体制存在短板

在我国金融体系内，大机构与小机构差距明显。金融监管和相关政策

更倾向于大型金融机构，对中小金融机构的关注不足。中小金融机构容易抱团取暖，形成局部网络（即"小世界"）或分层的业务联盟，极易形成中小金融机构之间的过度关联。同时，近些年来，金融市场与金融机构普遍存在着对信用风险的系统低估，特别是金融机构之间的信用风险意识和交易对手风险意识偏弱，也是造成金融机构间业务过度交叉关联的重要原因。

此外，金融监管和金融稳定政策方面，缺乏常态化、系统化、定量化的系统风险分析框架。尤其是截面维度风险的监测上，不仅数据基础薄弱，更缺乏统一框架和常态化机制，并由此导致对金融复杂性和关联度变化的影响分析不足。

三、金融体系关联度变化的影响

金融体系复杂化带来的影响是多方面的。积极方面，金融体系规模扩大，金融机构业务拓展和服务能力提升，金融市场得到发展，非传统支付等创新发展迅速，均有利于提高金融效率，提升金融体系服务实体经济的能力。消极方面，金融体系复杂度上升，导致风险不易察觉，尤其是系统风险的积累难以识别；金融关联度提高，将加快风险扩散速度和扩大风险的影响范围，使得单一机构风险极易引发系统性问题。另外，复杂性和关联度变化将使金融风险的扩散、变动显示出非线性特征，给金融监管、金融稳定和货币调控等政策带来挑战。

1. 金融体系的复杂性上升，容易造成对系统风险的失察

金融复杂性增加，金融关联程度增强都将拉长信用链条，不仅将增大风险识别和定价的难度，更会导致对风险的失察和低估。事实证明，在金融复杂性面前，多数人甚至高级管理者未必真正理解其资产负债表存在的风险。一些金融机构和业务部门只关注业务和收益增长，并不关心"底层资产"质量。例如，美国次贷危机中就普遍存在着对相关信用违约互换产品（CDS 等）的风险的严重低估。

此外，金融产品和业务过于复杂、环节过多，也同样会扩大风险冲击的影响，如2013年我国市场出现的"钱荒"事件。其中，最为核心的问题就在于银行同业创新的资金链条过长，且结构过于复杂。任何一个环节出现问题，都会引发所有在途资金链断裂，导致整个市场出现系统性问题。

2. 金融体系复杂性将削弱传统监管的有效性

我国现行金融监管体制运行时间不长，主要采取的是按机构、产品、市场等分业监管的模式，方式上重分工、轻协调，同时兼具了发展、监管、调控等多个目标。金融体系复杂化、强关联性等发展趋势，改变了监管环境，使金融监管的有效性和及时性受到很大挑战。一方面，很多复杂金融产品本身就是监管套利，使现有监管即使打上补丁仍显"力不从心"；另一方面，市场主体与监管部门之间的"博弈"使得监管效力可能打折扣。一些金融机构以"大而不能倒"容易产生系统风险为理由，寻求放松监管尺度和力度；部分新兴机构和复杂产品披着"支持实体经济"的外衣，试图规避监管；一些金融机构的关联复杂、透明度低，涉及资金额巨大，使强化监管和风险处置困难。

3. 单一机构风险极易引发系统性问题

随着金融体系关联程度的提高，金融风险的传染性更加复杂，并且具有很强的不可预知性和外溢性，主要表现在：其一，在强关联条件下，任何单一机构风险都将更易于通过直接或间接联系扩散至系统中其他机构，并形成系统问题。其二，即便没有直接或间接联系，金融风险依然有可能通过机构间资产价格的相关性，传导至多家机构。其三，由于金融间的关联性，风险冲击将对其他金融机构产生多轮次影响，效果将呈现非线性特征。例如，不少银行和非银行金融机构在债券市场上通过债券回购的方式进行加杠杆投资，一旦出现单一机构的流动性紧张，将通过回购联系影响众多金融机构。

4. 金融体系的关联度会影响最优监管标准和政策选择

不同的关联程度或网络结构，对应的最优监管标准也并不相同。研究表明，网络结构与最优监管标准之间通常呈非线性关系。例如，在网络条件下，资本充足率与风险传染程度之间就存在非线性关系。随着资本充足率升高，受冲击而倒闭的银行数量将减少。因此，在考虑金融网络条件下，最优资本充足率的选择并非越大越好，而应在风险和效率之间做出平衡。

5. 影响货币政策传导，使政策调控的主动性和有效性面临挑战

近年来，金融体系复杂化对货币政策提出了新的挑战。首先，货币政策的传导链条拉长，传导能力和效果有所下降。非银行金融机构派生存款的作用大大增强，但这些机构不直接受传统信贷总量手段的调节，面临的监管约束也不够强。尤其是影子银行，更进一步削弱了货币政策向实体部门传导的效率。其次，对货币政策目标选择带来影响。大量复杂金融产品增强了债券、股票、房地产、外汇、货币、信贷等市场的连通性和波动性，流动性需求主体明显增多，并且不少存在明显的期限错配，流动性需求的可预测性下降。在货币市场、债市自发调节机制不足的情况下，货币政策的流动性调节面临较大扰动，时点维稳压力增大，长期政策目的受到影响。

第三节　内容与结构安排

内容上，本书重点围绕金融网络结构对系统风险形成的影响，以及宏观审慎政策的发展和风险应对进行具体论证，为建立中国实际运行的系统风险模型提供基础性支撑。结构上，本书共分为九章：

第一章为导论，分析本书中研究的问题、背景与意义。通过对中国金融体系复杂性和关联度的初步描述和分析，强调金融网络结构在系统风险形成和宏观审慎政策框架设计中的重要作用，从而明确研究的重点和难点。

第二章对宏观审慎政策的内涵及早期实践经验进行了综述和总结，重点介绍了什么是宏观审慎政策，"宏观"与"审慎"的含义，其涉及了哪

些理论问题，各国的政策实践情况如何，以及未来相关的研究方向与我国的政策等问题。

第三章、第四章分别对近年来（主要是 2012 年以来）的宏观审慎政策理论和实践的发展，系统风险相关研究及其与网络模型的关系进行跟踪和深入梳理，并重点梳理了主要发达国家系统风险模型的开发情况，给出了我国系统风险模型和网络模型的设计思路。

第五章着重讨论结构层面的系统风险刻画以及对金融网络稳定性的描述等问题。我们提出借鉴矩阵模型的思路构建中国金融网络的风险传递模型，并以单一时点压力测试的方式衡量金融网络稳定性，为推动宏观审慎管理框架的建立开拓了新的思路。利用 2007~2011 年银行间支付结算数据，本章对我国的金融网络稳定性状况进行了跟踪分析。

第六章基于金融网络模型对风险扩散机制的分析，我们尝试将金融网络结构因素纳入对系统风险的衡量中，并构建了"系统风险曲线"，对金融网络条件下的系统风险进行了重新度量，并进而依此建立了以"直接贡献"和"间接参与贡献"两种方式分析和评价金融机构系统重要性的模式。在结合我国 2007~2012 年的银行间支付结算数据基础上，对国内主要银行的系统重要性水平开展了综合评测，并进一步讨论了影响机构系统重要性水平的因素。依据数值模拟计算的结果，本章估计得到了当前金融网络条件下我国各银行机构的系统重要性分值及排序，为宏观审慎工具的设计、开发及进一步运用打下了基础。

第七章分别使用了 Shaplye 指数和 GVAR 方差分解网络分析法，基于金融市场数据和上市银行资产负债信息，对我国银行网络稳定性、金融机构系统重要性，以及金融机构间的关联程度进行了实证和分析。

第八章将网络结构本身视为重要的随机变量试图构建银行网络模型。基于不同网络结构对应的银行资产负债表，我们分别讨论了不同网络特征对网络稳定性产生的影响。

第九章对本书相关研究结论进行全面总结、给出主要结论，并对相关的应对政策进行了初步的讨论。

第二章 宏观审慎政策的形成与发展

金融危机爆发后，宏观审慎政策成为金融监管与宏观经济调控模式改革的核心。银行机构的复杂关联关系、高杠杆率，金融中介的影子银行化，超出预期的市场流动性风险，以及缺乏有效机制应对系统重要性金融机构的影响等，都是造成监管当局无法评估金融机构及市场之间的风险溢出效应，进而导致系统风险低估的重要原因。金融动荡及其对经济产生的巨大冲击已经对现有的金融监管与宏观政策框架形成了巨大的影响。应对危机的同时，理论界和实务界都对原有的政策和监管体系进行了积极的讨论和反思（Blanchard et al.，2010；Yellen，2011；Duca et al.，2010）。

危机历程表明，传统微观审慎监管和以价格稳定为主要目标的宏观政策无法保证整个金融系统的有效性和稳定性。随着理论研究的不断深入，早期争论也已日益清晰，宏观审慎政策的理论基础越来越扎实和明确。

第一节 宏观审慎的内涵及演进

一、关于宏观审慎

"宏观审慎"的概念是与金融监管的演进历程紧密相连的。依据

Clement（2010）的研究[1]，"宏观审慎"一词的起源可追溯到 20 世纪 70 年代末库克委员会（Cooke Committee）的一份未发表的会议纪要。当时的"宏观审慎"主要关注了由于对发展中国家贷款的快速增长所带来的金融风险。然而其中反映的监管理念则意在强调，"审慎监管"（Prudential Measure）[2] 需要一个更为广阔的宏观视野，即在微观监管对宏观经济影响日益增强的背景下，新的金融监管模式设计应从整个宏观经济的角度进行考虑[3]。在此后一段时期内，"宏观审慎"通常表示与宏观经济相联系的一种调控和监管导向（Borio，2009），其关注的焦点也先后经历了从发展中国家的超额借贷、金融创新与资本市场发展到金融系统顺周期性、系统重要性机构影响等方面的不断演进。

本次危机后，"宏观审慎"的内涵得到了进一步扩展。除对金融体系顺周期性问题的关注外，截面维度上的系统重要性金融机构、"大而不能倒"、系统风险识别应对、金融与宏观经济之间的相互关系等问题也都被纳入了考虑范畴[4]。尤其是货币政策在应对金融周期方面的不足也得到了重视。与此同时，"宏观审慎"也逐步超越了金融监管的范畴，形成了"宏观审慎政策"，并用于泛指应对系统风险的各种政策考量以及与宏观经济和金融稳定相互作用相关的所有主题。

依照国际清算银行（BIS）的界定[5]，所谓宏观审慎政策是指运用潜在工具为达到促进金融系统稳定的目的而制定的所有政策。G20（2011）则

[1] Piet Clement（2010）曾经对"宏观审慎"一词的起源进行过详细的阐述。
[2] Prudential Measure 主要指维护单个银行层面上的稳健经营以及对存款人的保护措施等。本书将其译为"审慎监管"主要是因为 1929 年大危机后，金融监管的历史经历了"加强监管—放松管制—重新加强"的演变过程。Prudential Measure 是在提出"宏观审慎"之前，金融机构监管措施的一种新发展。"审慎"体现了金融监管中的"前瞻性"，因此也可被称为"微观审慎监管"。
[3] Bank of England 在 1979 年的报告中曾列举加强"审慎监管"宏观视野的原因。其中包括信贷总量增长的持续性与单个机构成长的不一致性、对主权债务风险以及流动性风险重视的不足等。这也间接表明了其"宏观"主要体现在传统微观监管无法应对的系统范畴。其可以是总量的，也可能为结构层面的问题。
[4] 如 Shirakawa（2009）、Nijathaworn（2009）、Tumpel-Gugerell（2009）、Bini-Smaghi（2009）、Kohn（2009）、Brouwer（2010）等研究。
[5] 该界定源自 William White（2010）出席 IMF "宏观审慎政策：亚洲视角"高级研讨会的讲话。

明确指出，宏观审慎政策是运用审慎工具控制系统风险，限制金融服务的突然中断对实体经济造成的影响。具体方式有：其一，抑制金融失衡的形成，建立对金融波动的防范，降低对实体经济的影响；其二，将金融系统视为一个整体，识别和应对那些能够产生危及金融系统功能的风险传染或风险溢出效应的因素①。

国内关于宏观审慎问题的提法也分别经历了由"宏观审慎监管""宏观审慎管理"到"宏观审慎政策"的转变。这不仅反映出宏观审慎范围的不断扩展，更体现了对宏观审慎认识的不断加深。

二、宏观审慎的演变

从宏观审慎的演变来看，其源于对微观监管的发展，主要政策工具也大多涉及金融监管的范畴。然而理论上讲，宏观审慎政策并不是一个微观概念。因为它不仅要求在更广阔的范畴上对其相关内容进行讨论，而且审慎目标的实现更需要其他宏观经济政策的配合（Caruana，2011）②。

对中国而言，金融体系稳定性与宏观经济政策之间的关系更为直接和密切，银行信贷在全社会融资中所占比重较高，信贷波动与经济周期变化及系统风险之间有很大关系，因此更应该将宏观审慎延伸到更广的层面上予以考察。尽管宏观审慎政策中的许多问题还远未形成共识，但时至今日，针对宏观审慎的研究和相关的政策实践早已展开。无论是理论还是实践层面均已积累了大量成果和经验。从目前情况来看，宏观审慎政策包含了与经济金融风险相关的多个主题，其基本框架也主要围绕着政策目标、政策工具、作用机制、政策效果及宏观审慎政策与其他政策的关系等几个方面展开。

---

① 如共同风险暴露、风险集中及相互关联程度的变化等。
② Caruana（2011）在题目为"Monetary policy in a world with macroprudential policy"的演讲中进行了讨论。

第二节 宏观审慎政策的基本要素

一、宏观审慎政策的目标

在危机爆发之前的 20 多年里，货币政策的相关研究在目标上是清晰且基本趋同的，即货币政策应面向物价稳定和充分就业，而操作目标也通常为 CPI 或核心通胀指标[①]。但危机后的早期，宏观审慎政策的相关研究在政策目标上还不够清晰，也并未形成共识。通常的看法认为，宏观审慎政策的最终目标可被视作是维护"金融稳定"。然而，即便是"金融稳定"本身也依然是一个难以准确界定的概念[②]。从对相关研究的梳理可以看出，宏观审慎政策的目标是一个多层次概念。

1. 目标的层次性

从层次顺序来看，宏观审慎政策的目标可以划分为最终目标、直接目标与操作目标。宏观审慎政策的最终目标是维护金融稳定，避免或减少由于金融不稳定造成的宏观经济成本（BIS and G20，2011）。宏观审慎政策的直接目标则主要是防范和应对系统风险，只是不同研究在强调系统风险的来源上有所差别。Brunnermeier（2009）认为，宏观审慎的具体目标包含了降低系统性风险产生成本的所有内容；Bank（2009）则提出，宏观审慎政策应着眼于稳定地提供金融中介服务（包括支付服务、信用中介和风险

[①] 可参见 Borio（2003）、Orphanides 和 Williams（2010）等的研究。

[②] 如同 Goldsmith 曾用"美女"来形容"金融危机"一样，金融稳定也是易于识别但难以定义的范畴。当下对"金融稳定"的界定主要有两类：一是指金融系统应对外部冲击的韧性（Allen and Wood，2006；Padoa Schioppa，2003）；二是强调金融稳定是金融体系应对其内部冲击的弹性或在正常冲击下金融系统的脆弱性，此处更强调金融风险的内生性本质（Schinasi，2004；Borio and Drehman，2009）。

防范），以避免金融危机中所呈现出来的信贷和流动性的繁荣萧条周期；Borio 和 Drehmann（2009）则提出，宏观审慎政策的目标是限制那些带来严重宏观经济损失的系统性危机爆发的风险。此外，Caruana（2011）、Shim（2007）等还强调了金融失衡与金融周期波动作为宏观审慎政策目标的重要性。随着危机反思的不断深入，不同国家对宏观审慎政策目标的理解也不相同。周小川（2010）提出，宏观审慎政策意在弥补传统货币政策工具和微观监管在防范系统风险方面的不足，应将金融业作为一个有机整体，根本目标是防范和管理跨行业和跨经济周期中金融体系的风险。

从操作层面上讲，大部分研究均主张从时间与截面两个维度对宏观审慎政策的具体目标进行说明。例如，Crockett（2000）提出，应从时间与截面两个维度进行分析，一个是时间维度上的整体状态，另一个则是截面维度上的网络稳定程度。时间维度（time dimension）关注的是整个金融体系的变动，即是将金融系统视为一个整体，关注系统的运行情况与顺周期性变化等；截面维度（cross-sectional dimension）关注的则是在给定时点上，由于金融机构之间的相互关联和风险共担而形成的金融网络的结构及变化。Caruana（2010）将宏观审慎政策的目标描述为"通过处理金融机构共同暴露及其与金融周期顺周期性的相互联系以降低系统性风险"；Perotti 和 Suarez（2009）则将宏观审慎政策视作旨在阻止单个银行引发的系统性风险进而给金融体系带来负外部性。

2. 范围上的区分

有学者通过列举微观审慎与宏观审慎的差别，从政策范围上辨析了宏观审慎政策的目标。Claudio Borio（2003）在 Andrew Crockett（2000）的基础上对宏观审慎和微观审慎进行了更为详细的区分。宏观审慎的直接目标为防范金融体系的系统性风险，而微观审慎的目标则是防范单个金融机构的破产风险；宏观审慎的最终目标是避免金融体系的风险给实体经济带来破坏，而微观审慎则主要是着眼于对投资人或存款者保护，并没有过多地顾及可能给实体经济带来的危害。

无论宏观审慎目标有怎样的区别和差异，其着力点基本是一致的。其中，由截面维度上的结构差异带来的风险是最为重要的部分。

二、宏观审慎政策工具

在危机后，各方提出了很多关于宏观审慎政策工具的构想，但目前很难就不同政策工具的重要性与分类方式形成共识。这主要是由于对宏观审慎政策目标的看法不一致所导致的结果。争论的焦点之一就是宏观审慎工具与其他宏观政策工具之间的区别和联系，尤其是金融监管政策（Caruana，2010）与货币政策（Caruana，2011）等同样具有维护金融稳定功能的政策工具。因此，关于宏观审慎政策工具的讨论主要集中在如何区分宏观审慎政策工具，有哪些主要的宏观审慎工具及如何进行分类等问题上。

1. 宏观审慎工具概览

BIS（2008）对可能的宏观审慎政策工具进行了初步的梳理和分析。该分析主要围绕着如何抑制金融体系顺周期性展开，而且更侧重于微观工具分析（见表 2-1）。

表 2-1　BIS 对宏观审慎工具的初步总结

	例子
1. 风险计量方法	
按银行	根据经济周期或低谷调整的风险测量
按监管者	周期性监管评级；开发系统脆弱性（如敞口和风险的一致性、企业关联程度）测度方法作为调整审慎工具的基础；与相关方就系统脆弱性的官方评估和宏观压力测试结果进行沟通
2. 财务报告	
会计准则	使用顺周期性较低的会计准则；动态拨备
审慎过滤器	根据会计数据调整审慎工具；计提审慎准备金；通过移动平均对相关测量进行平滑；设立随时间变化的拨备目标或最大拨备率
披露	披露各类风险（如信贷风险、流动性风险）以及财务报告或相关信息披露中关于风险估计和估值的不确定性

	例子
3. 监管资本	
第一支柱	系统资本附加；降低监管资本要求对当前时点的敏感度，并考虑到风险的运动过程；在基于时点的资本数据中引入周期性乘子；就特殊种类敞口增加监管资本要求（出于宏观审慎目的，风险权重高于《巴塞尔协议Ⅱ》的要求）
第二支柱	将监管审查与周期相关联
4. 资金流动性标准	基于周期的资金流动性需求、集中度限制、外汇贷款限制、外汇储备要求、货币错配限制、外汇头寸限额
5. 抵押品安排	随时间变化的贷款价值比率（LTV）；采用相对保守的最大LTV和抵押品估值方法；限制基于资产价值增加的信贷幅度；跨周期保证金
6. 风险集中度限制	对各种敞口增长的数量限制；（随时间变化的）对特定种类贷款的利率附加
7. 薪酬制度	将绩效工资与长期风险挂钩的指导原则；滞后支付；使用监管检查程序保证执行
8. 利润分配限制	限制高利润时期的红利支付，为经营状况不佳时建立资本缓冲
9. 保险机制	资本注入；预先设立的系统性风险保险计划，资金来自银行资产增速超过特定额度后征收的税费；预先设立的存款保险计划，风险溢价不仅考虑微观个体，还应考虑宏观（系统性风险）参数
10. 对经营失败的管理和处置	基于系统性能力的退出管理政策；在繁荣时期执行较系统性危机时期更加严格的监管干预触发点

资料来源：BIS（2008）。

2. 宏观审慎工具的分类

关于宏观审慎工具，我们还可以从不同角度对已有研究进行区分：

（1）角度一：时间维度和截面维度。时间维度描述的是风险随时间的演变过程，即风险的顺周期性（BIS，2001；Borio，2001；Borio and Zhu，2008；Brunnermeier，2009；Brunnermeier and Pedersen，2009；Shin，2009）。一些讨论重点分析了资本要求产生的顺周期性。Shin（2010）认为，逆周期资本要求和前瞻性的保证金计划，可以降低资产证券化的负面影响。

Kashyap和Stein（2004）的研究则显示，如果政策制定者的目标既包括保护存款基金又包括在危机时期保持信贷，那么随时间而变的准备金要求是最优选择。然而Hanson（2010）认为，动态的监管约束可能使公众对危机时期银行资本的充足性产生怀疑，并加大问题银行的融资难度。因此，应该在经济境况良好时，执行比危机时期更高的最低资本要求。

此外，贷款拨备、贷款价值比、保证金要求等政策也可能产生顺周期效应。Borio 等（2001）就深入讨论了抵押品估值和贷款价值比例（Loan-To-Value，LTV）之间的联系引发的顺周期性，并提出可以通过最大 LTV 比例来解决。对于贷款拨备，Borio 等（2001）则提出，由于会计准则、税收约束和衡量风险的方法等因素，在经济衰退时期，贷款拨备会增加；Fernandez 等（2000）讨论了前瞻性的拨备如何减少这种顺周期性；而 Jimenez 和 Saurina（2006）建议，前瞻性贷款拨备应考虑到银行信贷风险在经济周期中的变化。关于保证金，CGFS（2010）强调保证金比例变化在危机期间的系统性影响，并提出降低相关顺周期性的政策选择。

截面维度关注的是某一时点金融体系内的风险分布，尤其是由于资产负债表关联性产生的共同风险暴露或关联行为的反馈。对截面维度进行分析的文献较多，如关于风险管理的系统层面研究（Hellwig，1995）或系统风险理论（Acharya，2009），其中市场失灵（Calomiris，2009）和传播渠道（Calomiris and Khan，1991）为关注的重要方面。文献中提出的宏观审慎工具大多涉及对银行资本的监管，如系统重要性资本附加（Basel，2011）或系统重要性税、风险集中度限制等。同时短期债务比例过高也被认定为是机构脆弱性的主要来源（Brunnermeier，2009；Gorton，2009；Shin，2009；Hanson，2010）。这些脆弱性往往被看作一种冲击，并且通过系统内的相互关联被放大，如信贷链条、支付与结算网络，或者由无法区分无清偿力机构和有清偿力机构引发的挤兑等。

（2）角度二：相机抉择与确定规则。按照宏观审慎政策工具的调整规则，也可以对工具进行分类，即是确定性规则（内在稳定器）工具，还是相机抉择调整的宏观审慎政策工具（Borio and Shim，2007）。

Goodhart（2004）认为，与货币政策相似，以确定性规则为基础的宏观审慎工具十分重要。例如，贷款损失准备金、资金要求/资本附加费或贷款价值比率等可以按固定规则的方式制定。Borio 和 Shim（2007）也认为，一个重要的内在稳定器有利于将金融失衡的风险内生化。但在政策讨论中，也有学者强调了相机抉择工具的重要性。一类常用的工具就是对金融风险发出警告，如在演讲或金融稳定报告中。其他相机抉择工具还包括：监督审查压力或针对各种审慎工具的数量调整等（Hilbers，2005）。

（3）角度三：数量限制与价格限制。从数量限制或价格限制的角度对工具进行区分。Weitzman（1974）提出，在合规成本不确定的情况下，由于外部性的存在，两种政策工具会产生不同的福利结果。以此为基础，Perotti 和 Suarez（2010）从理论上对价格和数量工具进行了分析，认为价格型工具固定了边际成本，但数量水平上存在不确定性；而数量型工具固定了数量水平，但边际成本不确定。他们进一步将"庇古税"与净融资比率等数量管制工具的表现进行比较，结果表明，当监管部门无法针对个别银行特点进行监督的时候，行业对监管的反应依赖于银行特点构成，而社会效率可能通过"庇古税"、数量监管或两者相结合取得。

在数量限制方面，Hanson（2010）在讨论对银行资本快速纠正行动（PCA）时，进一步区分了比率和绝对值。他们赞成，为陷入困境的银行增加新的资本总量，而不是增加其资本比率。前者可避免银行收缩其资产，从而引发顺周期行为。他们提出，按照当前资产和滞后资产的最大值来制定资本充足率要求。

（4）角度四：新兴市场国家与发达国家。部分研究也对不同国家的宏观审慎政策工具进行了研究。McCauley（2009）认为，虽然没有使用"宏观审慎工具"这一名称，但一些新兴市场国家的央行已采取了相关政策。Borio 和 Shim（2007）、CGFS（2010）则对新兴市场经济体使用宏观审慎工具的经验进行了总结。Agénor 和 Pereira（2009）考察了发展中国家银行部门资本要求的周期效应，以研究巴塞尔协议的周期性影响。

从以上梳理可以看出，我们很难为宏观审慎工具进行准确分类和定性，因为每种工具都可能具有多重属性并产生多种效果。现有各种宏观政策工具与微观政策工具在维护金融稳定方面都具有一定作用。若从宏观审慎政策的最终目标出发，那么一切具有维护金融稳定、降低系统风险的政策均可以被纳入宏观审慎政策的工具箱中。因此，问题的关键可能并不在于工具的已有划分，更重要的可能是工具的使用目的和实际效果。对许多新兴市场经济体而言，宏观审慎工具还包括防范系统性货币错配的措施，如资本管制、对外汇头寸和外币资产的种类做出限制等（Turner，2009），但那些旨在降低资本流入动机的市场干预措施（Mohanty and Scatigna，2005；Ghosh，2008；CGFS，2009）和控制大规模资本流入、避免国内信贷过度扩张的其他工具则可能不应被视为宏观审慎工具本身，而只是支持审慎监管的措施（Ostry et al.，2010），如 Jeanne 和 Korinek（2010）提出的对国际借款征收的"庇古税"。

三、宏观审慎政策的分析基础

关于宏观审慎政策的研究尚处于起步阶段，现有的讨论还远不足以为宏观政策制定提供一个相对可靠的分析基础。这主要归咎于三个方面：其一，对宏观审慎政策的很多基础问题（如金融稳定、系统风险及金融失衡）的认识还不充分；其二，对金融和宏观经济之间关系的理解以及完备的分析模型还比较缺乏；其三，对宏观审慎政策与其他政策之间的关系和界限也尚未取得共识。现有的理论研究多数是围绕着这三个方面展开的。在此，我们将分别予以评述。

1. 金融稳定与系统性风险

作为宏观审慎政策的最终目标，"金融稳定"的概念尚未形成一致的界定。若从金融稳定的反面来考察，则关于"金融不稳定"的分析可区分为三类[1]。第一类是以 Diamond 和 Dybvig（1983）为代表的在外部冲击下的自我实现模型；第二类是附带有冲击和放大机制的模型[2]，以 Allen 和 Gale（2004）、Rochet 和 Tirole（1996）的研究为主；第三类则是 Minsky

---

[1] 遵循 Borio 和 Drehmann（2009）的划分。

[2] 如 Allen 和 Gale（2004）附带单一或系统性负冲击的模型，以及 Rochet 和 Tirole（1996）提出的通过信息或资产负债表联系形成的蔓延机制的模型。

（1982）、Kindleberger（1996）的"金融不稳定的内生周期"理论。

系统风险与金融稳定是紧密联系的两个概念。关于系统风险的相关研究很多[1]，如 Hartmann（2000）、De Bandt（2009）等。一类观点认为，系统风险是外生的，表现为系统受到外在冲击时的损失，Perotti 和 Suarez（2009）则将系统风险解释为传播风险，即当冲击传播超出了其直接经济影响时，导致的对实体经济的破坏力。另一类观点则认为，系统风险源于经济金融体系内部，其变化是非常重要的。Borio（2003）认为，金融动荡的起源不在于传染而在于系统性风险随时间的演变过程，最初往往与商业周期相联系。根据这一点，风险基本上是内生的，反映金融系统和实体经济之间的互动以助长泡沫的过度扩张，结果种下了随后的金融困境或下滑的种子。与之相关，Danielsson（2009）强调风险的内生性，即由市场参与者行为导致金融系统风险，主要依赖于其对风险的敏感性。参与者通常视均衡状态下的风险水平为实际风险水平分布的参照点，继而再参照该点的均衡风险情况，建立动态资产定价模型。

正如前面提到的，宏观审慎政策的直接目标为应对系统风险，而且相关研究普遍认为宏观审慎下的系统风险源于内生。在系统性风险内生性的进一步研究中，系统性风险的度量及在固定时点上的分布[2]则成为讨论的核心。

（1）度量金融不稳定和系统性风险。有多种实证方法可以被用于量化金融不稳定，大致可以分为：基于资产负债表早期预警指标、基于 VARS 的宏观压力测试等方法。

第一类是金融稳健指标。较具代表性的就是 IMF（2002，2008）给予资产负债表开发的金融稳健性指标（Financial Soundness Indicators，FSI）以及 Liu（2006）、Tarashev 和 Zhu（2006，2008）研究的基于股票、信贷互换（CDS）或其他衍生工具信息的市场指标。多年来，尽管相关指标被

---

[1] Bullard（2009）针对系统风险提供了一个详细的综述。
[2] 系统风险的分布集中表现为评估单一机构的系统重要性水平。

广泛提及和使用，然而大多数资产负债表指标通常是系统风险的滞后或同步指标（Bongini，2002）。很多市场指标本质上是微观的，因而很难反映整个金融系统的脆弱性。

第二类是早期预警指标。早期预警指标基本在刻画系统脆弱性、延长预测时间上具有明显优势[1]。然而预警研究往往更注重预测即将发生的事件，而在真实经济与金融部门联系方面的经验并不充足，对于宏观审慎政策的指导意义有限。本次危机后，部分学者对预警指标进行了新的探索，Borio 和 Drehman（2009）、Gerdesmeier（2009）、Fornari 和 Lemke（2009）等提出了金融失衡指标，如杠杆率、信贷与 GDP 的比率等。这些基于信贷和市场信息的指标不仅显示出较好的预测效果，同时也反映出了金融失衡及受内生周期的冲击情况。

第三类是以捕捉金融风险或系统不稳定的工具为 VARs[2]。这些实证模型在预测和跟踪经济冲击转移方面具有较强的灵活性。同时，它们也可提供对金融部门动态过程的特征描述及其对宏观经济的反馈。近期的研究则是在 VAR 模型基础上将产出动态增长与系统性风险进行融合（FAVAR 模型）（De Nicolo et al.，2009）。

第四类是"宏观压力测试"[3]。压力测试本质上具有领先性，它强调系统内冲击的转移，可用于刻画金融体系对于大型外生冲击的响应。但同其他模型一样，该方法通常很难捕捉金融系统和宏观经济的相互反馈影响，同样也难以捕获金融危机的关键效应，即小冲击带来大影响（Borio and Drehmann，2009）。此外，Alfaro 和 Drehmann（2009）认为，历史上发生的银行危机也不一定都伴随着疲软的宏观经济条件，因此当下的压力测试模型可能难以复制过往危机的动态过程，这可能是由于压力测试考虑了错误的风险因素或缺少真实驱动力。

---

[1] 关于早期预警指标本书不再展开，详情可进一步参考 Kaminsky 和 Reinhart（1999）、Bell 和 Pain（2000）、Davis 和 Karim（2008）、Von Hagen 和 Ho（2007）以及贾彦东（2009）等相关文献。
[2] 可参见 Drehmann（2006）、Misina 和 Tessier（2008）的相关研究。
[3] 关于"宏观压力测试"更为详尽的文献可参考 Sorge（2004）与 Drehmann（2009）的相关研究。

（2）评估个别金融机构的系统重要性。宏观审慎背景下分析特定时点上系统风险的个体间分布是系统风险问题研究的另一个难点。思路上有"自上而下"或"自下而上"两种，方法上也有矩阵法、网络模型、条件在险值（CoVaR）、压力测试等多种方法。其间，不同的思路与方法选择又是与其对系统风险的认识与衡量方式紧密相连的，并且各有利弊。此处，本书仅进行一个简要的归纳[①]。

Adrian 等（2009）提出以计算 CoVaR 的方式测算金融机构的系统重要性程度，即计算在特定金融机构存在风险压力条件下整个金融系统的条件在险值（CoVaR），并将 CoVaR 与正常条件下整个金融系统 VaR（风险价值）的差，作为对应金融机构对整体系统风险的边际贡献，并以此反映每家机构的系统重要性水平。这种测算方式的关键在于对系统杠杆率的高低、资产规模的大小及久期匹配情况进行了反映。同时，Segoviano 和 Goodhart's（2009）则提出了另一种测量单一机构系统性影响的方法，即在特定银行倒闭条件下，计算其他银行倒闭的条件概率。Zhou（2010）将这一测度扩展到了多元情形，并提出了"系统性重要性指数"。它计算了在给定银行倒闭的情况下银行系统倒闭数量的期望值，并以此作为机构的系统影响力测度。

有一些研究在分析金融系统时将其视作一个机构的复杂动态网络，通过银行间市场的相互暴露的直接联系或通过持有相似投资组合或共享存户的非直接联系来研究金融系统。比如，Lelyveld 和 Liedorp（2006）通过估计双边和国外暴露的实际程度及网络的实际结构来研究荷兰银行间同业拆借市场的传染风险。Gai 和 Kapadia（2008）、Nier 等（2008）构建人工同质银行网络，分析了特殊冲击对网络适应能力的影响。两方的研究均发现净值和网络联系的非线性影响（一家银行借给另一家银行的概率）。这些结果说明金融系统具有 robust-yet-fragile（稳健但脆弱）倾向，比如，面

[①] 对于系统风险衡量及评估系统重要性的技术进展，可参见贾彦东（2011）对金融机构系统重要性的相关研究。

临更大规模的冲击，潜在联系可以降低传染的可能性。

另一个最为重要的方式是"自上而下"的"贡献法"。此类研究是从整体系统风险的测度开始的，之后识别每个单一机构对系统风险的贡献（Tarashev et al.，2009），并以此设计相应政策工具，以校正和阻止源于这些机构的系统性危机的爆发（Huang et al.，2009）。Acharya（2009）考虑了整个金融部门的"外部性"影响，将极端情况下的系统损失作为系统风险的衡量标准，衡量了单一机构的边际成本，并分析了资产规模、风险头寸等因素对边际成本的影响。Drehmann 和 Tarashev（2011）进一步将金融网络结构中的机构对系统风险的贡献分为直接贡献与间接贡献两类，使用"Shapley Value"（夏普利值）的方式进行了理论上的计算与分析，并对相关的宏观审慎工具设计与运用进行了讨论。

除单一衡量与识别金融机构的系统重要性以外，部分学者亦从机制角度试图理解金融网络条件下的金融机构行为，Allen（2010）、Allen 和 Babus（2008）[①] 等将对银行的行为分析放在了不同的金融网络结构中进行了讨论，发现不同的网络结构与不同的银行行为模式及不同的资产负债约束条件之间存在着较强的相互影响。他们的研究为进一步的理论机制分析奠定了重要的基础。

2. 金融体系与宏观经济的相互作用

进一步分析金融系统与经济运行的关系不仅是当前理论研究的热点与难点，更是评估金融稳定、构建宏观审慎政策的重要理论基础。关于这一问题的相关研究不仅数量较多，而且脉络十分庞杂，切入的角度也各有不同[②]。研究主要集中于考虑金融部门与实体经济部门之间的影响渠道的识别与机制分析方面。有的学者致力于在 DSGE 模型中增加金融摩擦以反映金融与经济之间的相互关系，有的则分析和评估银行行为对实际经济产生的影响，还有的则着重考虑金融体系内存在的顺周期性效应。

---

① Allen 和 Babus（2008）提供了更为详细的文献综述。
② 2011 年巴塞尔委员会（BCBS）曾成立专门工作组（RTF-TC）针对金融部门与实体经济的相互影响渠道进行了梳理。

（1）考虑金融摩擦的两类方式。其一，非金融借款者资产负债约束。一些研究在含有金融加速器机制的 DSGE 模型中，对非金融借款者施加信贷约束以考虑金融摩擦效应，如 Curdia 和 Woodford（2009）、Christiano（2010）、Gerali（2009）、Dellas（2010）的研究。Del Negro（2010）在 Kiyotaki 和 Moore（2008）的基础上引入了包含信贷摩擦的模型，并在同时考虑名义工资及价格摩擦的条件下，对 2008 年美联储的非标准货币政策进行了分析。Kannan 等（2009）则通过模拟分析了货币当局对加速机制的反应程度与信贷扩张和资产价格的关系，肯定了调节信贷周期的宏观审慎工具的正面作用，而且还发现不变的政策可能提高政策错误的风险，可能引起宏观经济的不稳定。

其二，银行资产负债约束。也有针对金融摩擦的研究，主要探究货币政策传导机制中银行资本的作用。Goodfriend 和 McCallum（2007）将银行部门与货币纳入 DSGE 模型中，从而区分抵押贷款利率、无抵押贷款利率、国库券利率等不同利率的作用。通过验证，他们认为，忽略利率差别将导致较大的政策偏差。Gertler 和 Karadi（2009）在建模金融中介时构建了一个允许金融中介面临内生性资产负债表约束的量化货币政策 GSGE 模型，在流动性风险基础上，对金融中介风险产生的宏观效果进行了分析。Jeanne 和 Korinek（2010）讨论了债务积累和资产价格之间的互动及如何放大信贷繁荣和萧条的过程。他们认为，借款者并未内在化他们对总脆弱性的贡献，结果是过度使用杠杆进而导致繁荣萧条周期，因此要控制过度杠杆效应，并提出对借款者征收"庇古税"，以使机构内在成本化其所造成的外部性。

（2）银行行为的影响。资本监管规则的调整将改变银行行为进而影响宏观经济运行。Covas 和 Fujita（2009）使用一般均衡模型分析了银行资本要求对商业周期产生的影响。基于 1998 年 Tirole 关于企业家道德风险和银行流动性准备之间关系的研究，他们发现，在 Basel Ⅱ 的资本需求具有顺周期效应，将明显增大产出的波动。Zhu（2008）开发了一个随机动态模型，研究资本监管对银行的财务决策的影响。他发现，风险敏感的资本标准会导致规模小或风险高的银行产生更高的资本需求，而且随着经济周期的变化，风险资本需求的同向运动未必导致信贷周期的加强。Repullo和 Suarez（2009）建立了一个资本缓冲与均衡贷款利率内生化的模型，并以此分析逆周期的资本要求政策。他们认为，逆周期地调整 Basel Ⅱ 框架下的部分监管标准将明显地降低经济周期中的信贷波动。针对 Basel Ⅲ 提出的观点，MAG（2010，2011）与多个国家合作，分别从银行信贷渠道对逆周期的资本缓冲、系统重要性资本附加、流动性等政策进行了中期与长期的评估。此外，也有研究是将宏观经济因素引入金融中介周期模型中进行考虑。Brunnermeier 和 Sannikov（2009）通过将宏观经济因素纳入金融系统模型后认为，金融部门并未将承担的风险全部内在化，进而导致了杠杆率与期限错配过度，而且证券化使金融部门加剧了这一过程。

（3）顺周期效应。对于顺周期效应的讨论涉及经济周期与金融周期的相互关系问题。当前讨论较多的顺周期机制主要是以经济周期为基准，集中在中短期分析金融系统内的规则与机构行为等因素对经济周期产生的同向推动效应①。关于这种顺周期效应的研究较多，宏观与微观层面都有。早在 20 世纪 80 年代中期，伴随着 Bernanke 和 Blinde（1988）、Bernanke 和 Gertler（1989）、Bermanke 和 Gertler（1995）、Bermanke 等（1996，1999）等对金融经济周期理论的一系列研究，顺周期性的问题也随之进入了人们的视野。

2007 年次贷危机的爆发更是将顺周期性的讨论推向了一个高潮，在对次贷危机的产生根源的探讨中，学者们再次将关注的焦点集中在了顺周期性上。Willem（2007）指出，金融系统中杠杆行为的顺周期性和资本约束的顺周期性是微观系统中次贷危机的主要原因之一。Goodhart（2008）给出了导致次贷危机的七点原因，其中第五点便是由于资本充足率的顺周期

① 需要说明的是，这种对顺周期效应的理解涉及的基本是中短期限上的经济周期与金融周期之间的相互关系问题。依照 Caruana（2011）的研究，如果以金融危机的爆发为标准，则金融周期的频率是低于经济周期的，即一个金融周期可能包含多个宏观经济周期。因此，应重视对更长时期内顺周期效应的考察，并应注重经济对金融的作用。

性和逆周期性工具的缺乏。White（2008）指出，当在分析本次危机产生的原因时，我们将更多的关注点放在了新的金融创新上，而忽略了顺周期性这一传统的因素。此外，关于会计准则、信用评级方式、金融交易的方式以及薪酬激励机制等问题产生的顺周期性也同样得到关注。通过以上分析可以看出，有关金融部门和宏观经济之间联系的理论或实证研究均远未达到可以指导政策制定或用于风险分析及政策模拟的阶段。

第三节　宏观审慎政策的实践进展

除理论上的积极探索之外，各国政府及国际组织在宏观审慎政策实践方面也开展了积极的尝试。在 G20 的框架下，金融稳定理事会（FSB）、巴塞尔银行监管委员会（BCBS）、国际货币基金组织（IMF）等国际组织都将宏观审慎政策作为国际金融体系改革的核心内容。美国、英国及欧盟等国家和地区也均将强化宏观审慎政策作为改革金融及宏观经济调控模式的重点，并且很多审慎政策的实践已经走在了理论发展之前。

一、国际层面的实践进展

在 G20 的框架下，宏观审慎政策在国际层面的进展主要体现在政策工具的不断发展上：

1. 时间维度上的工具①

危机后，宏观审慎政策工具实践主要体现在对顺周期性（procyclicality）的应对上。其中一些工具是在国际层面的，而另一些则仅是在国别层

① 部分工具属于标准的宏观审慎工具，而有一些则可能并不严格符合宏观审慎政策工具的标准，但也具有明显的调节顺周期的效果。

面发挥作用的。

（1）Basel Ⅲ 对顺周期性的应对。国际层面推动宏观审慎政策实践的最为重要的成果就是 Basel Ⅲ 的出台。Basel Ⅲ 中包含了多项旨在应对顺周期性的政策工具。一是在最低资本要求的基础上，提出资本留存缓冲的要求。当缓冲接近最低资本要求时，将限制银行的收益分配，促使银行通过内部积累提高资本实力。二是提出逆周期资本缓冲的国际统一标准，要求银行在信贷扩张时期建立更具前瞻性的资本缓冲，并在危机时使用，以降低整个银行体系的顺周期性。此外，Basel Ⅲ 中还设计了杠杆率与新的流动性要求以应对顺周期效应，如设计了流动性覆盖比率（LCR）和净稳定融资比率（NSFR）作为流动性的国际标准。

（2）对债券抵押规则的改良。CGFS[①] 建议应改良债券抵押的相关规则，以抑制和缓解由于抵押品价格的变化带来的杠杆率过度波动对整个金融体系造成的影响。此类政策将有效地应对由于金融资产价格波动带来的时间维度的风险。该项建议已经在 Basel Ⅲ 以及 OTC 等衍生产品的设计中有所体现。

（3）预期损失拨备。贷款损失拨备的计量标准对于金融体系的顺周期性具有明显的影响。对此，国际会计标准理事会（IASB）与美国金融会计标准理事会（FASB）均建议采取前瞻性预期损失的拨备制度。依照 G20 的要求，他们正在对有关规则进行讨论，力图统一新的、更具有前瞻性的计量标准。

2. 截面维度上的工具

截面维度上应对系统风险的工具目前还比较有限。

（1）Basel Ⅲ 中的截面工具。首先，Basel Ⅲ 通过加强资本充足与流动性方面的监管要求，以降低金融机构的风险概率，为宏观审慎目标的实现提供有力保证。其次，Basel Ⅲ 设计多种工具，从机构的层面降低系统性机构的风险，如要求衍生品交易具有更高的资本、对于复杂产品要求通过中央

---

① The 2009 Committee on the Global Financial System。

对手交易、更高的流动性要求以及提高对金融机构间风险暴露的资本要求等。

（2）SIFI框架。SIFI框架要求加强对系统重要性银行的监管，提高其风险吸收能力，并要求建立对应的重组和破产安排计划等。实践上，FSB、IMF及BCBS提出要从规模性、替代性、关联性方面评估系统重要性金融机构。BCBS要求系统重要性银行应在最低资本要求的基础上具备更强的吸收损失能力。BCBS与FSB在其研究的基础上，已经于2011年公布了29家全球系统重要性银行，其相关政策也将陆续出台。此外，有关风险处置的措施也在加紧研究中，包括综合利用各种工具和技术改善跨境危机管理，并应加强国际合作等。

（3）对衍生品交易的管理。在截面维度上，国际组织和各国政府均在积极地推动对OTC等金融衍生品的交易进行规范和控制，以降低风险传染扩散的速度。其中，包括建立中央对手方制度、推动交易合约标准化、鼓励进行场内交易，以及加强对支付结算机制与支付体系的建设等。

二、早期的国别经验

依据IMF的梳理，当前国别层面的宏观审慎工具可大致分为以下几类：第一类是为应对信贷过度以及资产价格泡沫而引起的金融风险所涉及的宏观审慎工具，如动态资本充足率、动态拨备、贷款价值比以及债务收入比率等。第二类是为应对由杠杆率和期限错配引起的与系统风险放大机制相关的审慎工具。第三类是降低金融体系结构脆弱性，防范风险溢出效应的审慎工具，包括机构间的关联度以及对系统重要性机构的单独监管等（见表2-2）。

表2-2 国别层面主要使用的审慎工具

1. 应对信贷过度的审慎工具
动态调整（时变）的资本充足率、动态拨备、贷款总量或增速上限、动态调整的贷款价值比、动态调整的贷款收入比、准备金要求

续表

2. 应对系统风险放大机制的审慎工具
控制期限与久期错配、限制外汇借款规模、控制货币错配、金融税
3. 降低结构脆弱的审慎工具
对 SIFI 的风险吸收能力的额外要求、明确以系统风险为目标的监管目标、设计针对 SIFI 的准备金要求等

三、各国宏观审慎政策的制度安排

许多国家已经着手金融监管体制方面的改革，并相继通过了改革金融监管的具体措施，如以成立新兴的机构、委员会等方式来强化宏观审慎政策。美国、英国、欧盟等主要发达经济体均提出了金融监管改革方案，立足于防范系统性风险，增强金融体系的稳定性和弹性，充分体现了宏观审慎的理念。

具体而言，已正式生效的美国金融改革法案提出，建立金融稳定监督委员会，负责识别和防范系统性风险。法案要求，加强对系统重要性金融机构的监管，授权美联储负责对资产规模超过 500 亿美元的大型、复杂金融机构实施监管，并对金融市场至关重要的清算、支付、结算体系进行监管，发现、衡量并化解系统性金融风险。另外，法案还提出对系统重要性金融机构实施更高的资本充足率、杠杆限制、流动性和风险管理要求。英国政府也宣布授权英格兰银行负责宏观审慎管理职能，通过在英格兰银行内设立金融政策委员会来制定宏观审慎政策，并把金融监管权从金融服务局转至中央银行。同时，建立专门委员会来重新审视银行的业务结构，包括是否分离投行和零售业务等。

德国政府则宣布赋予德国中央银行对银行业的唯一监管权，从而将对银行业的监管权从联邦金融监管局剥离。法国将银行、证券、保险监管机构合并成"审慎监管局"，置于中央银行的监督之下。欧盟委员会成立欧洲系统性风险委员会，负责对欧盟金融体系进行宏观审慎管理，强调了中央银行应在宏观审慎政策中发挥领导作用。西班牙则较早地引入了动态资本拨备的政策工具。日本、韩国等分别强化了央行在检测系统风险方面的职能，各国情况如表2-3所示。

表2-3 危机以来主要国家金融监管改革方案

地区	改革方案	责任部门	主要内容
美国	多德—弗兰克法案	金融稳定监督委员会（FSOC）、金融研究办公室（OFR）美联储	防范和识别系统性金融风险，维护金融稳定，加强金融稳定监管委员会对系统性风险监管的权力，加强在宏观审慎管理框架中的作用和地位
欧盟	欧盟金融监管体系改革	欧洲系统性风险委员会（ESRB）、欧洲银行监管局（EBA）、欧洲证券和市场监管局（ESMA）、欧洲保险与职业养老金局（EIOPA）	负责监管欧盟整个金融体系、负责监控欧盟银行业的运作、负责监控欧盟证券业的运作、负责监控欧盟保险业的运作
英国	英国金融监管改革方案	金融政策委员会（FPC）、机构审慎监管局（PRA）、消费者保护和市场管理局（CPMA）	通过识别并解决在系统内的总体风险及脆弱性来提高金融体系的稳健性/抗风险能力；通过解决金融体系的失衡问题来增强宏观经济的稳定性
日本	日本央行法案	日本央行	监测金融异常，保护日本银行体系承担风险的能力
其他国家	各国中央银行法或颁布金融改革法令	马来西亚中央银行、金融稳定理事会、印度储备银行、韩国央行	维护金融稳定的职责，并赋予其更多的权利来确保金融稳定、促进金融监管机构之间的信息协调，以及更加迅速、准确地识别金融体系的风险，把逆周期政策作为确保金融稳定的一个主要工具

资料来源：IMF（2009）及作者整理。

四、我国的宏观审慎政策实践

全球金融危机后，我国在加强宏观审慎政策方面进行了积极的尝试，并在总结当前宏观审慎管理做法的基础上，不断丰富和完善相关政策工具。

1. 调控机制

在建立逆周期宏观调控机制方面，考虑到我国银行信贷在全社会融资中占比仍较高，信贷波动与经济周期变化和系统性金融风险之间关系较大，因此在建立逆周期信贷调控机制过程中，既重视利率等价格指标变化，也重视货币信贷增长状况，通过窗口指导等方式加强风险提示，并运用信贷政策、差别准备金、调整按揭成数等手段加强宏观审慎管理，引导货币信贷平稳增长。其中，差别准备金动态调整基于银行信贷偏离经济增长和物价指数的程度，同时考虑各金融机构对总体趋势的影响、系统重要性程度和稳健性状况，有助于引导金融机构信贷合理、适度、平稳投放，优化信贷结构，同时还可以为金融机构提供一种自我约束、自我调节的弹性机制，从提高资本水平和改善资产质量两个方面增强风险防范能力，达到防范系统性风险积累的目的。

2. 系统重要性机构

在降低系统重要性金融机构影响方面，各金融管理部门立足国情，积极研究推动我国系统重要性金融机构的认定标准和评估框架，设定更为严格的监管标准。银监会（2011）起草了《商业银行资本管理办法（征求意见稿)》，其中提出将对系统重要性银行实施更加严格的监管标准。目前来看，当前的宏观审慎政策实践在优化货币信贷总量管理、防范系统性风险等方面取得了较好效果。BCBS（2010）指出，中国对信贷等采取的审慎管理措施对其他经济体加强宏观审慎管理具有借鉴意义。

3. 货币政策

在货币政策与宏观调控思路上，近年来中国的金融调控框架有了新的演进。随着金融市场发展和金融创新深化，在资源配置效率得以提高的同时，金融周期与经济周期开始分化，金融体系自身的复杂性、脆弱性也明显增大，原有的以货币政策为主的金融调控框架面临挑战。有鉴于此，基于中国国情并结合国际上对国际金融危机教训的总结，中国在构建宏观审慎政策框架方面进行了一系列探索，从而初步形成了"货币政策＋宏观审慎政策"双支柱的金融调控框架。货币政策继续主要针对宏观经济和总需求管理，侧重于经济增长和物价水平的稳定。宏观审慎政策则直接和集中作用于金融体系本身，抑制杠杆过度扩张和顺周期行为，侧重维护金融稳定。宏观审慎政策作为金融调控的第二支柱，与货币政策相互补充强化，在防范系统性风险、营造适宜的金融环境等方面发挥了重要作用。

作为总需求管理工具的货币政策在维护金融稳定方面有局限性，在金融深化之后更加凸显。近十多年来，中国金融市场和金融创新取得了长足发展，金融体系动员国内外经济资源、提高资源配置效率的能力大幅提高，其所带来的好处是巨大的。但凡事有利就有弊，随着金融体系的杠杆性、关联性和复杂性不断提升，金融周期可能在一定程度上脱离经济周期运行，金融内在不稳定性所带来的风险也相应增大。2003 年修订《中国人民银行法》时特别明确由人民银行承担维护金融稳定的职能，但是仅靠货币政策工具难以完成这一职能，需要在金融调控框架中增添新的支柱，对金融机构和金融市场的杠杆水平进行宏观的、逆周期的、跨市场的调节。

一是价格稳定并不能保证金融稳定。传统上货币政策主要是盯物价稳定，但即使物价基本稳定，资产价格的波动也可能很大，而且资产价格和金融市场的大幅波动最终还是会对物价和经济产生冲击。我国的房地产、股市、债市都曾出现过一段时间内价格大幅变动的情况。

二是加杠杆使金融行为的顺周期性更加明显，容易形成"超调"。通过杠杆放大交易，是几乎所有金融活动的基本特征，这既是金融机构增加盈利的基础，也是诸多金融风险累积的源头。金融活动往往具有"买涨不买跌"的顺周期性，而杠杆的运用则使这种"追涨杀跌"的交易行为成倍放大，容易导致金融资产价格丧失自动调节供求的功能，产生自我强化式的金融震荡和"超调"。市场上存在的非理性行为和"羊群效应"等还会进一步加剧顺周期波动，形成加杠杆与资产价格非理性上涨、去杠杆与资产价格非理性下跌之间的正反馈机制。

三是金融正反馈机制可能跨机构、跨市场传染和放大。货币政策关注的主要是宏观总量，对某个具体市场、具体部门的调节是其短板。以微观审慎监管为核心的传统金融监管则主要关注个体机构的稳健，但个体稳健并不意味着整体稳健，存在"合成谬误"问题。如何防范个体风险向系统性风险发展是货币政策与微观审慎监管之间存在的空白。

4. 政策协调

政策协调实践方面，宏观审慎政策和货币政策的充分协调有助于实现有效的金融调控。一是两者可以相互促进。恰当的宏观审慎政策能够作为货币政策的有益补充，减轻货币政策的负担。对杠杆水平进行逆周期调节，不可避免地会影响资产价格和收益水平，进而影响金融行为，改变货币政策传导效率、力度和结果。通常情况下，货币政策和宏观审慎政策的方向一致，相互促进。经济萧条时，降息与适度放松宏观审慎政策有助于经济复苏；经济过热时，加息与适度收紧宏观审慎政策有助于应对通胀。两者的有序协调有利于促进传导效应、强化政策效果。二是两者也可能相互制约。由于两者的目标、工具等并不一致，经济周期和金融周期可能背离，缺乏充分协调的政策搭配对政策效果可能产生抑制作用。当经济萧条时，货币政策的放松可能并不能有效引导资金进入实体经济，而是引发杠杆炒作和资产泡沫，不利于对加杠杆行为的控制；当经济过热时，如果杠杆率已经很高，收紧货币政策可能会刺破泡沫，导致去杠杆过急过猛，对宏观经济和金融稳定产生不利影响。国内外不少成功或失败的案例都说明了宏观审慎政策与货币政策相互协调的重要性。如何进行搭配以及各自方向和力度如何把握，取决于具体的经济环境和金融环境，需要在深入分析、研判的基础上安排合理适度的工具组合。中央银行在实施货币政策时，必须对宏观审慎政策的影响有所考虑，权衡把握政策的方向和力度。反之，宏观审慎政策也需要考虑货币政策的状况及其可能对货币政策传导的影响。由此真正实现两者的充分协调、灵活配合。

5. 宏观审慎评估（MPA）

中国宏观审慎政策的探索与创新在国际上走在了前面，为全球提供了有价值的经验。中国较早开始了宏观审慎政策方面的实践，窗口指导以及房地产信贷政策都带有宏观审慎政策的雏形，而数量和价格相结合的货币政策框架也更容易让各方面理解和接受宏观审慎理念。2008 年国际金融危机爆发后，人民银行根据中央和国务院的有关部署并结合 G20、FSB 对国际金融危机教训的总结，在宏观审慎政策框架建设方面进行了全面深入的探索。从 2009 年年中开始研究强化宏观审慎管理的政策措施，并于 2011 年正式引入差别准备金动态调整机制。这也是为了配合危机期间刺激政策逐步退出的重要举措。该机制实施了五年，与利率、公开市场操作、存款准备金率等货币政策工具相互配合，有力地促进了货币信贷平稳增长，提升了金融机构的稳健性。随着经济形势和金融业的发展变化，人民银行不断完善政策框架，自 2016 年起将差别准备金动态调整机制升级为宏观审慎评估体系（MPA），从资本和杠杆、资产负债、流动性、定价行为、资产质量、跨境融资风险、信贷政策执行情况七大方面对金融机构的行为进行多维度的引导。此外，自 2016 年 5 月起将全口径跨境融资宏观审慎管理扩大至全国范围的金融机构和企业，对跨境融资进行逆周期调节，控制杠杆率和货币错配风险。

当前，中国宏观审慎政策的核心内容是金融机构适当的信贷增速取决于自身资本水平以及经济增长的合理需要，与货币政策相辅相成。无论是 2016 年之前实施的差别准备金动态调整机制，还是从 2016 年开始实施的宏观审慎评估体系，其核心理念都是信贷投放要与宏观审慎要求的资本水平相联系，核心指标是宏观审慎资本充足率，同时考虑了各金融机构的系统重要性、稳健状况以及经济景气状况。宏观审慎资本充足率与《巴塞尔协议Ⅲ》提倡的逆周期资本缓冲思想在本质上是一致的，都是通过调节资本缓冲来抑制信贷顺周期的过快扩张和收缩，但在具体设定方法上略有不同。一是在考察信贷偏离程度时，中国更重视信贷增长要满足实体经济发展的合理需要。国际上主要通过考察整体信贷和 GDP 比值与趋势值的偏离程度来确定逆周期资本缓冲，而中国考察的是信贷增速与名义目标 GDP 增速的偏离。二是国际上逆周期资本缓冲的比例对所有金融机构都是一样的，而中国还要考察每个金融机构对总体信贷偏离的影响，对总体偏离程度影响大的金融机构要求更多的逆周期资本缓冲。由此可以看出，宏观审慎评估体系将信贷增长与资本水平、经济发展需求紧密挂钩，使其具有了双重属性，既是宏观审慎政策工具，也有货币政策工具的性质；既可以通过抑制信贷的顺周期过快扩张起到防范系统性风险的作用，也可以起到引导广义信贷平稳增长的作用。

合理设置过渡期，循序渐进完善宏观审慎评估体系。宏观审慎评估体系的构建和完善不是一蹴而就的。在宏观审慎评估体系的实施过程中，人民银行不断总结经验，根据宏观审慎评估体系实施的情况及宏观调控需要，对指标构成、权重、相关参数等加以改进和完善。例如，根据资金跨境流动和跨境业务的新形势，人民银行将原有"外债风险情况"指标扩充为"跨境融资风险"，又进一步扩充为"跨境业务风险"，并相应增加了有关分项指标，以加强风险监测和防范。另外，宏观审慎评估体系正式实施后，广义信贷增长较为平稳有序，但未纳入宏观审慎评估体系的表外理财业务增长较快，潜藏风险。一是表外理财底层资产的投向主要包括类信贷、债券等资产，与表内广义信贷无太大差异，同样发挥着信用扩张作用，如果增长过快会积累宏观风险。二是目前表外理财虽名为"表外"，但资金来源在一定程度上存在刚性兑付，出现风险时银行往往不得不表内化解决，并未真正实现风险隔离。因此，为了更加全面准确地衡量风险，引导金融机构审慎经营，需要加强对表外理财业务的宏观审慎评估。人民银行从 2017 年第一季度起将表外理财纳入宏观审慎评估体系广义信贷指标范围，引导金融机构加强对表外业务风险的管理，更为审慎地开展业务。纳入后，表外理财业务增长过快的现象得到了明显遏制。

第三章 宏观审慎政策的新进展

时至今日，宏观审慎政策在内涵、工具和框架设计等方面都已取得了较快的发展。不仅政策目标更加清晰，工具类型更加规范，其理论基础也在得到逐步完善（Farhi and Werning，2016；Stein，2012；Jeanna and Korinek，2013；Woodford，2011）。然而，理论上，作为危机后形成的新政策框架，宏观审慎政策在工具的有效性、政策规则、作用机制及宏观审慎政策与其他政策，尤其是货币政策之间的关系等方面的研究还有待深入。整体而言，表现出"概念相对清晰，操作规则模糊""工具分类清晰，操作效果模糊""政策目标清晰，影响机制模糊"的特点。政策实践上，各国监管当局对宏观审慎工具的使用也还处于尝试阶段，加之危机期间政策措施的负面效果也有所显现，因此仅有少量机制相对清晰的审慎政策工具被实际使用。整体而言，表现出"政策实践多，理论分析少""国别经验多，一般经验少"的特点。

本章将针对宏观审慎政策理论研究的近期进展，主要是 2012 年以来的情况，进行跟踪，并讨论其对我国宏观审慎政策实践的意义。首先，结构上，我们将对宏观审慎政策的理论基础进行梳理，包括时间维度上的顺周期性和截面维度上的传染风险。其次，依据理论分析，对宏观审慎政策工具进行分类，归纳各国宏观审慎政策工具的实际使用情况。再次，将着重从理论与实践两个方面，回顾宏观审慎政策与其他政策之间的关系，尤其是与货币政策的相互关系。最后，给出近期的理论和实证研究评述。

第一节　宏观审慎政策的理论基础

在金融危机之前的相当一段时期内，宏观政策，尤其是货币政策能够维护宏观经济稳定已经基本成为共识。但金融危机对全球经济和金融市场带来的巨大负面影响，使宏观审慎政策得到了世界各国的广泛接受和迅速实施。理论上，经济学者们一直在试图寻求建立一个包容性的框架，以同时涵盖传统货币政策与宏观审慎政策，并为将来的政策制定提供理论支撑（Lorenzoni，2008；Farhi et al.，2009；Bianchi and Mandoza，2010；Jeanne and Korinek，2010，2013；Bianchi，2011；Davilla，2011；Stein，2012；Korinek，2012；Woodford，2011）。尽管宏观审慎政策背后的许多基础性问题还有待进一步研究，但由货币外部性导致市场失灵并诱发系统风险的逻辑，已经成为宏观审慎政策最重要的理论基础和出发点之一。已有研究通常将造成系统风险的外部性作如下分类：

其一，由互补性策略（Strategic Complementarities）带来的外部性，即来自于银行和其他金融机构以及主体之间的相互策略，而这些策略在金融周期的扩张期容易造成系统脆弱性的上升。

其二，由资产抛售（Fire Sale）和信贷紧缩（Credit Crunches）带来的外部性，即来自于资产抛售导致的资产价格下降，金融中介机构和投资者资产负债表的恶化，进而引起融资干涸，尤其在金融的紧缩时期。

其三，由相互关联性（Interconnectedness）带来的外部性，即由关联性导致的冲击，通过系统性金融机构、金融市场或网络结构导致的风险扩散和传染。

同样，也可以从其他的角度对外部性进行分类，如时间维度上的外部性（顺周期）和截面维度上的外部性。

一、与互补性策略相关的外部性

尽管还存在不同争论，但在金融周期的上升期，这种外部性会随着风险的积累而增加。历史经验表明，金融机构更倾向于在经济周期的上升阶段增大对信用风险和流动性风险的暴露，而这将放大金融周期并引起资产价格波动。产生该外部性的原因可能有：

1. 主体间相互作用

互补性策略提升了存在于各市场主体之间的相互作用，意味着由于采取某一种策略产生的收益将随着采取相同策略的主体数量的增长而增加。在膨胀期，竞争的加剧将影响整个经济体系内信用标准的变化。在信息不完备条件下，银行倾向于承担更高风险。同时在膨胀期内，激烈竞争导致银行筛查借款人潜在风险的动力不足。银行由此减少了筛查的强度并增加贷款，并使借款人的质量进一步恶化（Ruck et al.，2004；Dell Ariccia and Marquez，2006；Gorton and He，2008）。在收紧时期，这些情况将出现逆转，将会出现更低信用来源和更少市场竞争的局面。

2. 名誉关注和激励机制

产生互补性策略的另一个原因，可能在于对名誉的关心和激励机制的影响。当管理人员开始关注名誉时，他们的信贷、投资或其他政策可能都会受到其他因素影响（Rajan，1994）。过度的长期限的风险承担将随着短期绩效要求的增加而提高（Acharya，Pagano and Volpin，2013）。不同形式的考核基准也会导致外部性，如当大部分机构盈利状况都不理想且比较相似的时候，某一家机构盈利能力的恶化可能会被忽视，导致这些机构将继续采取保持高风险借贷、隐藏损失或者复制其他机构的做法，直到不断积累升高的风险迫使他们调整损失确认方式和外部融资的合约（Allen and Saunders，2003）。互补性也可能来自制度安排，如盯市估值方式，使用风险价值（VaR）模型等（Adrian and Shin，2014）。

3. 预期影响

外部性也同样可能来自经济主体针对政府将进行事后干预的预期所做出的最优事前反应。政府救助的预期可能会导致互补性策略,因为救助可能会导致机构,尤其是银行,提前进行某种相关的资产选择。考虑到一旦失败将获得政府救助,银行可能会采取最优策略将风险进行分配以达到任何失败均为系统性损失的目的,而且当机构相互进行策略模仿时,整体的脆弱性将随着资产选择的相关性、久期限和货币错配等方式出现快速上升。这种脆弱性反过来又将进一步诱发或加深金融危机。

二、与资产抛售和信贷紧缩相关的外部性

资产抛售通常会发生在投资者强制进行资产出售以获得流动性的情况下。由于购买者数量有限,资产将以一个低于其基本价值的价格出售,并形成资产出售方的损失(Shleifer and Vishny,1992;Allen and Gale,1994)。不仅如此,其他持有相类似资产的金融机构也会受到影响,资产价值会出现快速下降。这将进一步降低金融机构的资本充足水平,并削弱这些资产作为抵押物的能力,并强迫它们进行进一步出售、变现资产,新一轮出售将激发更进一步的损失和出售,以此类推将产生加速收紧的外部性效应。

对银行而言,由于存在期限转换的能力,即通过流动性负债匹配非流动性资产,这将导致其面对资产抛售和信用收缩的可能性比较高,出现流动性需求风险的可能性也比较大(Rajan and Ramcharan,2014)。尽管中央银行将通过存款保险和流动性便利等手段向商业银行提供支持和保障,以减小资产抛售的可能性。但当银行依赖批发资金的程度上升的时候,这些政策的有效性同样将受到影响。尤其是在部分市场参与者(如影子银行等)无法获得类似救助的情况下,它将不得不进行资产抛售,影响正规银行行为,并产生较强的外部性。

资产抛售同样会导致融资与信贷的紧缩,因为银行资产负债表的损失将进一步降低它们融资的能力。同时,随着资产价格的下降以及抵押物变

得更加便宜，借款人（包括企业、居民及国家）将更难获得融资（Goldstein，Ozdenoren and Yuan，2013）。这种状况下，一个小的金融冲击同样能够导致需求或其他部门的外部性，并产生巨大的系统性影响（Korinek，2011；Schmitt-Grohe and Uribe，2012；Farhi and Werning，2013；Korinek and Simsek，2014）。

即便资产抛售和信贷紧缩的外部性一般仅在下降期出现，但是体现风险的不平衡却通常是在膨胀期形成的。原因在于，每一个微观个体都假定是价格的接受者，而整体的最终价格却依赖于他们的联合行为。由于每一个个体都没有将资产抛售对外部借款能力的影响内部化的能力，因此每一个主体都可能出现过度借款，向高杠杆部门过度贷款并推高资产价格的行为。

三、与相互关联性相关的外部性

银行和其他金融机构均高度相关联，一家机构的破产或危机可能影响其他机构。溢出效应可以来源于资产负债表的双边联系、资产价格的波动或者来自于实体经济的总量反馈（Allen and Gale，2000；Diamond and Rajan，2011；Perotti and Suarez，2011）。由于相互关联性超出了每家机构的控制能力，而且当事人很难将它们对系统风险的潜在影响内部化，因此金融机构只能尽量减小但却无法消除这种风险（Acemoglu et al.，2013）。此外，相互关联性可能来自相互的对冲和多种目的。正如金融网络相关研究显示的那样，高关联性将会通过分散风险的方式消除较小冲击的影响，但却会因为网络导致对手方增加而成倍放大较大冲击的影响（Allen et al.，2007；Gaia et al.，2011）。

相互关联的外部性在系统重要性金融机构（SIFIs）的问题上表现得更加明显。与中小金融机构不同，由于系统重要性机构更复杂、更国际化，并可能提供了不可替代的金融服务或者是金融基础设施的重要部分，因此它们的压力或风险并不容易被消化。这也进一步形成了我们通常所说的

"大而不能倒"问题（Strahan，2013）。一般而言，对大多数系统重要性机构风险的干预和应对都是采取救助行动，避免出现破产和清算，以保障存款人（包括股东以及管理者）利益。然而政府救助的预期会反向影响系统重要性机构及其他市场参与者的风险承担选择，使得很多机构出于降低融资成本、减少市场纪律约束等目的，力争成为系统重要性机构，尤其是风险最大的机构（Ueda and Weder di Mauro，2012；IMF，2014b）。

前两种外部性更多地体现了时间维度上的风险特性，而最后的外部性则主要反映了截面维度的问题。时间维度与截面维度的外部性也可能出现相互影响、相互激发的情况，如上涨时期大型金融机构的快速增长将意味着顺周期性将因为传染风险而得到加强。因此，在宏观审慎政策工具中，可以使用互补的不同工具对不同的外部性进行消除。

第二节　宏观审慎政策工具及其有效性

这部分，我们将首先依照外部性的来源对现行的宏观审慎工具对应的风险和外部性进行梳理，其次结合 IMF 在 2012 年对 65 个国家的调查情况，对各国宏观审慎政策工具的实际使用种类、使用频率及实际效果等情况进行简单比较。

一、现有工具情况

即使在本次危机爆发之前，有些宏观审慎工具就已经被提出并开始使用了。按照前面关于外部性的讨论和分类，宏观审慎政策工具也可以进行相似的归类，即不同的外部性，可对应不同的审慎政策工具。其中有些工具可能会同时产生多种效果，也同时可以服务于多个目标。当然我们也可以按照不同的外部性目标，开发和建立更广范围的宏观审慎政策工具。表

3-1 以 3×5 矩阵的形式对最可能被使用的审慎工具进行了简要梳理
(Claessens，2014)。

表 3-1 宏观审慎政策工具汇总

	宏观审慎政策工具				
	机构资产负债表约束	资本、拨备与盈余要求	借款人的约束	税收政策	其他
扩张期	对信贷增长约束	逆周期资本要求	债务收入比率	特别资产征税	会计准则
	对国外贷款约束	杠杆率约束	贷款收入比率	核心负债征税	市场纪律
	储备金要求约束	动态拨备	贷款价值比率		盯市规则
紧缩期	流动性约束	逆周期资本要求	贷款损失拨备	特别资产征税	产品标准化
	—流动性覆盖比率	动态拨备	盈利约束	核心负债征税	OTC
	—净稳定融资比率				金融安全网
SIFIs 与网络的传染	单一机构的约束	SIFIs 资本附加	关于资产构成的各种约束	外部性税收	制度基础设施
	—双边资产暴露约束			"庇古税" 等	生前遗嘱计划
	—资产集中度				信息披露

资料来源：Claessens 等（2014）及作者整理。

从整体情况看，宏观审慎政策工具纵向覆盖了外部性对应的三个目标，即扩张期的互补性策略外部性、收缩期的资产抛售与信贷收缩外部性以及相互关联外部性。其中，前两者体现了金融顺周期性，第三点反映截面维度的风险。横向看则包括了五种可行的工具，分别为基于资产的相关工具，基于负债的相关工具，基于资本的相关工具，税收相关工具及制度性相关工具。具体而言：①对资产负债表的数量约束（如信贷增长）；②对借款人的约束（如 LTV）；③对资本和盈利的约束（如逆周期的资本要求）；④不同的税收工具（如特殊资产税）；⑤其他制度性的工具（如会计准则）。前四种工具指向了时间、机构和状态变化，第五种为结构化工具。

从工具内容看，大部分宏观审慎工具都作用于银行系统，通过约束银行行为实现政策目标。其中，大多数工具都直接来源于现行的微观审慎工具箱。区别在于我们将这类工具的使用赋予了新的宏观审慎目标。因此，目前的工具对金融体系内的其他部分（如影子银行等）所对应的外部性的理解和约束还比较有限（Claessens，Pozsar，Ratnovski and Singh，2012；IAIA，2013）。

从目标上看，一些工具也可能同时服务于多个政策目标。表3-1中涵盖的工具主要是用于纠正那些可能导致市场失灵的外部性。除每种工具对应不同的外部性外，实际应用过程中，每种工具一般还对应不同的中间目标（如信贷、杠杆率、资产价格、关联性等）。但关于采用哪些变量作为每种工具的中间目标以及如何校准和使用这些工具，目前的研究和实践经验还非常有限（IMF，2013c，2013d）。

二、审慎政策工具的使用规则

理论上，审慎政策的使用，无论是单一工具还是混合政策，其效果都将受到金融或实体经济结构变化的影响，在不同经济条件下，不同工具应对各种冲击的效果存在差别。因此，国家经济制度环境、金融市场特征以及宏观政策之间的相互影响都将直接影响审慎政策工具的使用效果。因此，我们通常需要对工具进行校准，并设定相应的政策规则，但目前相关研究还非常有限。通常可以建立含有金融摩擦的DSGE模型，对不同工具的效果进行理论上的模拟和分析（Kannan，Rabanal and Scott，2009；Quint and Rabanal，2013），也可以基于一些能够反映系统风险的指标的历史数据，对一些审慎工具规则进行校准，如利用信贷缺口可以为动态拨备工具提供指导（Drehmann et al.，2011），依靠反映相互关联性产生的外部性的数量标准确定对不同系统重要性机构征收的"庇古税"（Kocherlakota，2013）等。但这一过程还依然存在很多问题，比如，究竟如何衡量系统风险的形成，以及在时间维度上应该重点关注哪种风险等（Hahm，Mishkin and Shin，2011）。

三、国际经验

关于各国宏观审慎政策工具的实际使用情况的信息目前也是比较有限的，因为审慎工具并不容易识别。IMF（2013）相关研究收集了 65 个国家的实际情况。表 3-2 给出了目前所使用的七种工具的情况，分别为贷款价值比率（LTV）、债务收入比率（DTI）、信贷增速控制（CG）、国外贷款限制（FC）、储备要求（RR）、动态拨备（DP）以及逆周期需求（CTC）。

表 3-2　各国宏观审慎政策工具使用情况汇总

审慎工具	国家数	使用频率（%）	新兴市场国家	发达国家	新兴市场国家频率（%）	发达国家频率（%）
LTV	24	28	13	11	50	55
DTI	23	24	16	7	25	20
CG	6	9	6	0	12	0
FC	15	14	12	3	14	15
RR	10	15	10	0	20	0
DP	7	8	6	1	7	9
CTC	5	2	2	3	2	2
合计	42	100	28	14	100	100

资料来源：Claessens 等（2013，2014）及作者整理。

从各国宏观审慎政策工具的实际使用情况看，在样本国家中，2000~2013 年，有 42 个国家至少使用了一种审慎政策工具，有 23 个国家从未使用。然而在这 42 个国家中，新兴市场国家有 28 个，发达国家有 14 个。不难发现，新兴市场国家宏观审慎政策的使用率较高，这与其资本流动变化快、波动大，金融市场不完善是相对应的。

从具体工具看，使用 LTV 比率的国家最多，有 24 个国家至少使用过一次。其次是债务收入比率 DTI，有 23 个国家，并且新兴市场国家的使用次数要高于发达国家。在整体工具使用数量上，新兴市场国家也远高于发达国家。

第三节　宏观审慎政策与其他政策的关系

宏观审慎政策并不是影响经济稳定（价格稳定）与金融稳定的唯一政策。其他政策，包括货币政策、微观审慎政策、财政政策、产业政策以及国际政策等均会与宏观审慎政策产生相互影响。另外，一些宏观审慎政策工具的使用有可能恰恰是为了纠正由其他宏观政策形成的"扭曲"。宏观审慎政策同样也会产生国际间的溢出效应，尤其可能对资本的流动产生影响，这又将与资本跨境流动相关的管理政策之间产生相互作用。那么究竟如何协调各种政策之间的相互关系呢？本节我们将主要围绕这一问题，对相关的理论分析和各国的政策实践情况进行简要梳理。

一、宏观审慎政策与货币政策的关系

2008 年金融危机之前，货币政策趋向于单一目标制，即以通货膨胀为主要目标。政策工具也是同样采用单一工具，即短期利率。在这期间，金融稳定被认为是与货币稳定完全不同的。但危机后，越来越多的事实表明，价格稳定不能被看作是与金融稳定相互无关的，而且金融稳定对经济稳定产生的多维度影响更是无法忽视的。因此，为了维护宏观经济稳定，宏观政策开始接受将金融稳定作为一个附加的政策目标进行考虑。与此相对应，以各种不同方式建立起来的宏观审慎政策也被用来盯住可能造成金融失衡的不同因素。

正如我们前面提到的那样，宏观审慎政策的一个关键功能就是缓解由金融中介行为产生的金融系统顺周期性。它将主要作用于金融中介机构的杠杆率、资产以及负债。不难发现，宏观审慎政策和货币政策具有许多相似之处。比如，两种政策均通过延迟或提前消费分配时间的方式影响信贷需求，两种政策均通过影响金融中介杠杆率的决策和融资决策，进而改变信贷供给等。但是，宏观审慎政策与货币政策之间也还存在着很多重要的差别。一方面，宏观审慎政策通常作用于特殊的部门或金融业务，如系统重要性金融机构的资本要求，以及20世纪70年代被许多发达国家使用过的定向信贷政策等，这些政策通常是被用于对某些特殊部门或行为的实施的约束（Shin，2015）。相比而言，货币政策对金融机构风险承担行为影响则无论是在国内还是跨国范围内，都是一般性的，也很难规避。另一方面，货币政策的更广泛影响也具有"双刃剑"效果，因为国内货币政策将受制于国际环境。这也是宏观审慎政策与货币政策的另一点区别。

1. 货币政策对金融稳定的影响

关于货币政策对金融稳定和宏观审慎政策的影响，现有文献已经识别出了很多不同的渠道：

（1）借款人资产负债渠道或破产渠道。货币政策的变化将影响借款约束和破产风险。货币的宽松将放松抵押约束，较强的借款约束将对借款者质量产生负向影响，并导致更高的破产概率（Asea and Blomberg，1998；Sengupta，2010；Altunbas et al.，2014；Jimenez et al.，2014；Allen and Gale，2000；Goodhart et al.，2009）。

（2）风险承担渠道。货币政策的调整将影响金融机构的风险承担行为（Ioannidou et al.，2009；Nier and Merrouche，2010；Borio and Zhu，2012；Adrian and Liang，2014；Jimenez et al.，2014）。货币政策的风险承担渠道描述了货币政策，尤其是政策利率或利率路径的一个变化将改变金融机构的风险偏好或对风险的容忍度。例如，低利率将刺激资产负债表的扩张，降低机构进行风险筛查的努力，并最终导致机构寻求更高风险和高收益（Challe et al.，2013）。

（3）风险转移渠道。利率的提高将减少金融中介的边际收益，导致机构寻求更高的风险（Bhattacharya，1982；Gan，2004；Landier et al.，2011）。

这种渠道的效果在危机前的扩张期，即金融中介杠杆率较高的条件下，会变得比较显著。一般而言，由加息导致的收益率曲线的扁平化，可能导致银行寻求更高风险以维持利润的稳定。

（4）资产价格渠道。通过影响政策资产价格，货币政策可能会加剧负的外部性。低利率将带来资产价格的上升，并导致未来杠杆率的进一步上升（Benanke and Gertler，1989；Kiyotaki and Moore，1997；Bernanke et al.，1999；Del Negro and Otrok 2007；Fatas et al.，2009；Altunbas et al.，2012）。相反，收紧的货币政策导向则有可能加强抵押约束的效果，并进一步导致抛售的出现（Shin，2005）。在开放经济条件下，利率上升可以吸引资本流入，导致过多外币借债，产生外汇风险。

（5）汇率渠道。在开放经济条件下，货币政策能够影响汇率与资本流动。在银行为主的系统内，由于汇率变化的外部性，资本流动可以导致信用的增长和收缩，并驱动杠杆率的过快增长或下降。这将带来政策决策的两难，即国内利率升高将导致资本的过度流入和信贷增长。当发达国家利率水平较低的时候，大量新兴市场经济（巴西、土耳其等）则一直为这样的问题所困扰（Jonsson，2009；Merrouche and Nier，2010；Hahm et al.，2012）。

2. 宏观审慎政策对货币政策的影响

宏观审慎工具也可以通过为货币政策产生额外的操作空间，影响其传导机制等方式对货币政策产生反向影响，并缓解货币政策的两难。例如，限制 DTI 的比率将能够减弱由于收紧货币政策导致的破产带来的影响（Igan and Kang，2011）。LTV 比率能够阻止由于宽松货币政策带来的资产价格的上升（IMF，2011）。LTV 比率和 LDI 比率的变化都可以改变信贷供给，并最终对消费产生影响。资本充足率和杠杆率却能够帮助阻止银行由于低利率和低风险承担偏好增加而带来的杠杆率的上升（Farhi and Tirole，2012）。

此外，通过改变信贷条件，即便在政策利率并没有发生直接调整的情况下，宏观审慎政策依然能够影响相关的实际利率，并间接改变货币政策的立场。同时，宏观审慎政策还可以通过直接影响信贷流动，间接影响产出与通胀。比如，逆周期的资本缓冲能够协助维持拨备水平，并在收紧期发挥防护垫的功能，因此逆周期的资本要求能够适当促进货币政策的传导，并缓解货币当局收紧信贷条件对产出产生的负向影响。相反，若缺乏有效的防护垫，则可能会导致资本损失，并迫使银行减少信贷供给，而且即便是在政策利率持续下降时，这种反向效果也有可能存在。当前，宏观审慎政策已经成为危机后新的宏观政策中最活跃的部分。因此，对已有的实践经验进行积累与分析，对宏观审慎工具的有效性以及宏观审慎工具与货币政策之间的关系进行深入研究将是非常有必要的。

以上内容反映了货币政策和宏观审慎政策在使用过程中可能出现的情况。宏观审慎政策与货币政策具有完全不同的工具集合和不同的政策目标。尽管它们的中间目标和工具并不相同，但由于它们都能够通过金融系统发挥作用，两种政策在传导机制方面又是相互交叉的。也可以说，一种政策实施也需要考虑另一种政策的影响，因此两种政策必然需要协调配合。这看似容易，但从实际情况看却是非常困难的。

二、宏观审慎政策与货币政策的协调：从理论到制度设计

理论研究中，关于货币政策与宏观审慎政策之间相互关系的争论异常激烈。从协调角度看，集中在以下问题上：是否只有当宏观审慎政策与货币政策同时收紧的时候，两种政策才会有效？是否有可能收紧一个而放松另一个？也就是说，这两种政策是否必须向着同一方向，两者是作为互补政策，还是可以向着不同方向，可以作为替代政策（Ozkan and Unsal，2014；Quint and Rabanal，2014）？

大量理论研究表明，尽管在不同金融冲击下结论会有些变化，但总体而言货币政策和宏观审慎政策在约束信贷增长的时候具有相同的效果，两者倾向于是互补性政策而非替代性政策（Unsal，2011；Bailliu et al.，

2012；Beau et al.，2012；Kannan et al.，2012；Cecchetti and Kohler，2012）。总之，政策之间的协调，最终将决定政策的有效性和实施的效果。

1. 三种制度设计模式：从理想到整合

理论上，关于货币政策和宏观审慎政策之间的相互作用，存在三种不同的视角：①理想化视角，即货币政策将关注价格稳定，宏观审慎政策将关注金融稳定。两者使用各自独立的工具已达到各自目标（两个独立机构，两个目标，没有交叉）。②扩展性视角，即将金融稳定视为实现持续价格稳定的最终目标过程中的一个中间目标（两个独立的机构，两个目标，货币政策将考虑金融不稳定的信号，并独立进行货币政策决策）。③整合视角，即货币政策将金融稳定作为第二目标。理想化视角是建立在宏观审慎政策能准确有效地解决金融稳定中的关键问题的基础之上的。

依据 IMF（2013），相对于实际经济而言，理想化视角并不现实。然而扩展性视角描述了一个改良的货币政策操作，即与以前一样，货币政策不必只关注短期通胀目标，而应该在其决策过程中系统性地加入对金融周期的考虑，以更好地维护价格的长期稳定。与理想化视角不同，扩展性视角假设不可能仅利用这些工具，消除过度显性的金融周期以及金融稳定。货币政策方面，将金融稳定作为中间目标去获得价格稳定的最终目标同样需要货币政策的传导进一步延长。整合视角则认为货币政策和宏观审慎政策的分离是不合适的。因此，货币政策应涵盖金融稳定，并将其作为一个狭义的目标对待。严格意义上说，整合的观点主张同时使用宏观审慎政策工具和货币政策工具（标准和非标准）以同时维护金融和价格的稳定。

2. 各国的政策模式

在过去的五年里，关于宏观审慎政策的重要性，全世界范围内已经基本形成共识。大部分国家都认为，需要建立一个强有力的管理框架以实施宏观审慎政策。本书梳理了欧盟及 OECD 国家范围内，新生的宏观审慎管理模式及其特点（见表 3-3）。与理论相对应，各国实践主要体现为两种模式：第一种，宏观审慎政策由一个专门委员会负责，而委员会将由不同的部门共同构成；第二种，宏观审慎政策职能归于中央银行。

表 3-3 各国宏观审慎政策模式

宏观审慎部门	国家
中央银行	比利时、加拿大、塞浦路斯、捷克、爱沙尼亚、希腊、匈牙利、日本、爱尔兰、韩国、立陶宛、新西兰、葡萄牙、斯洛伐克、瑞士
监管部门	澳大利亚、芬兰、以色列、瑞典
政府	挪威
委员会	奥地利、保加利亚、智利、德国、丹麦、西班牙、法国、克罗地亚、冰岛、意大利、卢森堡、荷兰、波兰、罗马尼亚、斯洛文尼亚、土耳其、英国、美国
委员会主席	
中央银行	智利、丹麦、西班牙、克罗地亚、冰岛、意大利、荷兰、波兰、罗马尼亚、斯洛文尼亚、土耳其、英国
监管机构	无
政府	奥地利、德国、法国、卢森堡、美国
制度设计者	
中央银行	比利时、保加利亚、加拿大、塞浦路斯、捷克、爱沙尼亚、希腊、匈牙利、克罗地亚、爱尔兰、日本、韩国、立陶宛、荷兰、新西兰、葡萄牙、斯洛伐克、瑞士、英国、美国
监管部门	奥地利、澳大利亚、德国、芬兰、法国、以色列、瑞典
政府	丹麦、挪威
委员会	法国

资料来源：Lilit Popoyan（2016）及作者整理。

　　尽管将中央银行作为宏观审慎政策管理的负责人在透明度和政策经验方面具有很多优势，但组建一个专业的宏观审慎政策委员会也具有许多政策优势。通常，金融稳定可能受不同政策的影响，而且识别系统风险可能需要综合依赖于不同领域的专家和经验，委员会拥有一个清晰的政策目标，与央行相比更有利于进行宏观审慎政策的沟通。然而，同时纳入几个权力机构可能使决策过程更加复杂化，并将削弱政策决策的透明度，产生决策有偏的风险。

　　从各国的实际经验看，建立一个有效的委员会，它的责任和参加部门比较清晰，而且在大部分国家中，还主要是由中央银行决定宏观审慎政策工具的使用。当然也有很多案例，这些工具由监管部门或政府设计和使用

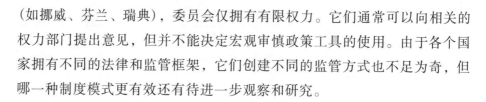

（如挪威、芬兰、瑞典），委员会仅拥有有限权力。它们通常可以向相关的权力部门提出意见，但并不能决定宏观审慎政策工具的使用。由于各个国家拥有不同的法律和监管框架，它们创建不同的监管方式也不足为奇，但哪一种制度模式更有效还有待进一步观察和研究。

三、宏观审慎政策与其他政策的关系

除货币政策之外，其他宏观政策也会与宏观审慎政策之间产生相互影响，包括财政政策、微观审慎政策以及其他结构化政策。具体而言：

1. 财政政策

由于税收政策可能会鼓励杠杆率上升，所以税收变化可能会有利于或导致系统性风险的出现（De Mooj，2011；Keen and De Mooj，2012）。宏观审慎当局有义务协调这种政策关系，即便并不直接导致系统性风险的出现，税收变化也可能会影响宏观审慎政策的实施效果。房产税、财产税的施行或调整将影响房屋价格（Van den Noord，2005），并进而影响金融稳定。同样由于各种不同的"庇古税"能够减缓系统外部性（IMF，2010），宏观审慎政策与财政政策当局的协调配合也是非常重要的，但目前关于这方面的理论和定量研究还比较少见。

2. 微观审慎政策

宏观审慎政策的讨论一般都事前假定微观审慎监管是有效的。多数情况下，微观审慎的执行目标与宏观审慎政策是相互统一的，但是也有相互冲突的情况（Osinski，Seal and Hoogduin，2013；Angelini，Nicoletti-Altimari and Visco，2012）。在经济较好的时候，这两种政策的冲突会减小。例如，两种政策都会要求银行建立防护垫，但宏观审慎政策可能会要求得更高一些。但在经济较差的时候，宏观审慎政策可能会要求放松监管要求，因为更高标准可能会导致较高的信贷拨备量以及资产的抛售，但是微观监管可能会从保护每家银行或投资者的存款人利益和出资人利益出发，维持或提高监管要求。这两种政策之间的矛盾是与制度设计密切相关的。

例如，微观监管部门常用的会计标准通常会在经济向好时期对机构的情况给出更积极的判断，但宏观审慎政策从整个系统的角度进行的判断却可能得到相反的结论。目前为止，如何进行这两类政策的协调还有待深入研究。

3. 其他结构化政策

政策之间的冲突也同样可能来自于一些结构性政策设计。例如，从微观审慎的角度看可能是合理的政策选择，但对应的资本要求将可能产生较强的顺周期性（Angelini et al.，2010；Repullo and Suarez，2013）。金融安全网机制的设计也会产生类似效果，包括以降低单一机构倒闭风险为目标的存款保险制度，却可能导致更大的系统风险（Demirguc-Kunt and Detragiache，2002；Demirguc-Kunt，Kanet and Laeven，2008）。信用评级系统的设计也可能产生较强的顺周期性（Amatot and Furfine，2004）。盯市会计准则在提高透明度和市场纪律约束的同时也会形成较强的顺周期性，加剧资产抛售（Leuzt and Laux，2010；Ellul et al.，2012）。同样，房价也将受到来自土地使用政策的影响（Further Beck，2008）。

第四节　宏观审慎政策的理论与实证研究

关于宏观审慎政策框架的总体轮廓，目前理论界与实务界都还没有形成共识。尽管与宏观审慎政策相关的各种政策讲话、研究报告、学术讨论的数量已经非常庞大，而且实证层面和理论层面的研究已经逐步提供了许多新的视角和分析方法，但相对理论上的种种质疑，关于宏观审慎政策工具的有效性，以及货币政策和审慎政策之间的作用机制等问题的研究还不够完整、全面，能够成为政策依据的实证发现或理论结论也非常有限。本节将着重从分析技术角度出发，总结近年来关于宏观审慎政策相关的理论研究和实证研究，重点回顾宏观审慎政策与货币政策关系的理论分析，以提供下一步深入研究的方向。

一、审慎工具效果的实证研究

关于宏观审慎政策工具及其效果的实证发现目前还比较有限。究其原因，主要有两个方面：一是能够较好刻画金融系统和实体宏观经济之间关系的模型还比较缺乏；二是可用于进行实证分析的数据还不够完善。要么是相关的时间序列还太短，要么是一些审慎政策工具都还没有完全得以实施。

大体上，宏观审慎政策工具的使用及有效性的实证研究可以划分为两类。第一类主要利用跨国的 Panel 数据分析宏观审慎政策工具和各种总量金融指标（包括信贷增长、杠杆率、房价、资本流动等）之间的联系。这一类中又可以被进一步细分为两种，分别是以资产为基础（Asset-based）的审慎工具的跨国研究（如 LTV 与 DTI）和以资本为基础（Captial-based）的审慎工具的跨国研究。第二类倾向于使用微观数据，并覆盖了包括银行、居民和企业在内的多个经济主体。

1. 基于资产的审慎工具

出于数据可获得性的原因，对资产方为基础的审慎工具的实证研究最为普遍。第一篇使用跨国 Panel 数据分析资产方审慎工具的是 Lim 等（2011）的研究。他们分析了宏观审慎政策工具与信贷和杠杆之间的联系，发现了宏观审慎政策主要通过信贷相关工具（如 LTV 约束和 DTI 约束）降低顺周期性的实证证据。Dell Ariccia 等（2012）也得到了相似的结论，但他们的研究也同时强调宏观审慎政策能够在一定程度上降低膨胀的风险。

此外，IMF（2013）的实证结论还指出，LTV 比率对于房价以及总需求具有较强的影响能力。Claessens 等（2013）聚焦于资产方宏观审慎工具的实证研究则是利用 48 个国家 2000~2010 年的银行微观层面的资产负债数据开展的。他们发现，LTV 和 DTI 等借款人工具以及信贷增长约束等工具，能够在一个经济的扩张期内有效地降低银行的杠杆率、资产规模以及核心级负债的增速（见表 3-4）。

表 3-4 宏观审慎政策理论研究汇总

相关研究	分析框架	工具	方向
Zhang 和 Zoli（2016）	Empirical	LTV	+
Bruno 等（2015）	Empirical	CAR	+
Cerutti 等（2015）	Empirical	LTV/DTI/LR/DP	+
Cussen 等（2015）	Empirical	LTV/CAR	+
McDonald（2015）	Empirical	LTV	+
Da Silva 和 Lima（2015）	ABM	CAR+CCB	+
van der Hoog（2015）	ABM	LR	+
Vandenbussche 等（2015）	Empirical	CAR/MMP	+
Aiyar 等（2014）	Empirical	CAR	−
Brunnermeier 和 Sannikov（2014a）	DSGE	LR/CAR	−
He 和 Krishnamurthy（2014）	DSGE	LR/CAR	+
Krug 等（2015）	ABM	CAR+CCB/LCR/LR	+
Balasubramanyan 和 VanHoose（2013）	ST	LCR	+
Benigno（2013）	DSGE	CAR	−
Bianchi 和 Mendoza（2013）	DSGE	LR	−
Boissay（2013）	DSGE	LCR	+
Claessens 等（2013）	Empirical	LTV	+
Crowe 等（2013）	Empirical	LTV/DTI	+
Kuttner 和 Shim（2013）	Empirical	DTST/LTV	+
van den End 和 Kruidhof（2013）	ST	LCR	−
Adrian 和 Boyarchenko（2012）	DSGE	LR	+
Cincotti 等（2012）	ABM	CCB	+
Dell，Ariccia 等（2012）	Empirical	LTV/DTI	+
Lim 等（2011）	Empirical	LTV	+
van den End 和 Tabbae（2012）	ST	LCR	+
Paries 等（2011）	DSGE	CAR	−

资料来源：Lilit Popoyan（2016）及作者整理。

从实践上看，LTV 和 DTI 能够在上升期有效地降低信贷和资产价格之间的正反馈，并能够提升系统应对冲击的能力。具体而言，当房地产市场反转的时候，此类审慎工具能够降低银行倒闭的概率，并不同程度地提高恢复的能力。Cerutti 等（2015）构建了更加复杂的针对资产方审慎政策工具的跨国实证分析框架，涵盖了 119 个国家 2000~2013 年的数据。其结果表明，汇率相关的宏观审慎政策在新兴市场国家使用得更加频繁，而基于借款方的审慎工具在发达国家使用得更加频繁。研究显示，宏观审慎政策使用可能导致更大规模的跨境借款，而且宏观审慎政策的影响是非对称的，即在金融周期的效果要好于下降期。

一些针对资产方的审慎政策的跨国实证研究，聚焦于房地产市场和房价的动态变化。基于 57 个国家超过 30 年的数据，Kuttner 和 Shim（2013）检验了宏观审慎工具在稳定房价和房地产信贷方面的有效性。应用 Panel 回归分析，他们发现，房地产信贷的增长显著受到债务收入比率（DTI）以及贷款价值比率（LTV）的影响，而受到贷款总量限制和房地产相关税收的影响却比较有限。然而在几项政策工具中，房地产相关税收的变化仅对房价上升具有显著影响。Ahuja 和 Nabar（2011）、Crowe 等（2013）、IMF（2011）均发现，LTV 约束和 DTI 约束缓解了不动产价格的增长，减缓了贷款的增加，减小了信贷与价格之间的反馈关系，提升了经济面临冲击时的稳健性。因此，这类约束有利于降低倒闭概率（见表 3-5）。

表 3-5　宏观审慎政策理论模型汇总

相关研究	分析框架	工具	方向	货币与审慎关系
Popoyan 等（2015）	ABM	CAR+CCB/LR/LCR	+	COMP
Benes 和 Kunmhof（2015）	DSGE	CAR	+	COMP
Brzoza-Brzezina 等（2015）	DSGE	LTV	+	COMP
Krug（2015）	ABM	CAR+CCB/LR	+	COMP
Popoyan 等（2015）	AMB	CAR+CCB，LR，LCR	+	COMP
Alpanda 等（2014）	DSGE	LTV/CAR	+	COMP
Fisher（2014）	CC	CAR/LCR	+	COMP
Guzman 和 Roldos（2014）	DSGE	RR	+	COMP

相关研究	分析框架	工具	方向	货币与审慎关系
Ozkan 和 Unsal（2014）	DSGE	CAR	−	COMP
Quint 和 Rabanal（2014）	DSGE	CAR	+	COMP
Suh（2014）	DSGE	CAR	+	COMP
Zilberman 和 Tayler（2014）	DSGE	CAR+CCB	+	COMP
Agenor（2013）	DSGE	CAR+CCB	+	COMP
Angeloni 和 Faia（2013）	DSGE	CAR	+	COMP
Lambertini（2013）	DSGE	LTV	+	COMP
Smets（2013）	CC	CAR+CCB/LR/LCR	+	COMP
Kannan（2012）	DSGE	LTV	+	COMP
Suh（2012）	DSGE	CAR/LTV	−	COMP
Angelini（2011）	DSGE	CAR+CCB/LTV	+	COMP
Christensen（2011）	DSGE	LR	+	COMP

资料来源：Lilit Popoyan（2016）及作者整理。

2. 基于资本的审慎工具

基于资本的审慎工具的跨国研究并不是很普遍，原因在于这些资本相关工具大多是新设计工具，而且也并未得到全面实施。这也是这类研究大多集中在静态资本充足方面的原因。最近的一项比较有代表性的研究是 Zhang 和 Zoli（2016）的分析。他们使用了 13 个亚洲国家和 33 个其他经济体的数据，主要采用了针对关键工具构建宏观审慎政策指数以及总量子指数的方式。结果显示，宏观审慎政策和资本流动工具有利于约束房价上涨、股票流动、信贷增长以及银行杠杆率。包括 LTV、房地产税收以及国际收支在内的相关工具都是有效的。遵循 Zhang 和 Zoli（2016）的研究方式，基于 12 个亚洲国家数据和太平洋地区的国家数据，Bruno 等（2015）研究了宏观审慎工具与资本流动工具之间的关系。他们发现，银行部门和债券市场资本流动管理工具在银行收缩以及债券市场资金流入的情况下都是非常有效的。

3. 利用微观数据的分析

第二类实证分析主要使用了微观层面的数据，仅分析一种或少数宏观审慎政策。Jimenez（2012）利用西班牙微观数据发现，西班牙采取的逆周期的动态拨备起到了平滑信贷周期的作用，并在经济较差的时期支持了企业的融资，但拨备却没能有效阻止向好时期的信贷膨胀。同样利用部门的微观数据，Wong 等（2011）、Igan 和 Kang（2011）的研究表明，LTV 比率约束和 DTI 比率约束有效地降低了中国香港与韩国由于房价周期波动带来的系统性风险。Aiyar 等（2014）检验了 1998~2007 年的英国微观数据。他们发现，在资本充足要求和信贷供给之间存在着显著的统计关系（Kato et al.，2010；Lim et al.，2013）。

二、宏观审慎政策的理论研究：三类分析模型

从表 3-4 和表 3-5 中我们可以看出，已有大量检验宏观审慎政策工具有效性和宏观审慎政策与货币政策之间相互作用的理论研究都是在 DSGE 的框架下展开的，少部分是基于 ABM 和 Stress-Test 模型（ST）。

1. DSGE 框架下货币政策与审慎政策

在 DSGE 的理论框架下，宏观审慎政策主要从两个角度引入：其一，借款人抵押资产约束和银行部门约束（Brzoza-Brzezina，2015；Agenor，2013；Lambertini et al.，2013；Angelini et al.，2011）；其二，与 Bernanke 等（1999）的金融加速器机制（Quint and Rabanal，2014；Ozkan and Unsal，2014；Suh，2014；Kannan et al.，2012；Suh，2012）相似。这些模型中，货币政策控制无风险利率，而宏观审慎政策控制风险溢价或贷款利率与无风险利率之间的利差。基于 DSGE 模型，通常分析两个主要问题：宏观审慎政策是否增进了全社会福利和宏观经济产出？即便存在宏观审慎政策，货币政策是否还应该对金融市场的变化做出反应？

为了回答这些问题，Brzoza-Brzezina 等（2015）利用他们构建的同时包含欧洲核心国家和外围国家的 DSGE 模型进行分析后发现，LTV 比率的

恰当调整能够显著降低外围国家信贷和产出的波动。他们同时发现，宏观审慎政策在平衡货币政策冲击和房地产市场相关冲击时非常有效。相似的结论也可以从 Lambertini 等（2013）的分析中得到。Lambertini 等（2013）构建了包含房地产市场的模型，并以此讨论了货币政策与宏观审慎政策（主要是逆周期的 LTV）在应对房价和信贷周期时的效果。她发现，对金融变量变化做出反应的政策是全社会最优的。对借款人而言，最优政策就是能够对信贷增长做出逆周期反应的 LTV 比率政策，而且这样的政策能够有效地稳定信贷对 GDP 的比率（Alpanda，2014）。Lambertini 等（2013）同样发现，对应信贷增长的一个逆周期的 LTV 规则，比利率更能够有效地稳定经济。另一项由 Kannan 等（2012）开展的针对房地产市场的研究显示，货币政策对那些可能推高信贷增长和房价的加速机制的反应程度越强，将越有利于稳定经济。此外，当经济面临金融部门或房地产需求冲击的时候，如同 LTV 比率这样的宏观审慎政策工具的使用将提供很好的稳定经济的效果。然而，面对生产率冲击的时候，最优的宏观审慎政策规则却并不应该对此做出反应。

在理论 DSGE 模型之下，资本充足得到了最重要的关注。Angelini 等（2011）、Christensen 等（2011）构建了含有银行部门的 DSGE 模型，模型表明 Basel III 中的逆周期资本要求具有明显的稳定作用。Chistensen 等（2011）同样发现了来自于逆周期银行杠杆监管的好处，但是需要审慎工具对金融冲击的反映，当面对技术冲击的时候，相同的规则效率较低。Alpanda 等（2014）研究了不同宏观审慎政策工具的有效性，结果显示，差异化的资本充足率工具在降低居民部门债务率方面具有明显的效果。Suh（2012，2014）则在一个简单新凯恩斯模型框架下检验了资本要求的不同影响。在这两个模型中，宏观审慎政策稳定了信贷增长，但却对通胀产生了负面效果。相反，以稳定通胀为一个利率规则的货币政策却将无法作为稳定信贷的手段。

以合并宏观审慎政策和货币政策为目标的 DSGE 相关研究主要采用附加信用的泰勒规则以及逆风而动的货币政策。第一个同时检验宏观审慎政策与货币政策作用的可能是 Angeloni 和 Faia（2013）所建的模型。他们发现，货币政策与宏观审慎政策的最优组合包括温和的逆周期资本充足率以及对资产价格和银行杠杆做出反应的货币政策。沿着这一研究脉络，Ozkan 和 Unsal（2014）分析了一个小国开放经济条件下的最优货币政策和宏观审慎政策的规则。研究指出，在一个金融冲击下，"逆风而动"能够帮助获得宏观经济和金融的稳定。在生产率冲击下，从一个福利分析的观点看，使用货币政策应对金融市场变化将比使用宏观审慎政策的成本更高。然而，Guzman 和 Roldos（2014）发现了与 Ozkan 和 Unsal（2014）差异不大的结论。尽管显示逆周期准备金要求能够得到明显的收益，他们的研究显示，信用增强型的泰勒规则将明显优于经典的泰勒规则。Quint 和 Rabanal（2014）研究了联合最优的货币政策和宏观审慎政策对一个经济体的宏观影响。他们发现，宏观审慎政策的引入将帮助降低宏观经济的波动，福利也将得到增进，而且他们的研究还显示，宏观审慎政策将降低加速效果。依照 Quint 和 Rabanal（2014）的研究，在大多数情况下，宏观审慎政策会增进存款人的福利，但是对借款人的影响将依赖于冲击经济的本质。Agenor（2013）在检验混合银行资本监管和货币政策在降低顺周期性的时候，也得到了相近的结论。通过房地产需求冲击的模拟可以发现，信贷增强型的货币政策规则和逆周期的资本要求，能够同时保证货币稳定和金融稳定是最优选择。

2. ABMs 框架下货币政策与审慎政策

另一类讨论宏观审慎政策及其与货币政策相互关系的模型使用的是模拟技术。这类模型包括两种具体形式：①代理人模型（Agent-Based Models，ABMs），如 Tesfatsion 和 Judd（2006）、LeBaron 和 Tesfatsion（2008）；②压力测试模型（Stress-Test Model，ST），如 Alexander 和 Sheedy（2008）、Borio 等（2014）。

ABMs 已经被成功用于分析货币政策与宏观审慎政策之间的相互关系。Krug（2015）的研究通过阐述中央银行是否应该逆风而动，为宏观审慎政策效果的评估做出贡献。他的研究显示，在审慎监管体制缺失的条件下，逆风而动仅能够被视为低于风险的第一道防线，在这样的条件下价格稳定并不意味着金融稳定，而且宏观审慎监管可以通过限制对实际经济中无法持续的高杠杆部分的信贷，阻止金融不平衡的形成。另一个将 ABMs 作为模型框架进行政策评估的是 Da Silva 和 Lima（2015）。他们在宏观经济和金融稳定的条件下，研究了利率和资本要求的不同组合（Dosi et al.，2013，2015）。他们发现，仅使用 Basel Ⅲ新框架下的逆周期资本规则在维护金融稳定方面比较有效，但是在与某种利率规则共同发挥作用的条件下，却表现较差。关于货币政策与宏观审慎政策，Popoyan 等（2015）的研究显示，一个关注产出缺口、通胀和信贷增长的信贷增强型的泰勒规则，以及使用新 Basel Ⅲ监管框架，对于提升银行部门的稳定，平滑产出波动将是最佳的政策选择。他们的研究结论还显示，最小资本要求和逆周期资本缓冲导致的结果接近 Basel Ⅲ的效果（Haldane and Madouros，2012；Aikman et al.，2014）。

3. ST 框架下货币政策与审慎政策

评价宏观审慎政策的另一种模式是压力测试模型（Stress-Test Model）。Van den 和 Tannae（2012）给出了当实施 Basel Ⅲ的流动性监管（LRC 和 NSFR）以及非常规货币政策和信贷供给影响的条件下，一个宏观压力测试模型对银行流动性风险的评估。结果显示，在 Basel Ⅲ的流动性监管下，流动性规则限制了流动性风险，并促进了高质量流动性资产的持有。在其他研究中，Van den End 和 Kruidhof（2013）使用一个流动性压力测试模型模拟了 LCR 的系统影响，并发现若在极端情景下，LCR 将变得存在约束，监管规则下的银行行为将存在负的外部性。他们的研究也同样显示，一个灵活的 LCR 方式将是有效的宏观审慎政策工具，可以消除在压力时期的负面影响。在极端情景下，工具将变得无效。

在此，我们对近期宏观审慎政策相关的实证和理论分析进行了简要梳理。由此可以发现，目前的实证研究和理论讨论涉及的问题和采用的方法已经得到了较快的发展。但相关的实证结论还比较有限，理论分析的结论还缺乏稳定性，在宏观审慎工具的机制、效果等相关性质方面我们的知识还非常有限。

第五节　本章小结

本章介绍了宏观审慎政策的理论基础和基本工具，系统梳理了审慎工具使用的国际经验，分别对宏观审慎政策与其他政策之间的关系、宏观审慎政策工具的有效性等问题进行了阐述，并对宏观审慎政策研究涉及的实证研究和理论进展进行了总结和比较。具体而言：

第一，危机后，无论是理论方面还是政策方面都已经认识到，传统的以稳定通胀和经济周期波动为目标的宏观经济政策并不足以保证金融系统的稳定。扩展以逆周期为主要特征的宏观审慎政策，将成为未来的趋势。有效的宏观审慎政策将有助于防范系统风险，提升系统应对冲击的能力。然而，从当前的理论和实践来看，无论是关于宏观审慎政策工具的有效性或使用规则，还是审慎政策与其他政策之间的相互关系等方面，目前的研究和实践经验都还非常匮乏。

第二，关于宏观审慎政策工具的效果，目前已经积累了一些有价值的经验，尤其对于一些与信贷条件相关以及部分以资产为基础的审慎工具（如 LTV、DTI）的效果已经得到了众多经验和理论研究的支持。此外，Basel Ⅲ 框架下的逆周期资本要求工具的正面实施效果也基本上得到了理论研究和实证研究的支持。

第三，尽管在理论与实证上已经有了快速的发展，但目前宏观审慎政策框架的设计还仍然主要建立在微观审慎监管框架的基础上。这种框架设计缺乏更高层次上的宏观审慎视野，尤其是在宏观审慎政策工具的使用还处于"干中学"的阶段，更可能形成对系统风险的失察。

第四，宏观审慎政策与货币政策之间的相互关系应该是未来研究的重点。尽管两种政策的中间目标、工具都各不相同，但是两者都是通过金融系统发挥作用，存在着较强的相互影响和相互制约。因此，需要慎重考虑两种政策的相互影响，审慎进行工具配合。

第五，在制度安排上，从国际宏观审慎政策的实践来看，目前主要有两种模式，即委员会模式和中央银行模式。尽管中央银行完全负责宏观审慎政策具有更专业、便于沟通、更透明等优势，但依然还存在许多无法回避的问题，如金融稳定的诱因较多，而系统风险的识别和应对又需要众多机构的协调配合。依据国际经验，以中央银行领导的委员会机制可能是目前较为合理的选择。

第四章 系统性金融风险的近期研究

对系统性风险问题的关注，一方面凸显了金融稳定的重要性，另一方面也让各方充分认识到系统风险产生的负外部性有可能使个体理性演变成集体非理性，并对经济造成巨大影响。事实上，早在危机前就已有不少学者对系统性金融风险负外部性、传染机制、放大机制等问题进行了研究，如 Rochet 等（1996a）、Allen 等（2000）、De Bandt 等（2000）、Freixas 等（2000）、Acharya（2001）、Eisenberg 等（2001）。但到目前为止，关于系统性风险尚未形成一个准确且被普遍接受的定义。这一方面说明了系统风险问题的多维性和复杂性，另一方面也反映出学术界与监管部门开展的相关研究也尚不成熟。

系统性金融风险是学术研究与政策研究交叉结合、相互促进的研究领域之一。尤其在宏观审慎概念被广泛使用的背景下，如何厘清系统性金融风险的冲击来源？如何梳理系统性金融风险的传染机制？怎样才能准确监测系统性金融风险的动态变化并有效识别系统重要性金融机构？……这些问题都是理论界与实务界共同关注的问题。尽管学术界更侧重于相关的理论研究与实证研究，而监管层则更注重监管政策操作，但总体来看两者的最终目的均为厘清系统性金融风险的冲击来源、有效监测系统性金融风险动态变化以及研究相关的监管政策改革。本章主要针对系统性金融风险的冲击来源、系统性金融风险的测度方法两个方面，对系统风险相关研究的最新进展情况进行简要梳理。

第一节 系统性金融风险的冲击来源

目前，关于系统性金融风险来源的研究大致可分为三类：第一类文献的研究重点是关联性风险敞口，即研究为什么金融机构持有关联性强且规模较大的风险头寸；第二类文献的研究重点是系统性金融风险的传染机制（Contagion Mechanism），即单体（或部分）金融机构的风险是怎样快速扩散到整个金融系统的；第三类文献的研究重点是系统性金融风险的放大机制（Amplification Mechanism），即为何小的风险冲击可能对金融系统或实体经济产生巨大影响。

一、互联性风险敞口

根据传统金融理论，金融机构资产配置的决策依据是实现自身福利的最大化，但现实情况却是金融机构的风险敞口普遍具有规模大、互联性强的特点，而这正是系统性金融风险的基本来源。那么，为什么金融机构会内生地选择规模大且互联性强的风险敞口呢？

1. 关联投资

如果资产存在较大的正向关联性，各金融机构所面临的风险冲击将存在较强的一致性，进而系统性事件出现的概率也会显著上升。那么，为什么各金融机构会内生地选择互联程度很高的资产配置呢？

Acharya（2009）认为，传统理论模型只包含一家代表性金融机构而忽视了单体金融机构的外部性，无法识别系统性金融风险的来源、解决系统性金融风险问题，于是建立了一个包含多家银行与储蓄机构的多期一般均衡模型。在该模型中，银行的资产配置存在两种选择：安全资产与风险资产，各金融机构根据经营目标内生地决定配置比例。通常而言，单一金融机构的倒闭会对其他金融机构造成两方面影响：其一是负外部性影响，即金融机构的倒闭会引起金融恐慌，继而造成存款逃离与无风险利率上升，由于资金成本上升、可配置资产规模缩小，其他金融机构的营利性将显著下降；其二是正外部性影响，即其他金融机构会因为倒闭银行的储户转移存款或收购倒闭银行的业务而受益。模型结果显示，负外部性影响显著超过正外部性影响。因此，各金融机构的最优选择是"同时存活或同时倒闭"，继而它们趋于相同的资产配置。Acharya 等（2007，2008）也同时提出"太多而不能倒"(too many to fail) 的观点，即由于高杠杆率和规模巨大的特性，金融机构的倒闭会对实体经济造成较大的破坏性，因此，政府存在对困境中的金融机构实施救助方案的可能性，并且该可能性随着陷入困境的金融机构的数量增加而上升。考虑到此，为了最大化源于政府救助的收益，各金融机构内生性地增强其资产组合的关联性。Farhi 等（2012）则提出，为了遏制集体道德风险、控制救助成本，政府只有在大量银行同时处于破产边缘时才实施救助。由此，各金融机构趋向于同质化投资。Ma（2014）从投资者流动性偏好视角也得到了相同的论证观点。

2. 顺周期金融杠杆

宏观金融领域从杠杆周期和资产泡沫的角度研究金融机构风险敞口的正相关关系。Adrian 等（2014）从理论和实证的角度证实了在险价值（Value at Risk）风险管理规则是金融机构出现顺周期金融杠杆现象的微观基础。为了满足在险价值管理规则，金融机构必须不断调整投资头寸以保证自身在险价值低于企业股权资本。由于在险价值存在逆市场周期效应，在信用扩张快、资产价格上升的正向时期，在险价值下降，金融机构趋于增加投资头寸，扩大自身杠杆率；相反，在信用紧缩、资产价格下行压力持续的负向时期，在险价值上升，金融机构趋于减少投资头寸，降低杠杆率。顺周期杠杆现象不仅在一定程度上解释了金融机构系统性风险头寸趋同性现象，也为了解危机期间的放大效应提供了理论基础。类似地，Tasca 等（2016）从资产负债表角度也对上述现象进行了分析。Tsomocos 等（2015）则在阐述金融不稳定性与杠杆率周期的过程中提出，在资产价格上升的正向时期，投资者易趋于过度乐观，过度增加风险资产投资头寸；相反，在资产价格下跌的负向时期，则趋于过度悲观，继而过度减少风险资产投资头寸。

3. 尾部风险

除了资产配置具有高互联度的特点以外，金融机构往往会选择过大的风险敞口。Perotti 等（2011）认为，最低资本要求或逆周期资本要求等监管措施的约束作用主要针对于传统金融机构（贷款业务主导），但随着金融创新的层出不穷，高尾部风险金融产品使金融机构难以内部化它可能出现的损失值，这也就造成金融机构选择承担的尾部风险。一方面，正常情况下高尾部风险金融产品并不会对金融机构提出更高的资本要求，但可以显著提高金融机构的整体回报；另一方面，一旦尾部事件出现，最低资本要求无法覆盖金融机构的尾部损失，为了恢复金融系统的正常运行，政府监管机构必须动用社会资源对金融机构实施救助，即尾部事件的负外部化。Acharya 等（2013）认为，影子银行业务是典型的高尾部风险金融产品，也是造成次贷危机的主要原因之一。在此基础上，López-Espinosa 等（2015）更是强调金融机构尾部风险的高度相关性是造成全球金融危机的关键因素。Gennaioli 等（2013）指出，资产证券化产品（如 CDO 等）在分散化单体金融机构异质性风险的同时，大幅增加了金融机构的尾部风险暴露，提高了金融系统的尾部风险相关性，继而强化了金融体系的脆弱性。

二、传染机制

由于金融机构之间存在紧密的关联性，各机构的风险敞口损失可以通过相互之间的损益关联进行传染。本节将从金融网络、信息传染以及中央清算机制三个角度分别回顾相关文献。

1. 金融网络

Allen 等（2000）以 Diamond 和 Dybvig（1983）的模型为基础来研究银行业的传染机制，结果显示，完全网络模型（对于任何恒成立）较之非完全网络模型更稳定。其原因在于，尽管不存在直接联系，机构与机构仍可能通过某一中间机构产生间接联系，即一旦机构出现较大的损失甚至破产倒闭，冲击仍可以传染到其他机构，但由于不存在直接联系，两者之间又不存在风险（损失）共担，Freixas 等（2000）则提出完全银行网络比环状银行网络更稳定。

Allen 等（2004）、Allen 等（2006）、Gai 等（2010）等进一步提出互联程度（degree of interconnectedness）是银行网络稳定性的关键因素。这些研究发现，互联程度不同的网络结构会对风险冲击有不同的反应。随着互联程度的上升，金融网络的风险分散、损失共担的能力上升，风险冲击的破坏性下降，继而冲击传染出现的概率下降。与此同时，一旦系统性事件出现，冲击的破坏性大幅上升。

此后，Elliott 等（2015）、Acemoglu 等（2015）进一步剖析了金融网络中的传染效应。Elliott 等（2015）将交叉持有（cross-holdings）分为两个方向：整合与分散。其中，整合效应指的是单体金融机构被最终投资者所持有的股权比例，分散效应指的是持有某单体金融机构的其他金融机构数目，作用效果不同。两者与冲击传染的关系均为先正向后负向。Acemoglu 等（2015）的核心观点是，金融网络与冲击传染的关系主要由网络的互联程度以及冲击大小两方面决定。当负向冲击规模较小时，互联程度越高的网络，冲击传染出现的概率较小，金融网络更加稳定。但当负向冲击规模超过某一阈值时，互联程度越高的网络，冲击传染出现的概率较大，金融网络趋于脆弱。

2. 信息传染

如果投资者和储户将金融机构的违约视为机构将出现类似情况的信号，那么机构与机构之间就存在着信息传染机制。Chen（1999）、Aghion（2000）、Acharya（2015）等认为，银行的经营状况、负债状况、覆盖区域等特点类似，假定银行出现银行挤兑事件，市场极有可能认为与其类似的银行同样存在经营困境，未来也可能出现挤兑现象，那么，储户将在经营困境并未出现的条件下集体提前要求存款兑付，继而引发银行的挤兑现象。Ahnert 等（2016）将信息传染机制的产生原因划分为金融机构的对手方风险（counterparty risk）和共同的风险暴露（common risk exposure）。负向冲击出现后，前者可能通过引起存款等资产向其他稳健的金融机构转移而促进金融稳定，后者则极可能会增大系统性金融风险。

3. 中央清算机制

场外市场中有效运行的中央清算机制（Central Clearing Mechanism）将通过保障合约的妥善执行，降低巨额损失在交易对手方传染的概率，进而起到稳定金融体系的作用。Acharya 等（2014）指出，对手方风险的负外部性主要存在于非透明的场外市场，稳健的中央清算机制能通过交易头寸的透明化、合约抵押品要求等显著降低对手方风险。Duffie 等（2011）更直接地指出，在场外市场中建立统一的中央清算机制能够有效降低场外市场的对手方风险暴露，并提出政策建议：在场外利率互换合约市场和信用互换合约市场中建立联合统一的中央清算体系。

三、放大机制

放大机制的研究重点是为何相对小的风险冲击可能引起严重的系统性事件，对金融市场和实体经济产生巨大影响，尤其是单体机构异质性风险冲击是如何引起金融市场资产价格螺旋式下降的。本节将相关领域的文献分为流动性危机、银行间市场冻结两个方面依次回顾。

1. 流动性危机

流动性危机的螺旋式自我实现是放大机制的典型渠道之一。在出现系统风险冲击时，如金融市场资产价格急速下滑等，由于触及融资和担保要求等，金融机构不得不折价变现所持有的部分资产以缓解流动性压力，这就进一步强化了资产价格的下滑趋势。Plantin 等（2005）认为，盯市制度（Marking to Market）的顺市场周期特点使得其易于向金融市场注入"人为波动率"，加强金融体系的不稳定性。尤其在标的资产具有流动性较差、结构化程度高、到期期限长等特点时，盯市制度更趋于强化"流动性螺旋"。Brunnermeier 等（2009）则以金融交易的保证金要求（margin require-ments）为例说明了流动性危机的"滚雪球效用"（snowball effect）。由于所持有的某类金融资产出现较大损失，为了满足保证金要求，金融机构不得不减少投资头寸，这也就进一步压低了资产价格。此外，在出现系统风险冲击时，市场流动性趋紧，为了控制整体风险，清算中心倾向于提高保证金比例，面临更大的流动性缺口，金融机构必须进一步抛售更多类别资产，整体金融资产趋于下降，融资流动性螺旋出现。与此同时，由于所持有资产价格下降，其他金融机构也不得不抛售资产以满足保证金要求，金融资产价格将出现雪崩式下滑，市场流动性螺旋出现。

2. 银行间市场冻结

2008~2009 年全球金融危机的一个重要特点是银行间市场冻结（紧缩）现象。危机期间，悲观情绪充斥着金融市场，尽管拥有充足的流动性，商业银行出于风险防控和资产质量控制的双重考虑，出现惜贷、慎贷现象，银行间市场继而出现流动性不足。一些经营状况良好的企业也难免被波及到，甚至因为资金链断裂陷入经营困境和财务困境。部分学者将"惜贷""慎贷"现象归结于逆向选择。Heider 等（2015）在 Flannery（2015）的基础上将信息不对称引入银行间市场，结果显示，当银行间市场出现较大的风险冲击时，由于各机构健康状况信息存在严重的不对称性，逆向选择使金融机构在贷款管理上变得极为慎重，加之金融机构普遍预期，一旦情况继续恶化，银行间市场极可能失灵，市场流动性将异常紧张，因此，银行间市场可能出现预期性信贷冻结现象。Calballero 等（2013）提到，当某金融机构遭受异质性负向冲击时，由于信息不对称，其他金融机构难以估计该银行的预期损失规模，因而为其提供流动性的可能性很低。一旦金融市场出现严重的系统风险冲击，各金融机构互不了解对方的健康状况，逆向选择将成为普遍性现象，因而银行间市场极可能被冻结。

第二节 系统性金融风险的测度方法

如何准确有效地测度系统性金融风险是宏观审慎监管的重要前提，它有利于监管机构和金融市场机构监测金融系统稳定性的动态变化，并做好防范措施。假定无法建立准确有效的系统性金融风险度量体系，那么完备的宏观审慎监管政策也无法起到维护金融稳定的作用。正如 Alessandri 等（2009）所提出的论点，缺乏有效的系统性风险度量体系是全球金融危机爆发的主要原因之一。总体来看，现有的系统性金融风险测度研究可以大致归为两类：第一类研究侧重从特定的风险来源的角度出发测度系统性金融风险，如关联投资、损失传染、流动性风险等，我们可以笼统地将这类指标归纳为"特定来源系统性风险指标"（source-specific systemic risk measures）。第二类研究则是全局性系统性风险指标（global measures of systemic risk）。这类研究不区分具体风险来源或风险传播渠道，而在假定金融市场相对有效的条件下，采用统计学、计量经济学等方法从金融市场数据中提取出能够反映系统性金融风险的信息，并构建成相应的指标。

比较而言，"特定来源系统性风险指标"对应于不同的风险来源：一方面，更利于监管机构在监测金融稳定动态变化的同时找到冲击来源，并采取对应的政策措施从源头上防范系统性事件的发生；另一方面，随着金融创新的不断深化、金融工具的层出不穷，系统性金融风险的冲击来源和传导机制可能出现结构性的变化。因此，根据过往经验所构建的"特定来源系统性风险指标"在不同的金融环境下可能存在适用性的问题；而"全局性系统性风险指标"并不对应于单一的风险来源，适用性和稳健性更强，但其劣势在于，监管机构只能根据这类指标的动态变化采取对应的宏观审慎监管工具和微观审慎监管工具防范系统性风险，而无法据此确定冲击来源，从源头上解决问题。

一、特定来源系统性风险指标

在前文基础上，我们主要根据不同的冲击来源，分类介绍基于特定风险来源的系统性风险指标。

1. 系统性风险敞口

前文已经介绍，金融机构规模大且互联性强的风险敞口是形成系统性金融风险的基本原因，而基于系统性风险敞口的系统性风险指标也是从这个部分出发构造的。Blei 等（2014）认为，金融机构资产头寸的重叠程度越高，则金融系统的不稳定性越高，因此，他们构造 ACRISK 指标来度量各银行的资产配置重叠程度，并用以衡量金融稳定程度。Cai 等（2014）同样认为，金融机构风险敞口的重叠程度越高，则金融系统稳定性越低。通过计算银行在不同行业的资产配置比重来构造各银行的资产配置向量，然后以此为基础构造机构与机构之间的欧几里得距离来描述不同机构之间风险敞口的重叠程度，继而计算金融系统整体的风险头寸重叠指数。

2. 传染机制

Kritzman 等（2010）构建了"吸收比率"（absorption ratio）来测度系统性金融风险的传染效应，其基本逻辑在于资产组合整体的方差被特定维度特征向量解释程度越高，则各金融机构关于风险冲击的共谐度越高，风险冲击的传染力度越大。Acemoglu 等（2015）引入了调和距离（Harmonic Distance）来衡量金融机构之间的债务关联程度，调和距离越小，金融机构之间的直接或间接的债务联系越紧密，因此，两者损失传染的概率及规模也就更大。同时，单一金融机构调和距离总和可以用于测度该机构与金融系统的近似程度，该指标值越低，金融系统的风险冲击对该机构造成损失的概率和强度也就越大，因此，该机构更可能被划定为系统重要性金融机构。另外，需要提及的是 Acemoglu 等（2015）提到，在负向冲击规模足够小的条件下，互联程度越高的金融网络越稳定，反之，互联程度越高的金融网络越脆弱。以 Eisenberg 和 Noe（2001）的模型为基础，Glasserman 等（2015）发现金融网络的节点信息包含三部分：资产规模、杠杆率以及金融连接度（financial connectivity），利用这三部分信息可以构造出各金融机构的传染指数，并以此来度量该金融机构受到风险冲击后传染给其他金融机构的概率。

3. 放大机制

承接前文，基于放大机制的系统性金融风险指标的基本思路在于度量单体金融机构或金融系统出现大规模抛售金融资产的可能性。Brunnermeier 等（2013）认为，不同的金融机构在受到同样的风险冲击所做出的反应（如金融资产低价抛售等）是不同的，这主要取决于机构自身的流动性充足水平，而就整个金融系统而言，整体的流动性充足水平决定了小规模风险冲击的放大概率和强度。他们采用情景压力测试的方法计算不同情景下银行资产的"现金等价物值"，然后将左尾 5% 的"现金等价物值"定义为该银行的流动性不匹配指数（Liquidity Mismatch Index），用以表征该机构流动性风险的动态变化。Greenwood 等（2015）在假定商业银行存在目标杠杆率的基础上，采用结构模型研究在负向冲击下单一商业银行的降杠杆行为是怎样通过资产价格渠道对其他机构产生传染效应的，并构造了相应的传染强度测度指标——银行脆弱性（Bank Vulnerability）。此外，Jobst（2014）认为，基于完全资产负债表信息所构建的流动性指标只能反映金融机构的历史流动性状况而不具有前瞻性，并提出了基于金融价格信息的经系统性风险调整的流动性风险模型来估计未来出现流动性事件的概率及严重性。

二、全局性系统性风险指标

本章将全局性系统性风险指标划分为宏观和微观两个层面，宏观层面的研究侧重于识别和监测整个金融体系的系统性风险动态变化，为宏观经济金融政策的制定提供整体的参照依据；而微观层面的研究侧重于测度单体金融机构对整体系统性风险的贡献值、识别和监测系统重要性金融机构

（SIFIs），为监管机构对单体金融机构的微观审慎监管提供技术支撑。

1. 宏观层面

与微观层面系统性金融风险指标专注于单体金融机构的互联性与规模等特性不同，宏观层面系统性金融风险指标的研究重点是金融系统的负外部性是否会影响宏观经济活动。

Allen 等（2012）认为，金融行业的特殊性在于金融机构是整个经济体系资金融通的中介，且具有高杠杆率和规模大的特点，一旦金融体系出现巨灾风险使得大部分金融机构陷入经营困境和财务困境，金融机构将被迫削减投融资项目，继而造成投资规模的下降、融资成本的上升，从而影响到实体经济活动。他们采用广义帕累托分布、偏广义误差分布和非参数估计等方法构建出金融行业与房地产行业的截面尾部风险指标来测度金融行业的巨债风险（极端尾部风险），进而证明该指标能显著预测出未来经济下行风险。Allen 等（2012）发现，金融行业巨灾风险指标（CATFIN）对宏观经济活动指标的下行趋势具有显著的预测能力，如芝加哥联储国家活动指数（CFNAI）、GDP 增长率、工业产值（INDP）、堪萨斯城金融压力指数（KCFSI）等，同时，他们发现，如果将横截面行业替换为其他非金融行业，那么 CATFIN 对宏观经济活动指标的下行趋势不再具有预测能力，这也就验证了他们对金融行业特殊性的预先假定。Kelly 等（2014）则试图构建出金融市场的整体尾部风险指数，并研究该指数对资本市场和宏观经济活动的影响。他们的基本假定是单体机构的尾部风险可以被分解为两部分：市场共同部分与异质性部分，因此，在分别计算得到各单体金融机构的尾部风险指标后，可以从该指标值的截面信息提取出公共部分表征整体尾部风险指数。Kelly 等（2014）在一个足够大的横截面中应用幂次定律从大量的个体尾部风险信息中捕捉到市场共同的尾部风险。该研究还证实，他们所构造的整体尾部风险指标事实上与标普 500 指数期权（index option）中所提取的尾部风险指标具有显著的正相关关系，且均能有效地预测整体的市场走势，另外，该整体尾部风险指标能够显著预测未来实体经济活动的下行趋势。

总结而言，上述的巨灾风险指标和整体尾部风险指标都基于金融行业的特殊性，侧重从金融行业的截面信息中提取出尾部风险信息来表征系统性金融风险，而 Giglio 等（2016）则是从多个普遍应用的系统性风险指标中提取出公共部分来度量整体的系统性金融风险。他们选取出引用率较高的 19 个系统性风险指标，如动态因果关系指数（dynamic causality index）、非流动性指数（illiquidity measure）等，检验这些风险指标的相关性及其对宏观经济尾部风险的预测能力，在此基础上从上述风险指标中提取出主成分信息构建出综合性的系统性风险指标来预测未来宏观经济活动（如工业产值、GDP 增长率等）下行风险，同时他们发现，综合性的系统性风险指标领先于货币政策操作，即随着综合性的系统性风险指标的上升，中央银行趋于放松货币政策以缓解金融系统的紧张局面。

2. 微观层面

微观层面系统性金融风险指标侧重于识别和监测系统重要性金融机构。一般而言，对单体金融机构的系统性风险测度主要包括两类方法：其一是监管机构通过对单体金融机构进行现场办公等手段获得内部数据并建立关于该机构风险头寸和风险暴露的指标；其二是以金融市场公开信息为数据来源，如股票价格、上市公司财务数据、CDS 价格、期权价格等，从"大而不倒（too big to fail）"和"互联紧密而不倒（too interconnected to fail）"两个基本逻辑出发构建单体金融机构的系统性金融风险指标。

Acharya 等（2010）在预期损失（ES）的基础上提出了"边际预期损失"(MES) 和"系统性预期损失"(SES) 两个指标来测度单体金融机构对金融系统整体预期损失的贡献值，指标值越大表示该机构对整体系统性金融风险的贡献越大，因此更应该被认定为"系统重要性金融机构"。需要指出的是：①边际预期损失只考虑了"互联紧密而不倒"，因而波动性越大的机构更可能有较大的边际预期损失值，而且边际预期损失的条件设置为市场日收益率低于某一阈值，这与实际的系统性事件相距甚远，并且容易受市场噪声影响。另外，边际预期损失与系统风险贝塔值存在近似线性关系。②系统性预期损失在估计中被视为边际预期损失和杠杆率的线性组合。

Brownlees 和 Engle（2012）则在 Acharya 等（2010）的基础上把系统性事件修改为"一段时间内（六个月）股票市场总体下滑高于某一阈值"，并提出了"系统性风险指标（SRISK）"。系统性风险指标同时考虑了边际预期损失、杠杆率以及企业市值三方面因素，而且相较于系统性预期损失，系统性风险指标更加稳定、更不易受金融市场短期噪声影响。Banulescu 等（2015）发现了边际预期损失（MES）的缺陷——仅考虑了"大而不倒"一个维度的信息，并提出了一个考虑到"规模"与"互联性"双重特点的成分预期损失（Component Expected Shortfall，CES）。事实上，成分预期损失只是巧妙地在边际预期损失的基础上加上了各金融机构市值权重。

Adrian 等（2011）以单体金融机构陷入困境对金融系统 VaR 值的影响程度为基本逻辑构造了"条件在险价值（CoVaR）"，从定义上，我们看出条件在险价值的逻辑设定与边际预期损失恰好相反。另外，不难发现，条件在险价值同样存在两方面问题：①只考虑了"互联紧密而不倒"；②金融机构日收益率低于某一阈值与实际的系统性事件相距甚远，并且容易受市场噪声影响。

Huang 等（2009，2012）以金融系统整体出现债务违约的条件下各单体金融机构的预期债务损失为出发点，采用金融机构的信用违约互换（CDS）数据构造了"困境保险溢价（DIP）"，需要提及的是，一些学者认为 CDS 的信息真实度和稳定程度较之股票收益率更高，因此更加推崇困境保险溢价。Grey 和 Jobst（2013）以单一金融子行业为研究对象，假定股权部分为看涨期权、债务部分为看跌期权，然后通过 KMV 模型计算各子行业的违约距离和违约概率。其他常见的微观层面系统性金融风险指标还有 Kritzman 等（2010）提出的"吸收比率"、Billio 等（2012）提出的动态因果关系指数，以及常用于衡量波动性的实际波动率和常用于衡量个股流动性信息的艾米哈德指数等。

第三节　金融网络模型相关研究进展

本轮金融危机前，已有许多研究开始关注不同金融网络关系对金融机构行为及风险产生的影响（Bhattacharya and Gale，1987；Flannery，1996；Rochet and Tirole，1996；Allen and Gale，2000）。危机后，随着"个体稳健并不意味着整体稳健"问题的提出，对金融网络关系的分析日益成为了理论分析的焦点。"系统重要性金融机构"的识别与监管，截面维度上宏观审慎政策工具使用等一系列政策，也使得金融网络分析的重要性得到了进一步提升，并成为了一件极具理论意义与现实意义的工作。近年来，学术界已经在理论和实证两个方面逐步取得初步进展。作为系统风险模型中最为核心的部分，无论从数据、网络结构描述方式，还是从模型思路等方面开展的研究都是极为重要的。在此，我们将主要从实证和理论两个方面对主要成果进行梳理。

一、网络实证研究

金融网络的内涵比较丰富，不同金融主体、不同关系、不同工具都可能形成网络关系。目前的研究主要集中于对银行或金融机构通过资产负债表或银行间市场交易活动形成的关联关系。金融机构可以在银行间市场开展一系列活动，如银行间拆借、长短期贷款，或者是不同银行之间的结算等。银行间网络的实证研究文献大多通过风险暴露、银行间贷款和银行间支付等方面建立模型，刻画、研究银行间网络关系。

1. 依据使用的网络数据

（1）基于直接风险暴露数据。银行间风险暴露的数据主要来自于不同国家的银行按照中央银行的要求向其披露的，对其他银行或金融机构的风险暴露信息。其中，较具代表性的有：Anand 等（2015）、Craig 和 Von Peter（2014）、Craig 和 Ma（2017）使用德国的银行间的风险暴露数据开展的研究（德国监管当局）要求，当银行间风险暴露超过 150 万欧元时，在每个季度末该银行就需要向中央银行报告最终的风险暴露程度；Chang 等（2008）、Cont 等（2013）使用巴西的银行间的风险暴露数据对银行风险传染进行的研究；Boss 等（2004）基于奥地利银行间负债和风险暴露的数据的实证研究；Affinito（2012）、Bargigli 等（2015）、Mistrulli（2011）利用意大利银行间市场风险暴露数据进行的实证研究；Aldasoro 和 Alves（2016）、Alves 等（2013）使用欧洲最大的 50 家银行相互之间的风险暴露的数据的实证研究；Molina-Borboa 等（2015）采用墨西哥银行间风险暴露数据的实证分析；Langfield 等（2014）使用英国银行间的风险暴露数据（这里英国银行需要向中央银行披露他们对最大的 20 家其他银行和金融机构的风险暴露信息）开展的实证估计；In't Veld、Van Lelyveld（2014）通过荷兰的银行间市场风险暴露数据（数据来自于荷兰银行向中央银行汇报最大的交易对手）开展的实证研究等。

从以上利用银行之间风险暴露数据的实证分析中可以发现，虽然风险暴露捕捉到银行之间相互的整体借贷关系，但相关的数据信息往往并不完整（如往往忽略了较小的风险暴露或者是较小的交易对手）。

（2）基于银行间相互借贷数据。Finger 等（2013）、Fricke 和 Lux（2015a，2015b）、Hatzopoulos 等（2015）均使用意大利银行间市场的电子交易市场数据 e-MID 进行了实证研究。该数据包含了在该电子交易平台上银行间的相互借贷信息，但数据缺憾在于它们并不包含银行名称，所以无法与具体银行对应。Cocco 等（2009）则对葡萄牙银行间贷款进行了实证研究。从已有实证分析情况看，银行间相互贷款数据相对质量较差，尤其是比较难以和具体银行对应，因此我们很难清晰描述每家银行所处的网络结构位置。

（3）基于银行支付结算数据。Leon 和 Berndsen（2014）使用了哥伦比亚的银行间支付数据；Afonso 等（2014）、Furfine（1999）、Kuo 等（2014）

使用的数据来自于美国的银行支付系统；Fedwire 和 Arciero 等（2016）、Blasques 等（2015）、Brauning 和 Fecht（2016）、Gabrieli 和 Georg（2016）、Heijmans 等（2010）使用的数据均来自于欧洲的银行间支付系统 TAR-GET2-EU。黄聪和贾彦东（2010）、贾彦东（2011）使用来自中国人民银行支付系统的数据进行研究。

（4）基于金融产品及资产价格等信息。许多关于银行间网络的分析都使用 CDS 等金融衍生产品的数据反映相互关联性。Alan Morrison 等（2017）、Kieran Dent 等（2016，2017）等均利用 CDS 数据信息对风险传染及银行间的风险扩散结构进行了分析。还有学者利用资产价格数据，通过资产价格的相关性分析金融机构之间的关联性。其中，较具代表性的有杨坚等（2017）、Yang Jian 和 Yinggang Zhou（2013）等利用股票收益率以及汇率之间的相关性开展的研究。

2. 依据研究目标和方法

随着近年来不同种类数据的出现，银行间网络的实证分析也越来越多样化。基于银行间网络数据，学者们使用不同的研究手段进行研究，但大多数还处于描述网络结构和初步分析阶段。

（1）对银行间网络结构进行刻画的研究。银行间网络结构呈现出小世界网络（small world）和无尺度网络（scale-free）的特征。小世界网络结构是指不同银行之间的联系只需要通过较小的节点就可以实现。无尺度网络结构是指银行的联接数据分布符合幂律分布特征。在这种分布下，银行具有较多的网络链接。近些年来，学者们进一步发现银行间的网络服从中心—外围式（core-periphery）的网络结构，即少数银行处于网络的中心，它们相互之间有紧密的连接，大多数银行处于网络周边，和中心银行有连接但是它们相互之间并没有很多连接。通过对不同国家的银行系统进行分析可以发现，这种中心—外围式的网络结构广泛存在于不同国家的金融系统中。贾彦东和黄聪（2010）、贾彦东（2011）利用支付结算数据对中国金融网络稳定性进行的评估和分析中，就发现了这种结构特点。

（2）通过使用数值模拟的方法还原网络结构的研究。研究银行间网络与系统性风险关系。Upper（2011）对此类文献进行了很好的总结。大多数的模拟结果显示银行间网络存在着稳健但脆弱（robust-yet-fragile）的性质，即大多数时间银行间网络对于外生冲击是比较稳健的，很少会出现银行间的传染或大规模银行倒闭的情形。但如果银行间倒闭传染，这会给整个银行系统带来严重的后果。范小云等（2012）利用资产负债表银行间头寸数据，使用"熵"最大的方法进行了网络结构模拟。

（3）对银行间连接持续性与网络机构变化内生性的讨论。与银行间连接持续性相关的实证结论意味着在银行间的市场也存在关系借贷的情况，并且这种关系在危机的时候往往会增加银行的贷款可得性以及降低利率。目前为止，相关实证研究还无法给出关于金融网络结构及其与系统风险形成原因的更为简单的解释，已有研究结论还十分有限。

二、金融网络理论研究

金融网络相关的理论研究又可以大致区分为基于数据实证分析的理论解释，基于经济学、金融学框架下的网络形成分析，基于数学及其他方法的网络模型等几种不同类型。具体而言：

1. 基于实证分析和理论模拟的研究

理论研究在理解银行间相互关系方面已经取得了很多关键性进展。Bhattacharya 和 Gale 早在 1987 年的研究中就指出，银行间市场可能在应对流动性风险过程中发挥着相互联保的重要作用，并形成了相互吸收流动性冲击的重要机制。对监管者而言，银行间头寸提供了一种"动力"（Flannery，1996；Rochet and Tirole，1996），促进了市场纪律的形成。同样，这些风险暴露可能成为一种渠道，使得一家银行的问题会扩散至其他银行。Erlend Niera 等（2007）构建了一个金融网络模型，并将网络结构本身视为重要的随机变量纳入模型。他们通过有限参数模拟了不同的网络结构变化及对应的每家银行的资产负债表，并在此基础上分别讨论不同网络特征参数对网络稳定性的影响，从而分析不同监管政策效果。

2. 基于经济学框架下的网络模型

Allen 和 Gale（2000）则通过一个简单的例子，阐述了系统脆弱性依赖于银行间相互的关联结构。在他们的研究中，若每家银行都与其他所有银行相互关联（称为完全连接网络），则对一家银行的冲击将会被整个系统吸收，而每家银行将只承担冲击影响的一部分。但如果银行选择的交易对手很少（称为不完全连接网络），那么溢出效应将非常巨大，并将影响整个金融系统的稳定。Allen 和 Gale（2000）的研究对于探讨银行间市场的稳定性提供了一种非常有价值的视角。尽管他们的模型仅包含了四家银行和两种网络结构，但银行之间的连接结构将对系统风险的形成产生影响已经基本得到了理论证明。尽管分析框架还比较简单，但他们的研究提示我们，金融体系内每个个体之间相互关联形成的网络以及网络结构的变化是理解由个体风险到系统性风险传递、形成的关键。

在 2008 年金融危机之后，学术界越发重视金融系统之间的相互联系，对银行间市场网络结构的理论研究也取得了一定进展。在 Allen 和 Gale（2000）提出完整网络有利于增加银行间系统的稳定性结论基础上，理论研究发现，网络结构和银行间系统稳定性之间存在更加复杂的关系。归纳而言有以下两种观点：

Elliott 等（2014）的非线性观点。他们分析后认为，网络结构和系统稳定性之间存在非线性结构关系。他们研究了网络结构的两个维度：整合（integration）和多样化（diversification）。整合是指银行对其他银行的依赖程度，多样化是指每个银行有多少连接的其他银行。他们在两个维度上都发现了非线性关系，而且在最初时期，多样化将银行连接起来，使银行间的传染倒闭出现可能。但是随着连接程度的增加，银行对其他银行的倒闭能够更好地对冲。文献对银行间网络结构和系统稳定性非线性关系的分析增加了对系统性风险的理解。

Acemoglu 等（2015）提出的银行间系统的金融传染存在相变观点。Acemoglu 等（2015）提出，银行间系统的金融传染存在相变，这种变化主要取决于外生冲击的大小。他们发现在外生冲击较小的情况下，更加紧密连接的网络结构有助于增加系统稳定性。但当外生冲击足够大时，紧密连接的网络结构反而会起到强化外生冲击传染的效果，使金融系统更加不稳定。

模型中的关键性机制在于银行间系统存在两种应对外生冲击的方法：一种是银行间系统内部的流动性，另一种是银行的非银行债权人吸收损失。前者在更加紧密连接的网络结构下更能够发挥作用，而后者在比较松散的网络结构下更加有效。在外生冲击较小时，银行系统内部的流动性足够应对损失，所以紧密连接的网络结构有助于系统内的流动性到达需要的银行从而提高系统稳定性。但在外生冲击较大时，银行系统内部的流动性不足以覆盖损失，这时需要银行的非银行债权人承受一部分损失。这种情况下，比较松散的网络结构能够有效减少整个银行系统的损失，从而增加系统的稳定性。银行间网络结构和系统稳定性的相变理论使人们认识到网络结构和系统稳定性的关系很可能还取决于其他相关因素。

另外，许多学者也对中心—外围式网络结构的生成机制进行了研究。其中，较具代表性的研究有 Babus 和 Hu（2017）、Chang 和 Zhang（2016）、Farboodi（2014），这些研究试图解释为什么不同国家、不同金融系统都会呈现出这种特定的网络结构。Craig 和 Ma（2017）、Blasques 等（2015）则更进一步将网络结构的数据和模型相结合，根据数据来估计模型中的参数。

3. 基于其他方法的网络模型

与大多数实证研究相似，早期关于网络的部分理论并未引起主流经济学研究的重视，只是在最近才被学者们提及并使用。这些理论大多引用数学、统计学、热力学以及社会学中很多处理网络关系的方式来解释分析金融网络。

从数学模型出发，Erdos 和 Renyi（1959）的研究中奠基性地提出了一个最早的网络理论模型——随机图模式（即"EP 模型"）。此后，该模型被不断完善和发展，并引入了不同的概率规则以刻画所有"节点"之间的关联关系。在相关研究和最简单的 ER 模型中，任意两节点间连接的可能性被用一个独立的、可识别的概率 P 表示（该概率被广泛的称作"Erdos-

Renyi 概率")。基于 Erdos 的 ER 模型，Eboli（2004）的研究认为，通过银行间网络连接产生的传染性导致的倒闭的动态过程与网络流动的物理过程相关。在他的模型中，各个节点（银行）与"冲击源"相连，每个节点的缓冲损失就是银行净值或资本的损失。当每个节点面对损失的时候，如果缓冲足够大，则损失将会被缓冲全部吸收，否则损失将形成第一轮的倒闭，并通过网络连接进一步扩散开去。

从物理热力学概念出发，部分研究将物理学"熵"最大原理应用于金融网络结构，对网络进行模拟还原之后通过网络分析系统风险的传递机制影响。范小云等（2011）利用银行间数据，通过"熵"最大方法对中国银行间网络结构进行了还原。这种"熵"最大原则进行的相关研究通常假设所有银行之间相互关联的概率为100%。也就是说，很多实证研究假设了最大的多样化水平或一个"完全结构"的网络结构。

从统计学模型出发，也有研究基于资产价格数据，基于 GVAR 或 SVAR 方差分解的网络分析法，识别金融机构间的金融冲击传递网络（Diebold and Yilmaz，2014）。该网络分析法的基础是广义向量自回归（Generalized Vector Autoregression，GVAR）方差分解（Koop et al.，1996；Pesaran et al.，1998；Yang et al.，2006；Diebold and Yilmaz，2012，2014）。相比传统社会科学所使用的网络分析法，该网络分析可以识别出更深层次的关联结构，即可以同时识别出关联结构节点权重与关联方向（Diebold and Yilmaz，2014）。

第四节　系统风险模型开发与应用

关于系统风险的相关研究可谓汗牛充栋，在此我们重点围绕系统风险模型的开发、扩展和政策实践情况进行简要梳理。作为整个系统风险模型最为关键的核心，我们将同时针对近年来金融网络及网络模型相关的研究进行简单综述。

一、各国系统风险模型开发与应用情况

目前全世界范围内的大型系统风险模型主要由各国中央银行或金融监管当局进行开发和使用。随着本轮全球范围内的金融监管体制改革与发展，系统风险模型及其相关技术也得到了进一步完善。由于系统风险模型涉及要素和相关问题较多，在此我们重点对几种主要模型进行梳理和对比。具体情况如下：

1.英国的系统性机构风险评估模型（RAMSI）

英国的系统性机构风险评估模型（Risk Assessment Model of Systemic Institutions，RAMSI）由英格兰银行开发。该模型使用"自上而下"的建模方法，对每家银行机构采用相同的前提假设和压力测试，能够直接比较不同银行的风险状况，发现和分析银行系统脆弱性，并有能力对银行体系内形成的系统风险进行分析和判断（见图4-1）。

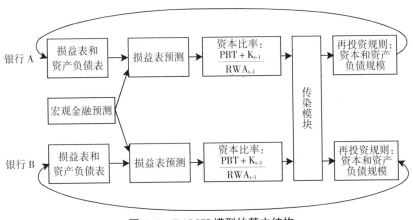

图4-1　RAMSI模型的基本结构

思路上，该模型包含两轮冲击效应：第一轮重点估计每一家银行在面临宏观经济或金融冲击下的影响，预测其资本充足率和盈利能力变化；第二轮则着重考虑银行之间风险相互暴露产生的影响，以及由此产生的机构间反馈和放大效应。具体而言，RAMSI 模型将首先计算每家银行在给定违约概率和违约损失率以及银行 CDS 后的税前收益和税后收益等估计信息，并进而得到对应下一期资本充足率及盈利。接下来，在既定的再投资规则下，如果出现单一机构偿付能力、盈利能力降低或不足，将导致其融资成本提升，当达到或超过某特定阈值后可能会出现风险或发生倒闭，失去进一步通过市场进行融资的能力，并对其他机构产生新的风险。在机制上，主要通过交易对手信用风险、资产抛售冲击市场价格等方式将风险传染给其他银行，并最终可能形成系统性风险。

从风险传染和反馈机制看，RAMSI 引入金融网络模型包括以下三种机制：

其一，银行间直接风险暴露。RAMSI 的网络模型部分设定，当某银行发生违约时，其他银行的信用损失根据银行之间的风险暴露矩阵进行计算。该矩阵不仅包含 RAMSI 模型中的十家大型银行，还包括其他银行和大型综合金融机构（LCFI），并假定后两类机构不会破产，只是传播风险。风险扩散机制沿用 Eisenberg 和 Noe（2001）的思路，交易对双方的信用损失能导致另外一家银行的破产，从而产生破产成本和对其他银行的信用违约。清算策略能够计算上述循环过程的最终结果，给出所有可能的信用违约机构和每家银行的信用损失。

其二，资产抛售行为引起的扩散。危机中的银行可能需要出售大量资产，导致相应资产价格下跌，进而造成其他银行按市值计价资产的损失。然而其他银行进一步抛售可能再次压低资产价格，产生加速效应。RAMSI 引入资产出售规模与资产价格的非线性关系，刻画了这种风险扩散效应。

其三，融资市场关闭。融资市场上的流动性压力是危机重要特征之一，这也是 RAMSI 中的重要反馈机制之一。市场融资资金的撤出可能导致银行资本金不足，进而导致银行破产。在此，RAMSI 采用较为简单的打分制，利用偿付能力、流动性头寸和市场信心这三类指标，计算每个银行的融资压力指数，并利用案例进行参数校准（Kapadia et al., 2012）。当银行的融资压力指数达到 25 时，长期融资市场对其关闭；当银行的融资压力指数达到 35 时，短期融资市场对其关闭。

RAMSI 模型涵盖的范围是英国最大的十家银行机构（包括储蓄信贷银行）。模型数据主要分为两类：一类是各商业银行的资产负债表和损益表，包括约 400 类资产项和 250 类负债项；另一类是 26 个国内外宏观经济和金融变量，如 GDP、CPI、国债收益率、失业率等。宏观模型部分主要采用的 BVAR 模型形式。

2. 加拿大的宏观金融风险评估框架（MFRAF）

2012 年，加拿大银行开发了宏观金融风险评估框架（Macro-Financial Risk Assessment Framework，MFRAF）。MFRAF 同样是基于"自上而下"方式建立的系统风险评估模型。MFRAF 综合考虑了影响银行偿付风险、流动性风险的多种因素，以及资产抛售、银行网络溢出效应等负外部性，用以评估不同情景或冲击下加拿大银行业的系统性风险状况（见图 4-2）。

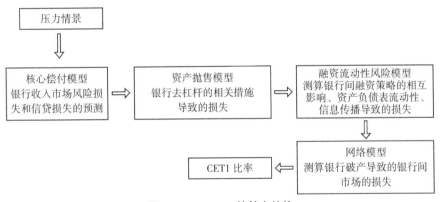

图 4-2 MFRAF 的基本结构

思路上，MFRAF 与 RAMSI 相似，包含两轮效应。MFRAF 首先在不同宏观经济情景或冲击下，测算企业贷款和居民贷款违约率的变化，并估算信贷损失对银行普通股一级资本（CET1）比率的影响。其次，在发生信贷损失后，银行为降低杠杆率将采取资产结构调整或资产抛售的措施，导致所有银行按市值计价的相关资产产生损失。再次，由于市场可能因此担忧银行偿付能力、流动性水平并出现流动性支持下降的状态，这将进一步导致银行流动性风险加剧。最后，这将导致部分银行无法覆盖其在银行间市场上的风险敞口，并影响其他银行的偿付能力和流动性水平，导致风险溢出。

与 RAMSI 的不同之处在于，MFRAF 着重强调了行业与居民部门的风险变化情况。在 MFRAF 中，居民部门风险以及贷款的行业风险得到了充分的重视。具体而言，其贷款按部门分为居民贷款（信用贷款、住房抵押贷款和消费贷款）、企业贷款（制造业、建筑业、住宿餐饮业、房地产业、农业、批发业、金融业和小额信贷）、政府贷款。各类贷款的预期损失为违约概率（PD）、违约损失率（LCD）和违约风险暴露（EAD）的乘积。预期信贷损失对银行资产负债表的影响分别在期中和期末实现。

MFRAF 金融网络模型与 RAMSI 类似。其建模思路同样来自于 Eisenberg 和 Noe（2001）的相关研究。其中，MFRAF 重点强调了由于银行破产后难以偿还其银行同业的贷款，从而造成其他银行的损失，从而引发多米诺效应。其网络结构设定上主要还是采用打分方法。但部分时点，MFRAF 将根据主要金融机构的相互风险暴露数据对网络传染效应进行历史评价，并对参数进行重新校准和估计。MFRAF 涵盖了加拿大六家大型银行，其资产约占加拿大银行业总资产的 93%。

3. 韩国的宏观审慎政策系统性风险评估模型（SAMP）

2012 年 7 月，韩国中央银行公布了宏观审慎政策系统性风险评估模型（Systemic Risk Assessment Model for Macro-Prudential Policy，SAMP），用于开展系统性风险评估、预警，压力测试和宏观审慎政策工具设计及有效性评估等工作。与其他模型相比，SAMP 设计较为复杂，模型不仅能够刻画宏观经济冲击对金融系统的直接影响，还能够模型化因银行间传导、资产抛售、信贷收缩、去杠杆化等原因导致的多轮扩散效应。

思路上，SAMP 模型主要还是两轮效应，但可以进行多轮效应的模拟，并给出最终的系统风险分布。结构上，SAMP 共包含宏观风险分布、银行损益、破产传导、融资流动性传染、多阶段合成、系统性风险度量六个模块。

　　宏观风险分布模块主要用以估计影响银行损益的宏观风险因素的联合概率分布。所涉及的宏观变量涵盖了宏观经济、金融、国际等方面的 13 个变量，方法则通过 BVAR、GARCH、极值理论（EVT）等计量模型予以开展，同时利用 t-Copula 函数将上述边际概率分布转换为联合概率分布，最后得到系统性风险评估及宏观压力测试的不同情景。银行损益模块则主要测算在宏观风险因素冲击下银行损益变化。损益分为信用损失、市场损失、净利息收入、非利息损益共四部分（见图 4-3）。

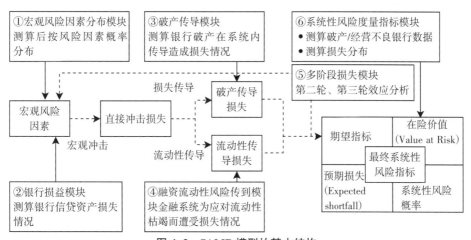

图 4-3　SAMP 模型的基本结构

　　从金融网络模型角度看，SAMP 同时在倒闭风险传染和流动性风险传染两个维度上予以考虑。倒闭风险传染方面，模型刻画了银行间风险暴露和宏观经济金融联系导致的第二轮传染效应，利用网络模型测算对违约银行的风险敞口导致的银行间借贷损失，以及银行破产过程中产生的资产抛售损失和信贷收缩引致的损失。流动性风险传染方面，模型利用银行间风险暴露矩阵和资产负债期限结构，对流动性风险的传染效应进行描述。首先通过计算银行间市场拆借资金萎缩对资本充足率的影响，测算银行机构因处于危机状态而需要额外负担的融资费用。

由于资本充足率下降，银行为保证流动性会采取去杠杆的相关措施，紧急抛售资产，按市值计价资产的损失。如果某银行在流动性传染阶段的损失使其净值低于破产标准或违约损失传导标准，该银行则被视为破产，可进入破产传染模块；若没有银行破产则重新测算流动性风险传染造成的违约损失和后续损失。因此，在 SAMP 模型中，金融网络模型部分同时考虑了破产倒闭与流动性传染之间的相互增强效应。

此外，SAMP 在风险合成、系统风险的最终度量方面都采取了较为系统全面的方式和思路。目前，模型基本覆盖了韩国包括银行、保险等不同类型在内的主要金融机构，其运用范围上也不仅可以用于判定整体金融稳定情况、系统风险水平、政策效果分析等方面，还能够分析国内主要系统重要性银行对系统性风险的影响程度等。

4. 奥地利的系统风险监测模型（SRM）

2006 年，奥地利中央银行公布了其与金融市场管理局（FMA）及部分学界专家共同开发的系统风险监测模型（Systemic Risk Monistor，SRM）。SRM 综合利用了银行业监管数据和信贷微观数据的风险管理框架。该模型的核心即为 Elsinger 等（2006a，2006b）、Boss（2002）建立的银行间网络模型思路上，SRM 模型将奥地利的银行体系看作是各类资产组合的集合，每一资产组合或者由国内外股票、债券等构成（市场风险损失模块），或者由居民贷款和企业贷款构成（非银行间信贷损失模块），又或者由银行间借贷构成（银行间网络模块）。模型分析目标是得到不同压力情景下资产组合价格变动在给定时间水平下（1 个季度）的分布情况。具体而言：

SRM 模型首先估计出利率、汇率、股价等每个风险因素的边际分布，利用 t-Copula 函数拟合出风险因素变动的联合概率分布，根据联合概率分布抽取随机变量，形成宏观冲击的不同情景。其次，建立市场风险损失模型，分别计算股票、债券、外汇等不同金融资产的损失函数。再次，建立宏观风险因素与贷款损失的关系方程（以 Credit Risk + 模型）（Credit Suisse，1997），从而得到不同宏观风险因素变动情况下银行对居民、企业贷款头寸的损失函数。通过金融网络模型，进行扩散效应分析，得到风险传染损失。最后，将基础性风险损失与传染性风险的损失进行汇总，得到银行系统整体损失情况。

金融网络模型方面，SRM 构建银行间网络模型。它采用银行间双边头寸矩阵的网络模型，综合分析市场风险损失模型和非银行间信贷风险损失模型的资产损益情况，通过设定适当清算程序确定各银行的资产净值，从而判断银行资产是否足以覆盖其在银行间市场上的风险敞口，以及是否能够用以模拟银行间市场的风险传染效应。通过多次模拟即可确定危险事件和资产组合损益的概率分布情况（见图4-4）。

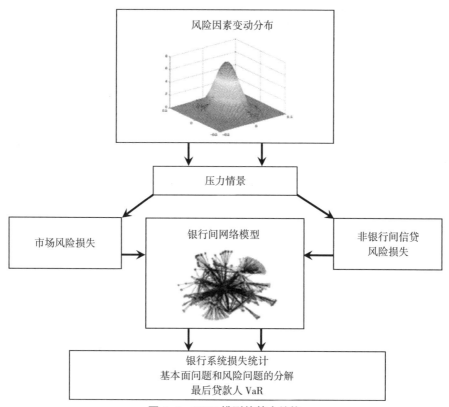

图4-4　SRM 模型的基本结构

目前，SRM 模型在奥地利国民银行的用途主要有两个：一是系统性风险评估，对银行业系统的风险因素进行详细分析，包括基本面和风险传染方面的高危事件、高危事件的概率分布，资产损失的概率分布，对最后贷款人的政策建议；二是压力测试，根据多风险因素的联合概率密度进行极端事件的抽样，并分析其对银行体系的影响。

二、国际货币基金组织的系统风险评估模型

除以上四种规模较大的系统风险模型外，IMF 在 1999 年启动的"金融部门评估规划"（Financial Sector Assessment Program，FSAP）则是目前规模最大、涉及国家和范围最广的系统风险评估模型（或框架）。FSAP 主要用来评估各国金融体系的稳健性（脆弱性），其中包括宏观审慎指标（如经济增长、通货膨胀、利率等）和综合微观审慎指标（如资本充足性、盈利性指标、资产质量指标等），目的在于揭示系统风险，推动国际监管标准的实施。

思路上，FSAP 基于一个开放的多国 Panel DSGE 模型，建立宏观情景与冲击。在银行盈利分析模块下，分别计算未来 8~12 个季度的银行资产负债与盈利能力等多项指标。网络模型部分主要是在 Upper 和 Worms (2004) 等构建的银行间风险传染模型基础上，测算考虑金融网络效应条件下的银行损失与倒闭风险变化。最后通过汇总得到整体系统风险状况。由于需要在多国进行实施，并且其中包含了许多与金融发展、金融结构等长期因素相关的问题，因此 FSAP 属于中长期的评估系统，而且很难与高频率的日常分析与决策联系起来。

三、各国系统风险模型比较

基于上述介绍，我们可以对四个主要国家中央银行开发和使用的系统风险模型情况进行对比分析，具体情况如表 4-1 所示。

不难看出，各国模型都在不同的方面进行了不同的设计。这种差异主要源于在应对危机和系统风险方面的不同条件。目前无论是在各国中央银

表 4-1　主要系统风险模型比较

模型	RAMSI	MFRAF	SAMP	SRM
开发年份	2011	2012	2012	2006
宏观情景模型	○ BVAR	○ DSGE	○ BVAR	○ VAR
尾部风险模型	×	×	○ EVT，GARCH	○ EVT，GARCH
违约率模型（PD）	○ 4 个风险敞口	○ 7 个风险敞口	○ 5 个风险敞口	○ 11 个风险敞口
违约损失率模型（LGD）	○	×	○ S&P 模型	×
市场风险模型	○ 市值计价	×	○ 市值计价	○ 市值计价
损益模型	○ 利息和非利息收入模型	×	○ 利息和非利息收入模型	×
网络扩散效应	○ 网络模型	○ 网络模型	○ 网络模型	○ 网络模型
融资流动性风险模型	△ 无传染效应	△ 无传染效应	○ 有传染效应	×
宏观经济金融反馈模型	×	×	△	×
多阶段模型	○ 动态调整 B/S	△ 未动态调整 B/S	○ 动态调整 B/S	×
期限	1 年以上	1 年	1 年	2 个季度

注：○表示已采用，△表示部分采用，×表示未采用。

行、金融监管部门，还是在学术研究层面，较为完整的大规模系统风险模型还并不多。接下来，我们将介绍我国系统风险模型的开发思路。

第五节　中国系统风险模型开发思路

系统风险模型的目标是在宏观经济冲击与系统风险之间建立起一座分

析的"桥梁"。由宏观经济冲击（或金融冲击）到金融体系变动，再到系统风险的形成，这一动态过程主要取决于两方面因素：其一，冲击的大小和本质；其二，金融体系的结构特点，而金融系统的结构特征尤为重要。这种结构特点主要体现在金融机构间资产负债表的差异性、银行间金融网络的连接结构等方面。在这样的环境下，经过几轮循环反馈，金融机构资产负债表相互依存，资产价格变动带来加速效应与反馈效应，金融机构策略调整，共同构成了整个金融系统复杂的非线性行为模式。

一、系统风险模型的思路与技术框架

我国的系统风险模型，思路上大致有三条主线：其一是冲击影响的第一轮效应，即图4-5中实线方框部分，这部分是模型主体中由经济冲击到金融机构影响的动态传递。其二是第二轮效应（也可以包含几轮变化，但机制相同），即是金融网络机制循环反馈产生加速作用部分，在图4-5中以虚线方框显示。其三是金融到经济的反馈部分，即图4-5中外框实践内框虚线部分。

1. 第一轮效应

第一轮影响依次包含了资产负债分类，金融机构资产盈利能力变化，信贷损失，利息收入与非利息收入，再投资行为设定，以及倒闭规则和倒闭成本计算等几个环节。具体而言：

关于资产的类别划分，应该与宏观经济情景需求紧密相连，能够对不同的宏观情景做出反应。关于机构或银行盈利变化，主要将考虑面对市场价格与风险因素变化，金融机构资产负债和盈利能力等方面的短期影响。关于信贷损失，主要评价在面对信用风险变化的时候，金融机构不良资产变化与产生损失情况。关于利息与非利息收入，目标是计算在市场价格调整后，单一金融机构的收入与支出。关于再投资规则，则主要是设定在上述三类损失或收益调整后，金融机构资产负债表如何进一步调整扩展。关于倒闭规则和成本，目标是设定倒闭破产规则，将风险机构进行淘汰。同

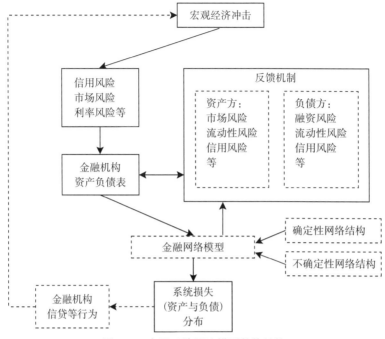

图 4-5 中国系统风险模型整体结构

时，对倒闭成本进行计算，并在其他机构间进行分担。

经过以上各个环节，我们可以实现宏观冲击到每家机构的传递。需要强调的是，在模型框架下，一方面可以增加（如具有中国特色的）若干新的环节或模块，另一方面也可以结合我们的实际情况改变每个环节的次序。

2. 第二轮效应

第二轮影响是在第一轮影响的基础上进一步引入资产出售或抛售，金融网络模型，多次循环机制等几个环节，目的是产生与实际情况相似的加速效果和反馈效果。具体而言：在资产出售环节，将引入资产价格与出售规模时间的关系，强调资产抛售产生的外部性。在金融网络模型中，也可以分别考虑流动性风险传递、资产头寸双向暴露、金融市场关闭等多种不同维度的风险扩散机制。在循环机制设计部分，则主要是设定"出局"机制和循环迭代次数。

需要强调的是，网络模型部分是研究的重点和创新点。结合前面章节构建的中国特有的金融网络模型，可以分别讨论均匀网络与非均匀网络结构，确定性网络结构与随机网络结构等多种网络结构的影响。此外，在实际操作中，我们也可以同时采用打分方法和实际数据校准的方式设定网络扩散机制，以便更好地开展不同目标的分析。

3. 系统风险对宏观经济反馈

系统风险与宏观经济之间的反馈关系将主要包括两部分内容：一是对多轮影响的结果进行综合，对产生的系统风险进行衡量。二是系统风险的变化以及金融机构在冲击后产生的行为变化，将会对宏观经济再次产生影响。

对系统风险的度量，可以包含很多不同方式。可以对金融机构直接损失进行加总，也可以测算每一个体出现风险的概率，并依此形成整体系统风险的条件概率，还可以计算每一机构的系统重要性状况等。对于系统风险对宏观经济的反向影响，我们一方面可以在宏观经济模型中有所反映，另一方面也可以在构建反馈机制时进行再次加速，这将主要取决于研究的目标和实际数据的特征。

二、风险冲击的动态机制与时间窗设计

对冲击作用的时间顺序进行设定是系统风险模型的关键。重点可以从模型基本机制与金融网络模型两方面进行展开。时间维度上，每一个时间区间内，模型可划分为 12 个基本时间点。第一轮影响涉及前 9 个时间点，第二轮影响涉及后 3 个时间点，第三轮及其后的反馈过程都将是前面环节的重复过程。依照时间次序，模型动态机制如图 4-6 所示。

起始状态下，出现宏观经济（金融）冲击——→风险因素变化（主要考虑违约率+市场收益率曲线+股票收益率变化）——→第一轮影响（主要包括估值影响+违约风险+净利息变化及其他）——→再投资（遵循不同规则，如杠杆率、原有资产比例等）——→若无破产风险，则本季度结束进入下季度；若有破产风险，则将产生资产损失——→其他机构面临类风险（产

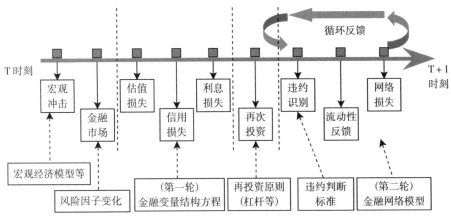

图4-6 中国系统风险模型动态递归机制

生直接损失，即无法偿还银行间头寸的损失＋间接损失，资产估值使其他机构相关资产产生损失，包括流动性）——→进一步引发破产风险——→若无破产风险发生，则资产负债表调整，本季度结束进入下一季度；若有破产风险发生，则将产生损失，进一步循环反馈。

三、金融结构方程

金融结构方程主要刻画了宏观经济变量与金融机构资产负债表及其他相关变量的相互关系。从模型的结构看，涉及以下几方面具体方程：

1. 市场价格变化带来的估值变动

这部分主要影响资产负债表中资产价值随市值变动的部分资产（即"为交易"和"为销售"类资产）。同时按照不同的资产类别，又包括了固定收益类和权益类等资产项目。对于这类资产变化，我们设定的初步方程形式为：

$$\Delta_i TA_t = 1 + \gamma_1 (\Delta EQP_t - \Delta EQP_{t-i}) + \gamma_2 \Delta SR_t + \gamma_3 \Delta LR_t + \cdots + \varepsilon_t$$

其中，$\Delta_i TA_t$ 为市值估值资产的规模变化，ΔEQP_t 为权益类资产收益率，ΔSR_t 为短期利率变化，ΔLR_t 为长期收益率变化。同时，依据资产种类还可能包含汇率、信用溢价等其他变量。

2. 信用风险损失

这部分主要考虑随宏观经济变量及风险的变化，居民与企业等经济主体将出现不良资产增加、信贷损失增加的情况。信贷损失的估算与违约率、违约损失率等因素相关。同样按照不同的资产类别，可以设定初步方程，简要形式为：

$$L_t = \alpha + \sum \beta_i \Delta GDP_{t-i} + \sum \gamma_i \Delta EQP_{t-i} + \sum \lambda_i \Delta SRR_{t-i} + \cdots + \varepsilon_t$$

其中，L_t 为信用风险损失，ΔGDP_t 为实际 GDP 增速，ΔEQP_t 为权益类资产收益率，ΔSRR_t 为短期实际利率变化。同时，依据资产种类不同，也同样可能包含汇率、实际长期利率等其他变量。

3. 净利息收益

净利息收益是依据内生的利率变化，动态计算每家金融机构利息收入与利息支出。这部分主要考虑随宏观经济变量及风险的变化，利率水平也将随之改变，每一期金融机构都可以计算其利息收入与利息支出。按照不同的资产类别以及期限，可以设定计算方程形式如下：

$$EV(A_0) = \sum_{t-1}^{T} D_t CA_0 + D_T A_0$$

其贴现因子满足：

$$D_t = \prod_{l=1}^{t} (1 + R_{l-1,1})^{-1}$$

$$R_{l-1,1} = \frac{r_{l-1,1} + PD_{l-1,1} \times LGD_{l-1,1}}{1 - PD_{l-1,1} \times LGD_{l-1,1}}$$

其中，$r_{l-1,1}$ 和 $PD_{l-1,1}$ 分别表示预期的无风险利率和由 $l-1$ 期到 l 期的违约率，D_t 为贴现因子，LGD 为违约损失。同时依据资产种类不同，也同样可能包含汇率等其他变量。

4. 再投资规则

我们初步设定三类再投资规则，不同的金融机构可以设定不同的再投资规则和要求。这三类规则分别是：其一，杠杆率目标规则。杠杆率目标要求在出现额外的可投资资产时，遵循杠杆率有限的形式进行资产再分配、再投资。其二，资本充足率目标规则。资本充足率目标要求在出现额外的可投资资产时，应首先满足资本充足率目标，并按照资本充足率目标进行资产再分配、再投资。其三，资产组合结构目标规则。资产组合结构目标要求在出现额外的可投资资产时，将依照现有投资组合的资产结构比例形式进行资产再分配、再投资。

四、建立网络模型

网络模型是整个系统风险模型的关键，主要有以下几种形式：第一种是按照国外经验，采取打分的方式确定；第二种是按照实际的金融网络结构，在某一目标下进行模拟形成网络结构；第三种是通过实际网络数据进行校准使用；第四种是依据现有网络数据，建立网络模型，在动态描述网络变化的基础上，将网络结构与整个系统风险模型相融合。这其中又可以包含均匀网络类模型与非均匀网络类模型，以及确定性网络结构与随机网络结构等。结合前期研究，可以分别采取均匀网络和非均匀网络的模式。在随机网络结构条件下，均匀网络与非均匀网络模拟的主要技术思路为：

1. 均匀网络结构模拟

可以建立一个由银行构成的金融网络，网络中每个节点表示一家银行，节点之间的连接表示两个节点之间的直接借贷关系。每家银行和整个银行系统均需要在微观与宏观层面上满足资产负债表平衡的约束。随机网络的形成主要基于两个外生参数：一个是节点的数量 N，另一个是节点间相互连接的概率 p_{ij}，即表示 i 银行借款给另一家银行 j 的概率。假设概率 p_{ij} 在每对银行（i，j）均相等。为简化分析，我们设定这一概率以 p 表示。依据外部参数设定，我们可以随机生成不同结构的银行网络，网络内连接的数量为 Z。

2. 非均匀网络结构模拟

前期研究中我们发现，中国的金融网络结构往往表现出非均匀结构的特点。为了更好地刻画这种多层次的网络结构，我们将网络中的银行区分为大银行 m 和小银行 n 两种，且 m+n=N。我们假设大银行之间拥有更紧密的联系，小银行 i 对另一家大银行 j 的连接概率为 p_l，而对另一家小银行 s 的连接概率为 p_s，并且 $p_l > p_s$。在"层叠"网络中，一个节点与另一个节点相连接的无条件概率应该等于均匀网络中的平均连接概率 p。

在网络模型基础上，可采取校准或实证估计等方式确定模型相关参数，使整个模型能够更好地描述我国金融体系动态变化特征。此外，宏观情景分析部分，可构建包括 DSGE、大型计量经济模型、BVAR 等各种宏观经济分析预测模型为基础的宏观情景模块，以实现对金融部门与其他宏观经济变量之间相互关系的刻画。

第五章　基于银行间支付与结算数据的金融网络模型

危机的典型事实表明，以金融机构偿付能力为基础的传统金融监管，已经无法胜任人们赋予的防范金融风险、维护金融体系稳定的重要责任。将金融系统视为一个整体，以及时捕捉识别金融风险的跨机构传递、适时调节金融体系顺周期性、控制系统性风险为目标的宏观审慎管理则日益成为后危机时代金融监管改革的新趋势。

伴随着此次国际金融危机的爆发与不断扩大，二十国集团（G20）、IMF 等国际组织及美国、日本、欧盟等国家和地区在采取措施积极应对危机、保持金融稳定的同时，在国家层面针对构建并实施有效的宏观审慎管理框架上，已基本形成共识。2009 年 4 月，二十国集团（G20）伦敦金融峰会发布了《加强监管和提高透明度》的报告，其中将加强宏观审慎管理列为 25 项建议中首要的 4 条。金融稳定理事会（FSB）、巴塞尔银行监管委员会（BCBS）及其他标准制定机构亦积极研究强化宏观审慎管理方面的政策和工具。此外，美国、英国及欧盟等国家[①]和地区也都将强化宏观审慎管理作为监管改革的重点，并通过改革相应的监管组织架构和监管制度实现这一目标。

我国政府也前瞻性地将防范和化解金融风险作为核心目标和重中之重，并在宏观调控、金融监管和维护金融稳定等方面对宏观审慎的理念进

[①] 如美国奥巴马政府提出的《金融监管改革方案》，欧盟委员会公布的《欧洲金融监管》，英国出台的《2009 年银行法案》及《金融市场改革》白皮书等。

行着积极的探索。《2010 年国务院政府工作报告》明确指出，加强风险管理，提高金融监管有效性。探索建立宏观审慎管理制度，强化对跨境资本流动的有效监控，防范各类金融风险。因此，加快建立适合我国的宏观审慎管理制度，加强对系统性风险的监测、预警与防范，则是极具理论意义与现实意义的工作。

本章将构建网络模型，以金融系统内个体间相互的连接程度为分析对象，立足于金融网络结构，并以此为视角对整个金融体系的系统性风险状况进行预警、监测与分析。同时，我们将以 2007~2012 年的我国银行间支付结算数据为例，对金融网络的结构变化进行描述和估计。

第一节　截面维度上的宏观审慎政策

宏观审慎的概念首先是由国际清算银行在 20 世纪 70 年代提出的，其核心思想为：加强单个机构的风险监管将不足以维护整个金融体系的稳定，因此应强化金融监管的宏观视野，强化以整个金融体系的系统风险为目标的监测（Davis and Karim，2009）[1]。

一、截面维度上的审慎目标

2000 年 9 月，国际清算银行行长 Andrew Crockett[2] 首先主张将金融稳定划分为微观审慎与宏观审慎两个方面。微观审慎指单个金融机构的稳健，而宏观审慎指的是整个金融体系的稳定。与这两个层面相对应的就是

[1] E Philip Davis and Dilruba Kariml, "Macro-prudential Regulation The Missing Policy Pillar", Brunel University and NIESR London, 2009.

[2] Andrew Crockett, "Marrying the Micro-and Macro-prudential Dimensions of Financial Stability", Basel, Switzerland, 2000.

以确保单个金融机构稳健为目标的微观审慎监管和以维护整个金融体系稳定为目标的宏观审慎监管。相对于微观审慎管理以单个机构为管理对象，宏观审慎管理着眼于防范整个金融体系出现系统性风险的可能性。Claudi Borio（2006）认为，宏观审慎管理是与微观审慎管理相对应的监管手段与方法，主要是将金融系统看作一个整体，分析其与宏观经济的相互联系以及内部的关联状况，通过定量分析等手段检测金融系统的脆弱程度，识别金融风险内在的跨行业、跨机构、跨区域的传递机制，及时捕捉金融体系的顺周期性，并有针对性地采取一定的监管手段进行控制和监管，以实现维护金融稳定的目标。

宏观审慎管理与微观审慎管理最大的区别是直接以整个金融体系的系统性风险为分析对象和管理对象。这类风险主要针对整个金融系统运行失衡的综合表现，是金融机构之间集体行为与个体风险的叠加，更是金融活动导致网络高度关联及结构失调带来风险溢出，进而致使整个金融网络断裂的结果。它可以通过加强微观个体管理得以缓解，但却无法避免。正如Andrew Crockett（2000）提到的那样，如果将金融系统看作一个大的投资组合，宏观审慎管理关注的是整个组合的投资收益与风险，而不是某一单个证券的收益与风险。

二、宏观审慎政策的目标

宏观审慎管理是以整个金融系统为对象，将整体风险视为内生。在这一导向下的系统性风险我们可以从两个维度进行分析，一个是时间维度上的整体状态，另一个则是截面维度上的网络稳定程度。时间维度（time dimension）关注的是整个金融体系的变动，即是将金融系统视为整体，关注系统的运行情况与顺周期性变化等；截面维度（cross-sectional dimension）关注的则是在给定时点上，由于金融机构之间的相互关联和风险共担而形成的金融网络的结构与变化。这两个维度的风险是既相互联系又独立发挥作用的（见图5-1）。

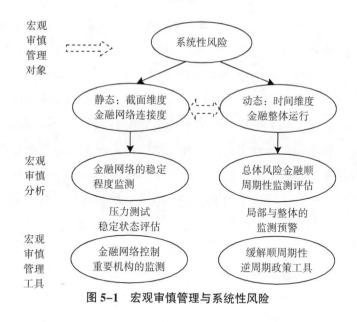

图 5-1　宏观审慎管理与系统性风险

第二节　金融网络结构与宏观审慎政策

本次金融危机并无独特之处，其成因依然是信用的过度延展，资产价格的过度膨胀和市场参与者热情高涨。从南海泡沫到本次次贷危机，这种无节制的行为司空见惯。如同查尔斯·P.金德尔伯格（Charles P.Kindle-berger，2000）描绘的一样，由疯狂、惊恐到崩溃，金融体系又经历了一次循环过程而已。然而，在一些基本的方面，本次危机又的确与众不同，它的规模更大并不连续、更加复杂且机构间相互联系更加密切。对此，英格兰银行金融稳定事务执行董事 Andrew G. Haldane（2009）结合金融网络的复杂性与同质性特点进行了解释。本书将在此基础上，重点讨论金融网络视角对于宏观审慎管理的重要意义。

一、金融网络与金融风险

伴随着金融混业经营的加剧以及金融工具的不断创新，金融体系内个体之间的关联程度不断提高，体系的系统性日益增强。与此同时，金融网络覆盖的范围不断延展，网络内部的关联结构亦趋于复杂。

强大的金融网络将金融体系内所有参与者的风险和收益紧密地联系在一起。这种捆绑一方面通过金融工具的交叉持有使大家的收益具有联动性，另一方面也使金融体系内部的风险得到充分的分散。网络一体化程度的提升，在增强了金融体系价值发现、资金融通等功能的同时，也使每一金融个体面对的风险明显增加。

具体而言，网络的扩展提供了一个帕累托改进的风险再配置。风险将流向那些更有能力承担的人，而且在风险分散的同时网络链条也在不断拉长。在金融网络关系较弱的条件下，机构所承担的风险并不完全重叠。如图 5-2 所示，机构 A 面对风险 1 与风险 2，而机构 B 则面对风险 2 与风险 3。其中风险 1 与风险 3 分别是机构 A 与机构 B 独自面对的风险，风险因素 2 是共同风险。但是当金融网络连接度提高后，机构 A 与机构 B 之间

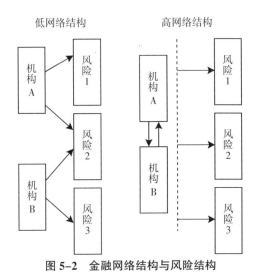

图 5-2 金融网络结构与风险结构

由于金融工具、金融业务等因素联系在一起。即使在不产生新风险的条件下，机构 A、机构 B 两个个体将均会面对所有三个风险因子的影响。

从单个机构看，把鸡蛋放在不同的篮子里是明智之举，但是，从系统作为一个整体来看，鸡蛋的数量越多，篮子就越脆弱，更何况所有篮子可能都提在一个人的手里[①]，就更容易出现系统性问题。同时网络结构的绑定效应越强，个体间的行为同质性会越强，金融体系的顺周期性的影响也会越强，系统性也会增强，风险会被进一步放大。这也同样强化了不同维度上系统性风险的相互影响。

二、金融网络与宏观审慎政策

维护单一机构健康稳健的政策并不一定适用于所有机构。Allen 和 Gale（2000）[②] 的研究已经表明，维护个体稳定并不能保证系统稳定，而且往往个体的理性审慎行为还会对整体产生损害；应该从整个金融体系而不是单个金融机构的角度来看待金融稳定与金融管理。基于前面的分析，应加强对金融网络结构的监测与分析，评估金融网络的结构稳定性，构建金融网络视角下的宏观金融管理。从系统风险形成和系统风险模型角度看，对金融网络的分析和刻画对于有效评估系统风险状况、实施宏观审慎政策具有非常重要的基础性作用。

第三节　金融网络理论模型

开展宏观审慎分析是探索建立宏观审慎管理制度的第一步，作为明确

[①] 本次次贷危机表明，大量金融资产的价格都与房价进行了绑定。

[②] Allen, Franklin and Douglas Gale, "Financial Contagion", *Journal of Political Economy*, Vol. 108, No. 1, 2000, pp. 1–33.

"病因"、采取审慎管理措施的基础，金融网络稳定性分析是其中的重要组成部分。那么究竟如何对不同的金融网络或不同时点上的金融网络结构的稳定性进行刻画呢？国际货币基金组织（IMF）在 2009 年 4 月发布的《全球金融稳定报告》重点介绍了四种评估金融机构关联性的定量模型[①]。沿着关联模型的思路，我们认为，可以通过衡量不同的网络结构在面对冲击时的反应予以实现。网络应对冲击、消化风险的能力越强，则可以认为金融网络越稳定；换言之，若任意冲击给网络带来的影响效果越小，则该网络结构越稳固[②]。基于这种认识，对整个网络稳定程度的评价可以通过个体风险所造成的波及效应的状况得以体现。当然冲击对网络的影响是多维度的，可以主要体现在波及的范围、影响的深度与广度、影响的强度以及整个网络的恢复能力等方面。在接下来的讨论中，我们将主要以银行间的网络为例，在单一截面范围内采用情景分析的方式，对网络的结构与稳定性进行初步的分析。

　　为了刻画银行网络[③]的系统稳定度，本书设想了如果突发性的单个银行或多个银行出现流动性风险，从而引起其他银行出现问题的情景（见图 5-3）。由于金融网络的存在，单个银行即使资产优良，没有任何问题，也有被卷入危机的可能。这种可能性的大小，不同于对单个银行进行的风险分析，而是金融网络中系统性风险的一个度量[④]。

---

① 即网络模型（Network Approach）、CO-RISK 模型、危机依存度矩阵模型（Distress Dependence Matrix）、违约强度模型（Default Intensity Model）。

② 当然，我们还需要考虑金融体系功能的正常发挥。但是即便如此，我们相信那更属于判断哪种网络更优的范畴，关于"双刃剑"的另一个方面我们暂不详述。

③ 在中国，银行体系是整个金融体系的核心，而且无论是资产规模还是业务交易总量均占有绝对的比重。

④ 这种利用银行间风险传染的分析方法，曾在很多研究中被使用，如 Upper 和 Worms（2002）、Simon（2002）、Iman 和 Liedrop（2004）。他们的主要思想是：银行间存在着信贷关联，单个银行的倒闭将导致其他银行资本损失，损失额超过总资本的银行倒闭，并引起新一轮的冲击。本书研究的特点是，第一次利用这种思路对流动性风险进行分析，进而针对支付结算体系的实际情况提出传染的过程。

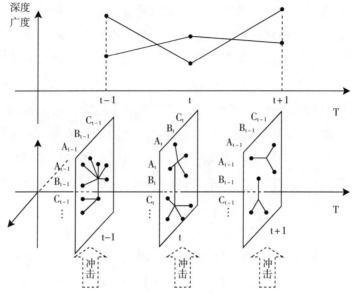

图 5-3　金融网络模型分析思路

一、定义流动性风险

本书中，我们的网络节点为不同的银行机构，连接节点的边为机构间的资金往来。假设我们的银行体系中有 n 个机构，它们之间的资金往来构成一个 n×n 的矩阵，称之为流动性矩阵 M。t 时刻银行间支付结算矩阵 M 如下：

$$M = \begin{bmatrix} M_{1,1} & \cdots & M_{1,j} & \cdots & M_{1,n} \\ \vdots & & & & \vdots \\ M_{i,1} & \cdots & M_{i,j} & \cdots & M_{i,n} \\ \vdots & & & & \vdots \\ M_{n,1} & \cdots & M_{n,j} & \cdots & M_{n,n} \end{bmatrix}$$

其中，元素 M_{ij} 代表一段时间里从机构 i 流入机构 j 的资金量。我们可以定义总流出向量 $\vec{p} = (p_1, \cdots, p_n)$ 如下：

$$p_i = \sum_{j=1}^{n} M_{ij}$$

从定义中可以看出，p_i 代表的是从机构 i 净流出资金总量。与 Einsberg 和 Noe（2001）的研究相似，我们用一个三元变量（$\prod$，$\vec{p}$，$\vec{c}$）来描述银行网络。其中 $\prod$ 是 n × n 矩阵：

$$\prod_{ij} = \frac{M_{ij}}{p_i}$$

$\prod$ 矩阵代表银行机构间资金往来的比重。根据定义，我们知道，$\forall i$，$\sum_{j=1}^{n} \prod_{ij} = 1$，用矩阵的形式写的话，就是 $\prod 1 = 1$，其中 1 代表所有元素为 1 的向量。

第二个变量 $\vec{p}$ 就是前面定义过的总流出向量；最后一个变量 $\vec{c} = (c_1, \cdots, c_n)$ 为资金存量向量，其中每一个 c_i 代表在支付结算体系中机构 i 的备付金头寸。可以看到，（$\prod$，$\vec{p}$，$\vec{c}$）描述的是网络一个静态切面，如果将时间因素引入进来，一个动态银行网络可以用 $(\prod^t, \vec{p}^t, \vec{c}^t)_{t=-\infty}^{+\infty}$ 来表示。在每一个时间点 t 上，我们给出了一个静态切面。很显然，在无外部资金流入网络的前提下，可得到如下关系：

$$c_i^{t+1} = c_i^t + \sum_{j=1}^{n} \prod_{ij}^t p_j^t - p_i^t$$

在这里我们进一步定义本书的流动性危机，即一个银行网络里出现流动性危机指的是在某一时刻 t，至少一个银行机构的备付金头寸小于或等于 0，也就是 $\exists i$，t，使得 $c_i^t < 0$。为不失一般性，我们可以认为当前的时间点是 t = 0，我们所掌握的信息是 $(\prod^t, \vec{p}^t, \vec{c}^t)_{t=-\infty}^{0}$。

二、风险传递机制与均衡支付向量

设定一个银行网络（$\prod$，$\vec{p}$，$\vec{c}$），在没有流动性风险发生的时候，每

个节点 i 的资金总流出为 p_i，资金总流入为 $\sum_{j=1}^{n} \Pi_{ij} p_j$。净流出量小于其备付金头寸 c_i，即：

$$p_i - \sum_{j=1}^{n} \Pi_{ij} p_j \leq c_i$$

如果一个突发事件发生，某个银行发生了流动性危机，我们自然会提出以下的问题：流动性危机的传染路径是怎样的？接下来我们逐步讨论这样的问题。

1. 传递机制

不同于银行破产导致资本的缩水，即使一个银行发生了流动性危机，它的流入资金和备付金头寸依然可以用来支付其流出。

我们用 D 代表发生问题银行的集合，对不在 D 中的节点 i，它依然按照比例矩阵 Π 的比重支付 p_i，对在 D 中的节点 i，我们假设其支付比例不变，但是总量减少为其流入资金量加上备付金头寸。当 D 不是空集时，我们可以看到，D 中节点流出总量的减少带来了其他节点流入总量的减少，可能会导致不在 D 中的节点出现流动性问题，这就是本书所用的传染路径。详细来说，假设第一轮发生问题的银行集合为 D^1，我们定义一个 $n \times n$ 的对角阵 Λ^1：

$\Lambda^1_{ij} = 1$，如果 $i=j$，并且 $i \in D^1$；其他情况下，$\Lambda^1_{ij} = 0$。

我们可以看到，Λ^1 起着一个筛选出 D^1 中节点位置上元素的作用，它乘以任何向量，都将位置不在 D^1 中的元素变成 0。同样地，$I-\Lambda^1$ 有着筛选出不在 D^1 中元素的作用。根据我们所描述的传染路径，$\vec{p}$ 已经不代表流出总量了，我们用 $\vec{p^1}$ 来代表新的流出总量向量，并用 $\vec{p} = \vec{p^0}$ 来代表最初的流出总量向量。对不在 D^1 中的节点 i，$p^1_i = p^0_i$；对在 D^1 中的节点 i 来说，$p^1_i = \sum_{j=1}^{n} \Pi_{ij} p^1_j + c_i$，即总流出等于其存量加上总流入。用矩阵来表示，则有以下的等式：

$$\Lambda^1 \left[\prod \left(\Lambda^1 \vec{p}^1 + (1-\Lambda^1)\vec{p}^0 \right) + \vec{c} \right] + (I-\Lambda^1)\vec{p}^0 = \vec{p}^1$$

一个新的问题出现了，$\vec{p}^1$ 的存在唯一性是否可以得到保证？通过推导可以证明 $\vec{p}^1$ 的存在是唯一的。

在得到了 $\vec{p}^1$ 存在唯一性的基础上，我们得到了一个新的银行网络 $(\prod,\ \vec{p}^1,\ \vec{c})$，由此我们可以构造 D^2 为在此情况下出现流动性问题的银行集合，

$$D^2 = \left\{ i : p_i - \sum_{j=1}^{n} \prod_{ij} p_j > c_i \right\}$$

应用同样的方法，可以求出新的流出总量向量 $\vec{p}^2$。此过程可以一直继续下去，直到没有新的节点进入问题集合。在这里，我们把 $\vec{p}^0$，$\vec{p}^1$，……称为流动性风险传染过程。显而易见，该过程最多只有 n 步，所以此过程最终会停止在一个向量 $\vec{p}^m$ 上。$\vec{p}^m$ 到底代表了什么？它是否有着现实的意义？我们将从另一个角度试图回答这个问题。

2. 平衡支付向量

在银行网络 $(\prod,\ \vec{p},\ \vec{c})$ 中，我们定义一个平衡支付向量 p^*，表示系统达到平衡时，网络中每一个节点的资金总流出。具体说，一个平衡支付向量需要满足以下三个条件：①偿还能力限制：每一节点的净流出小于其备付金头寸；②收支的持续性：在一个节点没有发生流动性危机时，对外的收支正常进行；③等比例支付性：如果一个节点发生流动性危机，它对外的支出总量减少，但维持比例不变。

从数学上来表示则为：一个平衡支付向量 p^* 满足：

$$\forall i,\ p_i^* = \min\left(p_i,\ \sum_{j=1}^{n} \prod_{ij} p_j^* + c_i \right)$$

在银行网络没有任何流动性风险时，我们看到 $\vec{p}$ 本身就是一个平衡支付向量。但是如果一个突发事件发生，某个银行发生了流动性危机，此时向量 $\vec{p}$ 不再符合平衡支付向量的条件，同样我们也面临着以下问题，即平

衡支付向量是否存在？如果存在，是否唯一？幸运的是，以上问题的答案都是肯定的，而且可以证明，流动性风险传染过程的最终向量 $\vec{p}^{m}$ 就是该系统平衡支付向量 p^*。

第四节　基于支付结算信息的实证

一、数据来源与说明

本章的数据源于中国人民银行的支付系统银行间支付数据。其中包括：银行间大额支付结算数据、银行间小额支付结算数据、银行间支票影像系统交易数据。具体数据结构分为两部分，一部分是从 2007 年 5 月至 2009 年 12 月共 32 个月份的支付系统资金流量流向月报表，另一部分是从 2007 年 5 月至 2009 年 12 月每月末的机构清算账户余额统计表。需要说明的是，各银行在支付系统中支付清算账户的头寸包括法定存款准备金[①]与银行备付金。

纳入统计的银行机构涵盖了所有加入人民银行支付结算体系的各种类别的银行。具体包括：3 家政策性银行、4 家国有银行、多家股份制银行、城市商业银行、农村信用社、农村商业银行、邮政储蓄银行以及多家外资银行。值得一提的是，根据是否将同类的机构合并，所有的资金流向报表和清算账户余额统计表都可以进行细化。例如，城市商业银行实际上可以划分为 111 家参与主体，农村信用社也可以细化到 42 家参与主体[②]。

[①] 1995 年以后，人民银行取消超额存款准备金比例限制，采用单一的法定存款准备金进行管理，同时规定发行存款准备金可以用于支付结算。

[②] 由于我们的数据来源是支付结算体系，因此参与主体也以加入支付结算系统的节点为准。就中国银行网络的现状来看，我们的讨论已经涵盖了绝大部分的参与者。

二、银行间网络结构的描述

在进一步分析之前，我们对数据进行了初步的描述。主要体现在两个方面：

第一，从网络涵盖的机构数量来看，从 2007 年 5 月至 2009 年 12 月，银行网络中的机构数量[①]并非一成不变。在此期间不断有新的机构加入支付结算体系，从而扩充了网络。尽管节点数量一直是稳步上升，但银行间支付交易的主要参与者基本稳定，如 4 家国有商业银行、3 家政策性银行、21 家股份制商业银行（包括城市商业银行与农村商业银行）一直身在其中，变化的均是相对规模较小的外资银行。因此，在机构行为不发生明显变化的前提下，对不同时期的银行网络进行对比是可行的（见图 5-4）。

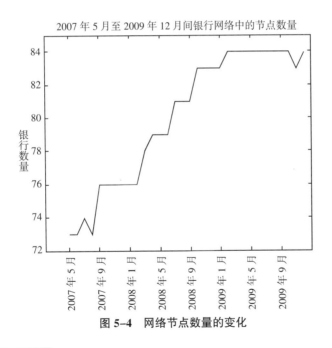

图 5-4 网络节点数量的变化

---

① 这里纳入我国银行网络的主体是人民银行支付结算监督系统下的一级目录，其中所有城市商业银行是合并为一个节点存在的，农村信用社也是作为一个节点存在的。

第二，从资金来往的时间变化情况分析，各个银行之间资金往来量有着一个很小的上升趋势。这一点我们可以从资金往来总量的走势图中看出来（见图 5-5）。如果对时间做回归，我们得到其时间项的系数大约为 3.7，对应的 p-value 大约为 0.00004，远远小于 1% 的显著标准。对两银行间的资金往来进行观察，也可以得到相似的结论，即银行间交易资金的往来随着时间的增长有一个显著的正的增长。这一点与近年来我国金融市场的快速发展和完善是相吻合的。

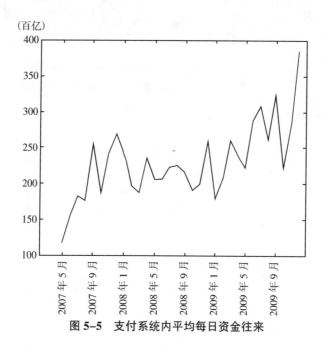

（百亿）

图 5-5　支付系统内平均每日资金往来

同样，若除去时间项的系数后，我们可以进一步得到资金往来的上下波动分布情况（见图 5-6）。

从图 5-6 可以看出，这种波动不是一个正态分布，相反，它有着尖峰肥尾性和不对称性，一个非对称的 t 分布应该是一个更好的近似。由于本书的重点不在利用现有的数据对未来进行预测，在此我们对时间性质暂不做进一步展开。

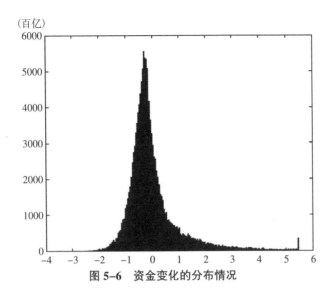

图 5-6 资金变化的分布情况

三、金融机构关联程度实证

在前面章节所描述的理论框架下，接下来我们将针对不同时点的银行网络数据开展情景模拟分析，以测试和描述银行网络的稳定状况。具体而言，我们假设由于某些突发因素，一个或多个银行出现流动性问题，从而造成金融网络中流动性风险的扩散与传染。在给定的传染路径下，许多一开始并没有出现在问题集合中的银行也有可能发生流动性危机。从整个网络稳定性评价出发，本书构造了用以衡量冲击影响的两个指标，即冲击破坏的广度与破坏的深度。冲击破坏的广度等于受波及的平均节点数量的占比；破坏的深度等于传染路径的平均波数。具体而言：

$$B = \frac{1}{n} \sum_{i=1}^{n} b_i \qquad D = \frac{1}{n} \sum_{j=1}^{n} d_j$$

其中，B 与 D 分别为冲击波及网络的广度与深度。这两个指标可以反映两个问题：一是衡量整个银行网络在任一时间切面的稳定性和联系度；二是有能力刻画初始问题集在网络中的地位和重要性。

1. 网络稳定性分析

首先来分析第一问题。对任意时间切面，由于情景分析既可以用于单个因素诱导下的传染分析，又可讨论多个冲击共同诱导下的传染情况，因此，可以构建很多个指标用来衡量网络的稳定度和联系度。这里，我们选取两种情况下的广度与深度指标，通过它们分析网络稳定状况随时间的变化情况。

第一种情景：初始问题集为单一元素集时，在我们描述的传染路径下，可以计算平均波及的机构数目 B_1 和传染的深度 D_1。图 5-7 给出了这两个稳定性指标的变化趋势。需要注意的是，B_1 和 D_1 的数值越大，说明网络的稳定性越差，系统性风险也越大。

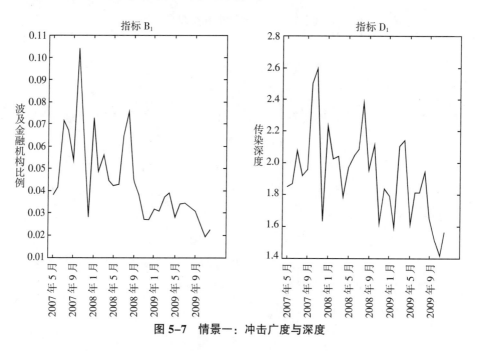

图 5-7　情景一：冲击广度与深度

由图 5-7 可以看出，B_1 和 D_1 的走势总体相近，且均表现出明显的下行趋势。其中 2008 年 5~8 月的变化特点与全球金融危机的发酵酝酿阶段相吻合。这表明，该时期我国金融网络的稳定性较弱。同样值得关注的是，网络系统的稳定性在 2008 年 9 月以后明显增强。这表明，本次金融危机对我国而言更多的是一个外生性的问题。2008 年 9 月危机正式爆发后，我国政府及时调整相应的宏观政策，稳定了经济。加之各大银行开始意识到风险的扩散效应，并及时调整策略，才使整个金融网络的稳定性得到显著提高，系统性风险水平出现明显下降。

第二种情景：初始问题集为两个因素的情况。在我们的传染机制下，可以分别计算新的平均波及的机构数目即广度指标 B_2 和传染的深度指标 D_2，分别代表当初始问题集为两个因素时，平均波及机构数量和传递的波数。具体情况如图 5-8 所示：

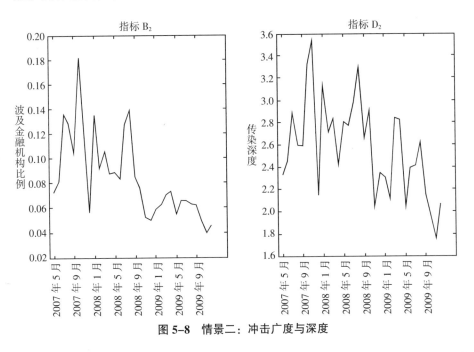

图 5-8 情景二：冲击广度与深度

对比四个指标，可以发现其时间趋势的相似之处，也进一步验证了我们对网络系统稳定度变化的判断以及对危机期间国内情况与政府政策效果的解读。

2. 网络结构分析

我们接着来讨论第二个问题，应用情景模拟的方法来探索网络的结构。之所以希望了解网络结构，主要的原因有两点：

其一，银行间的网络是一个强连通的网络，节点是一个个机构，连接代表着它们之间的资金往来。虽然不存在绝对的孤立点或孤立子集，但是根据联系的强弱，各个节点在网络中所起的作用是不同的。例如，图5-9中的两个网络在结构上是显然不同的，即使它们的平均稳定性指标相近，对于管理机构来说，管理的目标和手段一定是大不相同的。

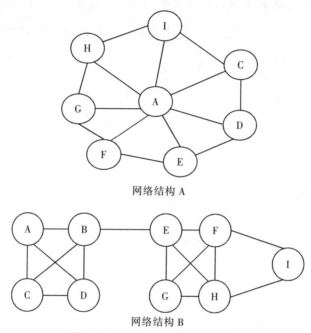

网络结构 A

网络结构 B

图5-9 网络结构A和网络结构B

其二，宏观审慎管理本来就是针对整个系统，而网络的结构恰恰是这个系统最核心的性质。不了解网络的结构，所谓的宏观审慎管理就无从谈起。当然，网络的结构也并非一成不变，随着时间的变化，它也会起着一定的变化。但是，我们相信，系统结构的变化是一个相对缓慢的过程，在短期内（比如说一年），它有着一定的稳定性和固定性。由此，我们可以选择一个时间切面来剖析中国银行金融网络，看看它的结构特点是什么。

在这里，我们选取了2009年6月这一时点进行分析。考虑到数据有不同的版本，有些节点实际上是一个子网络的集合。从粗略的版本（只有很少的几个节点）到详细的版本，逐步细化的过程就是一个将某些节点展开成子网络的过程。当然，不同细化程度的网络对应着不同的结构。在此，我们对两个不同细化程度的网络进行分析，一个包括 4 家国有商业银行、3 家政策性银行、18 家股份制商业银行（城市商业银行与农村商业银行为单个节点）、2 家信用合作社（农村信用合作社和城市信用合作社为单个节点）、1 家邮政储蓄银行、56 家外资银行，共 84 家机构（下面简称第一个网络）；另一个将农村信用合作社展开为 42 家单独列项的参与机构，所以共有 126 个节点（下面简称为第二个网络）。

第一个网络：

由于篇幅所限，在这里，我们仅以某大型国有商业银行为例，说明单一问题集冲击条件下的风险扩散过程的大体情况（见图 5–10）。

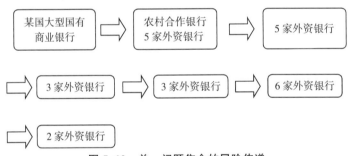

图 5–10 单一问题集合的风险传递

总体而言，从流动性风险的传递情况看，当大型国有银行分别发出流动性冲击时，平均会有 25 家银行受到不同程度的波及，机构平均占比接近 30%。除农村合作银行外，其他受波及的节点均为外资银行。然而当四大国有银行同时作为问题集合时，波及将延续 6 轮，总波及机构数量比例高达 60%，涉及资金比例达到 76%，涉及机构包括 2 家政策性银行、9 家股份制银行、农村信用社和多家外资银行等。这说明，大型国有银行在网络中起着重要的作用，占据着网络核心地位，其中任何一个出现风险，整个网络都会受到严重影响。

当政策性银行发出流动性风险冲击时，波及最高延续 3 轮，总波及机构数量为 5 家，影响资金占比超过 4%，并且影响机构均为外资银行。但少数国有银行及股份制银行发生流动性冲击时，个别政策性银行会受到一定程度的影响。这表明，尽管政策性银行整体在网络中的影响力较弱，但其并不孤立。

当股份制商业银行发出流动性风险冲击时，危机将延续 5 波，总波及机构数量比例达 50%，涉及资金比率达到 34%，并且涉及的机构主要为外资银行。可以看出，股份制银行联系广泛，但是其网络影响力远不及四大国有银行。

邮政储蓄银行的资产规模高达 2.4 万亿[①]，从规模上看不可忽视。如果将邮储作为问题子集，则危机将延续 2 波，总波及机构数量为 2 个，涉及资金比率仅为 1%。同样，无论以任何子集作为问题集合，对邮储都毫无影响，表明其在银行网络中实际近似于一个孤立点。

当农村信用合作社作为整体发出流动性冲击时，整个网络产生的影响仅有 2 轮，影响机构占比为 4%，涉及的资金比率为 6%，而且只有当国有银行作为问题子集时，农村信用社才会受到波及。由此可见，农村信用合作社作为一个子集在网络中的地位还是比较孤立的。

整体来看，除四大国有商业银行外，其他任何单一或多家金融机构发出冲击对金融网络几乎都不会产生极端的影响。

第二个网络：

对于第二个网络，当将 42 家农村信用社分别看作独立的网络节点的时候，其总体具有以下特征：其一，农村信用社内部的联系非常紧密；其二，如果将农村信用社看成 42 个节点，它们受波及的可能性大大增加；其三，如果将某些农村信用社作为初始问题集，会有数十家的农村信用社会受到波及，并且波及的深度可以到达 5~6 轮。以上网络特点表明，农村信用社的局部网络抱团性质非常显著。

———————

① 此处为 2009 年 6 月数据。

第五节　本章小结

防范金融风险一直非常重要，但在不同的条件下，面对不同的金融风险，如何防范则是一个复杂的系统工程。这其中不仅涉及了金融风险的识别、监测及预警等许多理论难题，而且也受一国经济发展水平及金融监管制度安排等诸多现实约束。本书由宏观审慎的内涵出发，提出了以金融网络为视角推进宏观审慎管理的研究思路，通过理论与实证的分析得到了以下几点结论：

第一，进一步明确了宏观审慎管理的目标，重点辨析了时间维度与截面维度上系统性风险的内涵、相互关系及其对宏观审慎分析的意义，并提出了以金融网络分析为视角衡量系统性风险、开展宏观审慎分析的新思路。

第二，理论上，构建了符合我国银行间网络结构特点的金融网络模型，分析了银行间网络的稳定条件，并进一步证明了银行间网络稳定状态的存在性与唯一性，提出了对任意时点上的网络稳定性展开冲击测试，实现了对银行间网络稳定性的多维度评估。

第三，实证上，首次利用银行间支付结算数据进行了网络模型实证分析，并对中国银行网络的结构特点进行了多维度描述。网络分析的实证结果表明，从网络稳定性的动态变化情况看，本次国际金融危机爆发后，我国的宏观调控政策对于提高国内金融网络自身的稳定性具有比较显著的效果，而且仍在持续。从网络结构分析来看，我国的银行间市场表现出了明显的重要节点与局部团状共存的结构特征，其稳定性表现出一定范围内的均衡。

第四，应用上，网络模型使我们能够从数量上把握金融网络稳定性的变化，全面地了解和分析金融网络的结构特征与风险传递机制，更有利于及时捕捉具有系统性影响能力的重要机构的风险传递变化状况。同时从政策上，网络模型使我们能够采用网络评估、网络管理、网络重构等方式对金融网络的稳定性进行动态的管理与调整，并为进一步宏观审慎管理政策工具的推出提供了理论支撑。

第六章 金融机构的系统重要性分析

依据国际经验①，若某一金融机构的倒闭或危机将会损害整个金融系统，并可能造成体系内出现大范围的运行困难，并且最终影响了金融系统提供金融服务的能力，则无论这种效应是由该机构的直接影响导致的，还是由其引发的传染效应带来的，我们均可以认定该机构为系统重要性金融机构（SIFIs）。按影响范围的不同，系统重要性金融机构又可被进一步细分为全球系统重要性金融机构（G-SIFIs）和本国系统重要性金融机构（D-SIFIs）两类。

本次危机的演变历程表明，金融机构间的相互关联性在系统风险的形成、累积与扩散过程中均起到了重要的助推作用。尤其是那些"大而不能倒"的、对系统具有重要影响力的金融机构，由于其具有规模大、网络关联性强、业务复杂、涉及面广以及功能不可替代等特点，使得其单一机构的风险会迅速通过各种渠道影响到其他机构，并进而危及整个金融体系及经济体系的稳定与安全。正因如此，在宏观审慎政策的构架下，防范系统风险，加强对系统重要性金融机构的识别与监管，解决"大而不能倒"等问题便成为了本轮金融监管体系改革的重要组成部分。

分析这一问题的本质，"大而不能倒"②类风险的出现是金融机构行为

---

① 这一经验认知来自于 IMF 及 FSB 等国际组织在 G20 为主的 30 多个国家和地区范围内开展的一次针对"系统重要性"问题的调查。具体见：IMF, BIS and FSB, "Guidance to Assess the Systemic Importance of Financial Institutions, Markets and Institutions: Initial Considerations", Report to the G-20 Finance Ministers and Central Bank Governors, 2009, pp.1-27.

② 从金融网络的视角出发，网络中的每一个节点都具有系统重要性，只是程度有所不同。若某一机构的个体风险有能力对整个系统的风险产生较大影响，甚至形成系统风险事件时，则该机构应该属于"大而不能倒"类金融机构了。由此可以认为，一般而言，"大而不能倒"一定是系统重要的，而系统重要性金融机构却不一定都达到"大而不能倒"的程度。

的"外部效应"的集中体现。历史经验表明，金融机构的行为存在着负向外部效应，即在其他条件不变的情况下，一家银行可以通过扩大其资产负债的比率来增加利润，但这将加大银行流动性风险和资本补偿风险。一旦出现危机，银行资本无力承担全部风险，而是由整个金融体系乃至整个社会经济体系来承担，这一点即为传统金融监管理论的出发点与关注重点之一。然而，金融机构的"外部效应"还不仅如此。随着现代金融体系的发展，金融机构之间的关联度不断上升，金融网络效应亦不断增强。这使得在整个金融网络内，每一家机构都天然地在为整个体系的系统性风险做出自己的"贡献"①。具体表现为，单一个体可能并未出现危机，但由于机构间关联程度的提高，其个体风险会迅速通过资产负债连接、市场预期变化、交易行为改变等多种方式影响到其他机构乃至整个经济体系，并最终形成或增大了系统风险。每个机构对系统风险的"贡献"能力都是不同的，而且在不断变化。反映在"大而不能倒"类金融机构身上，其影响力就近乎等同于出现了系统风险事件，而且由其"外部效应"产生的系统损失成本也非常大。

按照福利经济学的观点，外部效应可以通过征收"庇古税"的方式进行补偿和控制，这就要求我们的金融监管与金融宏观调控政策有能力在不损伤效率的条件下，对这样的"外部性"进行调节，而在政策应对力度与方式上，也能够根据对"系统风险贡献"的变化进行有差别的调整。然而，无论是对造成全部损失的估计，还是对系统风险贡献的衡量均需要从整个金融系统的角度出发进行分析。然而这恰恰是传统的，以维护存款人和公众利益，确保单一个体稳健性为目标的微观监管所不能完全实现的。因此，应从"自上而下"的角度对系统风险进行度量和分配，以此识别系统重要性金融机构，并对其系统重要性程度进行量化分析，这对于建立差别化的审慎政策工具具有重要的理论意义与现实意义。

---

① 即为机构行为产生的一种"外部性"，所谓"系统重要性"也是针对机构对"系统风险"贡献的程度而言的。这种外部性对全系统而言，可能带来正效应，也可能产生负面影响。

沿着这样的思路展开，本章将在已有金融网络模型[①]的基础上，首先尝试将金融网络结构因素纳入对系统风险[②]的度量中，并在宏观审慎政策的目标导向下，构建"系统风险曲线"，对网络条件下的系统风险进行重新衡量。其次，我们从理论上将单一金融机构对整个系统的影响区分为"直接贡献"与"间接参与"两部分，并分别利用网络模型测算出"冲击损失"与网络合作博弈中的"夏普利值"(Shapley Value)，反映两种效应所造成的全系统损失。再次，在金融网络模型的基础上，本书将结合我国2007~2010年的银行间支付结算数据，描述我国金融网络结构，并通过数值模拟的方法，对国内主要银行的系统重要性水平开展综合评测，同时给出系统重要性水平值，并在理论模型与实证结论下，进一步分析"截面维度"上影响机构系统重要性水平的各种因素及其对宏观审慎政策工具的设计、选用的影响，从而得到结论。最后，我们将结合银行间支付结算数据，对我国金融网络的稳定状况进行描述和分析。

第一节　现有相关讨论

　　已有关于金融机构系统重要性问题的研究主要是在宏观审慎政策框架的范畴内逐步展开的，其关注的焦点也大多集中于对系统重要性金融机构的识别与认定方面，只是在理论研究和具体实践上还存在着一定的区别。从理论研究方面看，现有的讨论大部分是沿着如何评价单一机构对系统风险的贡献程度这一思路进行的，其差别也主要体现在系统风险的衡量及分配方式上。

[①] 参见黄聪和贾彦东（2010）对金融网络模型的讨论中对网络内金融风险传递机制的设定和解释。
[②] 全书中我们对"系统风险"（System Risk）及"系统性风险"（Systematic Risk）进行了区分。前者指的是整个金融体系出现系统性问题，即整个体系全部或部分丧失功能的风险；而后者则主要指金融机构或金融市场所面对的，无法进行分散的一般性风险。

一、基于 CoVAR 的分析

Adrian 和 Brunnermeier（2009）提出应用 CoVaR 的方式去测算金融机构的系统重要性程度，即计算在特定金融机构存在风险压力条件下整个金融系统的在险值（CoVaR），并将 CoVaR 与正常条件下整个金融系统 VaR（风险价值）的差，作为对应金融机构对整体系统风险的边际贡献，并以此反映每家机构的系统重要性水平。这种测算方式的关键在于对系统杠杆率的高低、资产规模的大小及久期匹配情况进行了反映。Tarashev（2010）则认为，CoVaR 方式的一个主要问题是其不具备可加性，即从某种意义而言，单个机构的系统贡献加总不等于系统风险的总测度。Buiter（2009）则指出，CoVaR 测度是使用相关性分析来反映风险的外溢效应，两者并不等同。风险外溢暗含着因果关系，而相关性并不等同于因果性。此外，CoVaR 测度如同风险价值（VaR）衡量一样，危机期与非危机期的表现存在很大差异，而且 CoVaR 仍然是一个直接风险的衡量手段，很难考量间接影响效果。

同时，Segoviano 和 Goodhart's（2009）则提出了另一种测量单一机构系统性影响的方法，即在特定银行倒闭条件下，计算其他银行倒闭的条件概率。Zhou（2010）将这一测度扩展到了多元情形，并提出了"系统性重要性指数"。他计算了在给定银行倒闭的情况下银行系统倒闭数量的期望值，并以此作为机构的系统影响力测度。同样，他也给出了一个相反测度，即在给定其他至少有一个银行倒闭的情况下，特定银行倒闭的概率，并称之为"脆弱性指数"。

此外，Zhu（2009）构建了以市场为基础的系统性风险指标，定义当金融系统整体困境时为责任损失提供一个假设性保护的保险。Zhu（2009）还在此基础上提出了与 CoVaR 或"脆弱性指标"相似的一种方式，并在银行层次上对单一机构的系统性风险贡献进行分配。具体而言，Zhu（2009）将"系统保费"定义为当整个银行系统处于困境的条件下一家特定银行遭受的损失。同夏普利值的方法一样，它具有加总性（即单个银行的系统性风险贡献可加总为系统性风险）。不同于 CoVaR 及"脆弱性指数"等方法的区别在于，Zhu（2009）采用的方法在模拟的过程中将资产规模及单一个体的违约风险也考虑其中了。

二、复杂系统方法

还有一类近年来备受关注的方法，即将金融系统建模为一个复杂系统。这些研究主要关注于系统复杂度、互联性、非线性、多样性和不确定性（Hommes，2006，2008，2009；Hommes and Wagener，2009；LeBaron and Tesfatsion，2008），而且这些模型都是基于有限理性异质性代理人，并且其学习过程影响系统的整体动态过程。

此外，有一些研究在分析金融系统时将其视作一个机构的复杂动态网络，例如，Lelyveld 和 Liedorp（2006）通过估计双边和国外暴露的实际程度及网络的实际结构来研究荷兰银行间同业拆借市场的传染风险。Gai 和 Kapadia（2008）、Nier 等（2008）构建人工同质银行网络，分析了特质冲击对网络适应能力的影响。两方的研究均发现净值和网络联系就蔓延过程的非线性影响（一家银行借给另一家银行的概率）。这些结果说明金融系统具有 robust-yet-fragile（稳健但脆弱）倾向，比如更大规模的冲击潜在联系可以降低传染的可能性。

三、直接与间接贡献法

另一个最为重要的方式是自上而下的"贡献法"。此类研究是从整体系统风险的测度开始的，之后识别每个单一机构对系统风险的贡献（Tarashev et al.，2009），并以此设计相应政策工具，以校正和阻止源于这些机构的系统性危机的爆发（Huang et al.，2009）。Acharya 等（2009）考虑了整个金融部门的"外部性"影响，将极端情况下的系统损失作为系统风险的衡量标准，衡量了单一机构的边际成本，并分析了资产规模、风险头寸等因素对边际成本的影响。Drehmann 和 Tarashev（2011）进一步将金融网络结构中的机构对系统风险的贡献分为直接贡献与间接贡献两类，使用"Shapley Value"的方式进行了理论上的计算与分析，并对相关的宏观审慎工具设计与运用进行了讨论。

此外，Gauthier 等（2010）使用加拿大银行系统的单个银行的贷款规模、风险暴露以及包括 OTC 等场外交易衍生工具在内的银行间关联数据，比较了几种不同的系统风险分配方法的效果，具体做法上则考虑了一旦银行资本需求发生变化之后整体风险及每家银行风险贡献的变化。Gauthier 等（2010）对比的五种不同的方法包括了成分 VaR、增量 VaR、两种方式的 Shapley Value 以及 CoVaRs。他们发现，从观察到的资本水平来看，宏观审慎资本分配的差异可高达 50%。他们还发现，建立在这五种风险分配机制上的宏观审慎资本缓冲措施，在改善金融稳定方面均得到了类似的结果，只是在程度和效率方面存在差别。

除单一衡量与识别金融机构的系统重要性以外，部分学者亦从机制角度试图理解金融网络条件下的金融机构行为，Allen（2010）、Allen 和 Babus（2008）等将对银行的行为分析放在了不同的金融网络结构中进行了讨论，发现不同的网络结构与不同的银行行为模式及不同的资产负债约束条件之间存在着较强的相互影响。他们的研究为进一步的理论机制分析奠定了重要的基石。

四、政策实践中的识别方法

从金融改革的实践来看，面对系统重要性金融机构的挑战，各国政府及国际组织对于如何识别与监管系统重要性金融机构方面均进行了积极的尝试，但其思路上则大多采用多指标综合评价类的方法。

FSB、IMF 和 BIS（2009）在 G20 的框架内开展了多次针对金融机构、金融市场与金融工具的系统重要性的研究。在对 30 多个主要国家关于

"系统重要性"的识别及分析技术进行汇总比较后，他们提出了从规模（Size）、可替代性（Substitutability）和关联性（Interconnectedness）三个方面对机构、市场及工具具有的系统重要性进行评估的建议。GHOS（2011）[①]关于全球系统重要性金融机构的认定上则进一步明确了资产规模、关联性、不可替代性、全球业务的复杂程度几个方面的评价标准。美国 2010年 7 月通过的金融监管改革法案中，采用了专家投票的方式对系统重要性金融机构进行认定。评判过程中考虑的因素则主要包括了金融机构规模、交易对手总的债务暴露程度、与其他金融机构之间的相互依赖关系或相互影响程度等[②]。巴塞尔银行监管委员会（BCBS）在公布的 Basel Ⅲ 中也明确了宏观审慎的框架下，加强系统重要性银行监管的目标。方法上，BCBS（2010）提出了两种评估银行系统重要性水平的技术方法：连续排序评估法与接替评估法。思路是依据总资产、银行间资产和银行间负债三项指标或其在整个系统中的占比，赋予相同权重，计算出反映不同银行对应的系统重要性水平的分值，进而得到各家银行系统重要性水平的连续排序。利用排序结果，可以进行聚类分析，进而将银行按系统重要性程度分为若干个类别（或阶梯）。不同的阶梯水平，银行对应的系统重要性程度也不相同。BCBS（2011）公布了关于评估全球系统重要性银行的评估方法与风险吸收能力的额外要求，采用多指标综合评价的方法，确定以资产规模、跨区域活动能力、关联度、可替代性以及复杂程度五个标准对全球系统重要性银行进行识别和评价的模式。

综上所述，关于金融网络条件下金融机构行为的研究尚不充足，从理论上对单一机构的全系统影响机制进行深入分析还缺乏足够的理论支持。当前的研究与进展也主要集中于统计意义上对系统重要性的衡量，具体表现出以下特点：一是对系统风险的衡量缺乏新的考虑，传统度量方式亦无

---

① GHOS, "Measures for Global Systemically Important Banks Agreed by the Group of Governors and Heads of Supervision", 2011.
② 即：若金融稳定监督委员会（FSOC）中 2/3 以上的成员投票赞成，并经过委员会主席确认，则可以认定该金融机构或其活动具有系统重要性。

法考虑机构之间的关联性及金融网络效应的影响；二是众多风险分配方式缺乏理论依据，无法对影响系统重要性的因素进行判断与分析；三是对系统风险分配的效果欠缺足够的实证检验，对审慎与效率的平衡关系及宏观审慎政策工具的有效性缺乏准确分析。

第二节　系统风险度量："系统风险曲线"

沿着现有研究的基本思路，若对金融体系内单一个体的"系统重要性"进行确认，首先应衡量整体的系统风险。当前研究中大多使用 VaR、CoVaR 及 ES[①] 等方式度量系统风险的大小，然而这几种方式在反映机构关联性以及风险外溢方面存在明显不足。在此，本书将由金融网络视角出发，在宏观审慎的目标下，讨论如何将网络结构纳入系统风险的度量中，并引出"系统风险曲线"的概念。

作为宏观审慎政策的调控目标，系统风险的概念再次成为理论与实践讨论的焦点。新的政策要求对系统风险有新的理解。宏观审慎政策将金融体系视作一个整体，目的是维护整个系统的安全与稳定。

一、宏观审慎政策目标下的系统风险

按照一般定义，系统风险[②] 指的是整个金融体系部分或完全丧失功能的可能性。它通常具体表现为金融系统受外部共同冲击（Common Shock）或内部传染效应（Contagion Process）的影响而出现的金融机构大面积倒闭的状态（时间维度与截面维度）。通过图 6-1，我们可以更好地理解这一

---

① ES 即 Excepted Shortfall。

② Kaufman George G., Scott Kenneth E., "What is Systemic Risk, and Do Bank Regulators Retard or Contribute to It"? *Independent Review*, Vol. 7, No. 3, 2003, pp. 371-391.

概念。

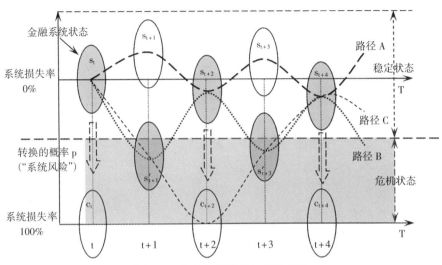

图 6-1 系统运行路径与系统风险

如图 6-1 所示，随着时间的推移，金融系统的稳定状态也在不断变化，而且其可能的运行路径也有很多种。若用"系统损失的程度"作为反映整个系统"功能丧失"情况的指标，则系统损失率越高，系统功能受损的情况就越严重，系统风险也越大。当系统损失率达到 100% 时，则表明系统完全无法发挥应有的功能，处于"完全危机状态"。由此可以认为，在任意时间点上，整个金融系统都存在着丧失全部或部分功能的可能性，只是其程度各不相同。

具体而言，在 t 时刻，整个金融系统的状态是 s_t，其系统损失率为 0%，系统处于"稳定状态"，而与其对应的"完全危机状态"为 c_t，其系统损失率为 100%（见图 6-1）。尽管在 t 时刻，金融体系由 s_t 转变为 c_t 的可能性很低，但其概率仍然是存在的。我们将这种转变的概率，又可称为整个金融体系无法发挥功能的可能性，定义为"t 时刻的系统风险"，并用 p_t 表示，即：

$$p_t = p(s_t \rightarrow c_t | \theta_t)$$

其中，θ_t 包含 t 时刻及 t 时刻以前的信息。

系统风险的变化与全系统的损失水平是正向相关的，我们可进一步用 $loss_t$ 表示系统的损失率，用 X_t 表示所有其他因素，则可以得到：

$$p_t = p\left(s_t \rightarrow c_t \mid \theta_t\right) = f(loss_t, \ X_t)$$

函数 $f(\cdot)$ 对 $loss_t$ 的偏导数在一定的范围内是大于零的，且 $loss_t$ 为影响 p_t 的主要因素。为了进一步分析的便利性，我们将 $loss_t$ 的变化作为对系统风险 p_t 的替代。此处，本书使用了连续的变量 $loss_t$ 对系统风险进行了衡量。在任意给定的临界水平下，我们随时可以将对应损失或概率转换为金融"稳定"或是"危机"离散变量。

二、网络条件下的系统风险

引发系统风险的因素很多，诱发机制也很复杂。按现有研究，系统风险主要来源于两个方面：一是金融体系外的冲击所导致的全系统波动与系统功能的损失，如经济周期波动的影响等；二是由单一机构或某一类机构自身的风险诱发传染效应，进而引起风险扩散与整个系统功能的丧失。这两种系统风险的诱因本质上分别体现了金融体系抗外部风险的"韧性"以及整个体系的网络结构稳定性两个方面的内容。另外，两者在诱发系统风险的过程中，体现出了相互诱发、相互放大、共同作用的特点。

结合我们对系统风险的描述，考虑系统风险诱因后，系统风险可表示为：

$$p_t \approx loss_t = G\left(common-shock_t, \ contagion-shock_t, \ X_t\right)$$

其中：$common-shock_t$ 与 $contagion-shock_t$ 分别表示外部的共同冲击与内部的传染性诱因，X_t 表示其他所有因素。

共同冲击来源于系统外部风险，如经济周期的变化、资产价格的波动等因素均可以成为诱发金融系统风险的外部诱因（Herring and Wachter，2001；Reinhart and Rogoff，2009）。本次国际金融危机中，房地产价格大幅下跌成为影响金融体系的共同冲击。传染效应引发的系统风险则来源于金融系统内部。在金融网络内，单一金融机构行为会通过机构间关联关系对其他机构产生影响，造成的系统损失也会被放大，这种"外部效应"不仅导致微观个体稳定和总体稳定之间的矛盾，更是系统重要性机构研究需要解决的重点问题。在不考虑外部共同冲击诱因的情况下，金融网络条件下的系统风险则可表示为：

$$loss_t = g(contagion - shock_t, \; x_t)$$

三、系统风险曲线

基于以上分析，在任意时点上，对应不同的传染诱因冲击便可以得到对应的系统损失率水平。若我们能够穷尽某一时点上传染效应的全部冲击，则可以得到一条冲击强度与系统损失率关系的曲线（见图6-2）。

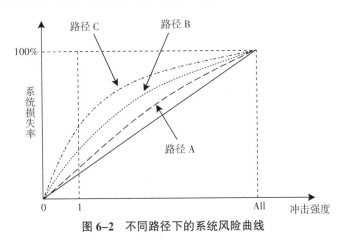

图6-2　不同路径下的系统风险曲线

如图6-2所示，曲线的横坐标描述了冲击的强度变化，而纵坐标表示了系统的损失率。随着冲击强度的增加，系统的损失率也不断提高。图6-2中描述了不同路径下的"系统风险曲线"。由此，系统风险描述方程可以简化，其系统风险曲线方程为：

$$loss_{n,t} = g(contagion - shock_{n,t})$$

在这里我们使用黄聪和贾彦东（2010）构建的金融网络模型中关于金

融网络风险的传递机制，计算网络面对不同程度冲击时的系统损失率，即 g(·)为金融网络模型中流动性风险传递机制。

$$\text{contagion} - \text{shock}_{n,t} \xrightarrow{p_{i,t} - \sum_{j=1}^{n} \Pi_{ij} p_j \leq c_i | (\Pi, \vec{p}, \vec{c}, t, n)} \text{loss}_{n,t}$$

其中，$(\Pi, \vec{p}, \vec{c}, t, n)$为 t 时刻，由 n 家银行构成的，支付向量为$\vec{p}$，现金头寸向量为$\vec{c}$的金融网络。$p_{i,t} - \sum_{j=1}^{n} \Pi_{ij} p_j \leq c_i$ 为网络内的流动性风险传递机制。

曲线描述了随着违约机构数量的增加，系统总损失率不断上升的过程。在网络内全部机构均违约的条件下，则系统完全损失。不同的金融网络结构对应着不同的曲线，而且在任意时点上，我们均用一条曲线描述系统风险，本书称这条曲线为"系统风险曲线[①]"。

在这里，系统风险曲线上的每一点都对应不同的冲击水平，也就是不同的银行倒闭数量。从风险分布的角度看，系统风险曲线上的每一点均处于金融系统风险分布的尾部。图 6-3 给出了系统状态变化的三种不同路径，即路径 A、路径 B 与路径 C。

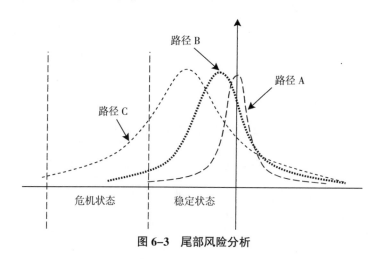

图 6-3　尾部风险分析

---

① 这种度量系统风险的思路与描述债券的"债券收益率曲线"的模式相似。

在路径 A 上，金融系统的运行始终处于稳定状态，尽管系统可能面对一定程度的系统损失，但均处于安全状态，并不影响系统的正常功能。其对应的风险分布如图 6-3 中的概率分布形态 A。若采用 VaR 值或 ES 的方式对其尾部进行刻画，则我们依然可以得到"极端"事件的概率。然而这种"极端"事件并不等同于危机。同样，在路径 B 上，金融系统在 t+1 与 t+3 时刻处于危机状态，系统损失率提高，但并未达到完全损失状态，其风险分布则如图 6-3 中的路径 B。在路径 C 上，系统在 t+2 处于完全危机状态了，则其对应的风险分布的尾部更为延长，形态对应如图 6-3 中的路径 C。

实际金融系统的运行存在着各种可能，危机等极端事件出现的概率是非常有限的。因此，若我们没有经历过危机或不稳定，则依照我们使用的系统风险分布仍然可以得出相应的极端值，但其并不等同于系统风险，如图 6-3 所示。通过系统风险曲线，便可以对每一个时间点的尾部风险进行刻画与分析。系统风险曲线打开了尾部风险，弥补了 VaR 及 ES 等方式衡量系统风险的不足。

第三节　系统风险的成本分担

接下来，本节将在系统风险曲线的基础上，讨论每一家机构对整体系统风险的"贡献"[1]，并以此对金融机构的系统重要性进行分析。正如前边内容所提到的那样，整个金融网络内任何一家机构都天然地在为整个体系的"系统性风险"做出自己的"贡献"，而我们的目标就是对这种"贡献"进行度量。

---

[1] 在这里，本书将机构对系统风险的分担作为反映其系统重要性的变量。当然，还存在所谓的"系统重要性"的相对标准的问题，是相对实体经济重要还是相对金融系统本身重要。本书的分析相当于首先是相对金融体系本身功能的发挥而言。关于这一点，我们将在以后的讨论中进一步予以明确。

基于本章对系统风险的理解，在无共同冲击的条件下，系统风险取决于网络传染效应的程度。由于机构间的相互联系，任意机构在金融网络的风险传播过程中都发挥一定的作用。对于任意机构，其"外部性"影响可分为两种情况[1]。其一，传染冲击源于该机构的违约风险，即由于该机构的倒闭或个体风险，不仅导致了其自身功能的丧失，更使其他与之相联机构的运行受到不同程度的影响，这种效应不断在整个系统内传递，并最终损伤了整个系统的功能，造成了系统损失；其二，"风险事件"是由其他机构引发的，但由于机构间存在的相互关联，使得由于该机构的"参与"，影响了风险的扩散与传递效果，并导致了系统损失的变化。在分析金融机构对截面维度的系统风险的影响中，我们称前者为"直接贡献"（CA），而后者为"间接参与贡献"（PA）[2]。

一、对"直接贡献"的衡量

沿着金融网络模型[3]的思路，我们同样将整个金融系统视为一种金融网络结构。在网络中，机构之间广泛地存在着相互的资金联系，包括资金的流入与流出。整个金融体系也发挥着资金融通的功能，在一定的时间内，有的机构为资金的融出方，也有的机构为资金的融入方。

假设我们的体系内有 n 家机构，则它们之间的资金往来构成一个 $n \times n$ 的矩阵 M，称之为流动性矩阵。t 时刻矩阵 M_t 如下：

$$M_t = \begin{bmatrix} M_{1,1}^t & \cdots & M_{1,j}^t & \cdots & M_{1,n}^t \\ \vdots & & \vdots & & \vdots \\ M_{i,1}^t & \cdots & M_{i,j}^t & \cdots & M_{i,n}^t \\ \vdots & & \vdots & & \vdots \\ M_{n,1}^t & \cdots & M_{n,j}^t & \cdots & M_{n,n}^t \end{bmatrix}$$

---

[1] 需要说明的是，本书对机构单一风险扩散方式的讨论主要集中在资产方与负债方的直接影响上，并未涵盖市场预期及市场信心的改变、羊群效应等其他风险扩散方式。

[2] 书中的 CA 即 Contribution Approach；PA 为 Participation Approach。

[3] 参见黄聪和贾彦东（2010）对金融网络模型的讨论中对网络内金融风险传递机制的设定和解释。

其中，元素 $M_{i,j}^t$ 代表一段时间 t 内从机构 i 流入机构 j 的资金量。我们用一个三元变量 $(M, \vec{p}, \vec{c})$ 来描述银行网络。变量 $\vec{p} = (p_1, \cdots, p_n)$ 为总流出向量，而 p_i 代表的是从机构 i 净流出资金总量，即 $p_i = \sum_{j=1}^{n} M_{ij}$。变量 $\vec{c} = (c_1, \cdots, c_n)$ 为资金存量向量，其每一个 c_i 代表在金融网络内机构 i 的可用资金头寸。可以看到，$(M, \vec{p}, \vec{c})$ 描述的是网络的一个静态切面，如果将时间因素引入进来，则一个动态银行网络可以用 $(M^t, \vec{p}^t, \vec{c}^t)_{t=-\infty}^{+\infty}$ 来表示。在金融网络内，我们有如下的关系：

$$c_i^{t+1} = c_i^t + \sum_{j=1}^{n} \Pi_{ij}^t p_j^t - p_i^t$$

当流动性危机出现时，则在某一时刻 t，至少一个银行机构的现金头寸小于或等于 0，也就是 $\exists i, t$，使得 $c_i^t < 0$。我们使用黄聪和贾彦东（2010）构建的金融网络模型中关于金融网络风险的传递机制，可以计算得到任意机构 i 的违约所带来的全系统直接损失为：

$$CA_{i,t} = \frac{\sum_{j=1}^{n} loss_j^i}{\sum_{i,j=1}^{n} M_{ij}^t}$$

其中，$loss_j^i$ 为机构 j 在机构 i 违约条件下的损失，而 $CA_{i,t}$ 为由于机构 i 的违约所直接带来的全系统损失率，即为 i 对系统风险"直接贡献"的一种反应。依据冲击机制，影响机构造成的系统损失与机构的头寸规模成反比，与机构流入与流出资金占资产的比率成正比，与机构的违约概率成正比。

二、对"间接参与贡献"的度量

机构行为的"外部效应"还体现在对系统风险扩散传递过程所发挥的推动或减缓作用上。若由于某一机构的参与，可能使得风险事件在系统内扩散的范围更广，波及的深度更深，造成的损失也更大，对这种"外部性"的分配，我们使用合作博弈中的"夏普利值"（Shapley Value)[1] 的方式进行确认。

Shapley Value 的方法[2]是合作博弈中用于将整体合作后产生的收益或成本在每一个体间进行公平分配的方法，其分配的标准是根据每一个体对整体贡献的大小来进行的。Shapley Value 的方法是可以直接被应用在金融系统内的，因为每家机构都在为系统风险"贡献"着自己的力量，而且系统内的所有个体在系统风险的生成中也处于合作状态。有学者已采用了该方式对系统重要性问题进行研究，如 Tarashev 和 Borio（2010）、Drehmann（2011）等，其区别就在于衡量系统风险的方式上各不相同。应用 Shapley Value 的关键在于对博弈过程中"特征函数"（ϑ）的设定，而该特征函数是应该在整个金融网络的任意子集中普遍适用的。依照直接贡献衡量中的系统设定，若金融网络中包含 n 家银行，则特征函数 ϑ 应在 n 家银行的所有 2^n 个子集中均有效[3]。

按照 Shapley Value 的思路，我们设定在 t 时刻，系统内的 n 家银行构成的集合为 N_n^t。假设对 N_n^t 内的 n 家银行进行全排列，子集 S 为排在银行 i 之前的所有银行以及银行 i 构成的集合。则此时银行 i 对子集 S 的系统风险的"贡献"等于子集 S 的系统风险水平与子集 S 排除银行 i 所形成新集合的系统风险水平的差，即 $\vartheta(S) = \vartheta(S-i)$。由此，银行 i 的"Shapley Value"就等于 N_n^t 内 n 家银行构成所有子集的这一贡献的平均值。具体而言：

$$ShV_i^t(N_n^t) = \frac{1}{n} \sum_{n_S=1}^{n} \frac{1}{C(n_S)} \sum_{\substack{S \supset i \\ |S|=n_S}} (\vartheta(S) - \vartheta(S-i)) = PA_i$$

其中，N_n^t 为 t 时刻的金融系统，ShV_i^t 为银行 i 的 Shapley Value，而 $C(n_S) = (n-1)!/(n-n_S)!, (n_S-1)!$，且 $\vartheta(\Phi) = 0$。

---

[1] Shapley Value 方法体现了"自上而下"的观念以及宏观审慎视角下对系统风险的理解。
[2] 具体参见 Mas-Colell 等（1995）以及 Shapley（1953）相关的研究。
[3] n 家银行的 2^n 个子集为：$\Phi, \{1\}, \{2\}, \{3\}, \cdots, \{n\}, \{1, 2\}, \{1, 3\}, \cdots, \{n-1, n\}, \cdots, \{1, 2, 3, \cdots, n\}$。

Shapley Value 是合作博弈的一个均衡状态。对应系统风险的含义为，对于包含银行 i 与不包含银行 i 的系统而言，其系统风险的差别即为该银行对系统风险的"贡献"。我们将银行的 Shapley Value（ShV_i）作为其对系统风险"间接参与"贡献（PA_i）的一个度量。需要说明的是，这里的系统风险不仅包括系统内部的传染冲击，还包括外部的共同冲击引发的系统风险变化。当讨论集中于传染效应时，则在 Shapley Value 的分析中，引发传染效应的风险事件可能并不是由我们关心的银行 i 所引起的。

第四节　基于支付结算数据的实证

支付结算数据是金融体系运行情况最为直接和敏感的反映。在上一章的研究中，我们已经结合我国银行间支付结算数据对金融网络模型进行了估计，并描述了金融网络的结构特点与稳定状态。在此，我们将结合对系统风险的衡量思路，利用 2007 年 5 月至 2012 年 12 月的支付结算数据对我国金融体系的系统风险水平以及金融网络内每家银行对系统风险的贡献水平进行实证。

一、数据说明

本书的数据源于中国人民银行的支付系统银行间支付数据。其中包括：银行间大额支付结算数据、银行间小额支付结算数据、银行间支票影像系统交易数据。具体涵盖支付系统资金流量流向汇总情况月报表，以及每月末的机构清算账户余额统计表两个部分①。纳入的银行机构涵盖了所

---

① 需要说明的是，各银行在支付结算系统中的头寸包括准备金与银行备付金。1995 年以后，人民银行取消超额存款准备金比例限制，采用单一法定存款准备金率，同时规定发行存款准备金可用于支付结算。

有加入人民银行支付结算体系的各种类别的银行，包括政策性银行、国有银行、各股份制银行、城市商业银行、农村信用社、农村商业银行、邮政储蓄银行以及多家外资银行。每年支付结算体系的参与主体数量有所不同，2007 年为 76 家，2008 年为 83 家，2009 年为 84 家，而 2010 年则达到 87 家。因此，在对系统风险及每一个机构的直接贡献与间接贡献的度量中，我们将主要以 2010 年 12 月的数据及其包含的机构数量为主，最终结果也将包含 87 家银行的系统重要性的水平排序。

二、估计"系统风险曲线"

依照上述内容，我们选择金融网络模型中流动性风险的传递机制，作为"系统风险曲线"的描述方程 $g(\cdot)$ 的估计。即

$$g(\cdot)=\left\{ \text{contagion}-\text{shock}_{n,t} \xrightarrow{p_{i,t}-\sum_{j=1}^{n}\Pi_{ij}p_j\leqslant c_i|(\Pi,\ \bar{p},\ \bar{c},\ t,\ n)} \text{loss}_{n,t} \right\}$$

在具体的实证过程中，本书主要采用了数值计算的方式。在任意时点上，我们不断增加违约银行的数量以反映外部冲击强度的变化，同时分别计算在每一对应冲击下的系统损失率。多次进行随机抽样后，计算系统损失的平均值，则可以得到 t 时刻对应的一条"系统风险曲线"。

此处，我们在每一冲击强度上，进行 10000 次的随机抽样，通过估计得到 2007~2010 年的"系统风险曲线"，其走势如图 6-4 所示。

从图 6-4 可以看出，随着冲击强度的提高，全系统损失水平也在不断地上升，并最终达到完全损失的危机状态。各年度在面对相同程度冲击时，系统损失的水平也各不相同，而曲线的形态也反映了不同网络结构的风险扩散能力。可以发现，自 2007 年以来，系统风险曲线不断出现下移，倾斜度在下降。与 2010 年相比，系统风险曲线下降的幅度是非常显著的，尤其是在冲击强度大于 20 以后，差距更为显著。这部分表明，2008 年金融危机爆发以来，我国的金融网络在应对传染冲击方面的能力得到了显著的提升，这一点与前期研究结论基本吻合。

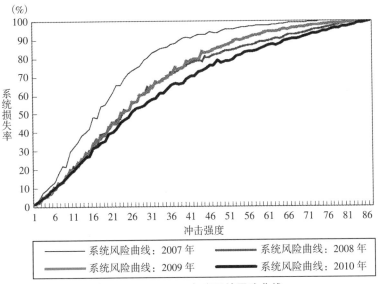

图 6-4 2007~2010 年度系统风险曲线

三、"直接贡献"的衡量

在金融网络模型的基础上，我们通过计算每一家银行违约带来的全系统损失占网络交易总规模的比重作为衡量直接贡献的方法。本书分别利用 2007 年 5 月至 2010 年 12 月的 44 个月度的支付网络数据，对每一家银行的违约风险进行冲击测试，并计算每一机构在 44 个月形成系统损失的平均值①，以此作为直接影响贡献（CA）的指标。直接贡献较大的前 15 家银行的主要情况如表 6-1 所示②。

---

① 关于直接系统损失的详细测算可参见《2011 年中国金融稳定报告》"专栏 18"中关于"波及强度指标"的讨论。
② 在此，本书仅给出排名在前 15 位的银行，全部的 87 家银行的系统重要性情况未直接给出。需要说明的是，由于本书的银行机构分类与支付结算系统内的银行名称与分类标准一致，因此，城市商业银行与农村信用合作社被作为一个整体进行分析，且其整体排序在前五位，本书并未进行更详细的区分。

表 6-1　前 15 家银行的系统风险贡献情况

银行名称	间接参与贡献	直接影响贡献	总的系统风险贡献	系统重要性排序
	PA	CA	PA+CA	
中国工商银行	0.1234	0.2146	0.3380	1
中国建设银行	0.1136	0.1584	0.2720	2
中国农业银行	0.0901	0.1274	0.2176	3
中国银行	0.0625	0.1105	0.1730	4
交通银行	0.0618	0.0976	0.1594	5
福建兴业银行	0.0503	0.0720	0.1223	6
招商银行	0.0365	0.0728	0.1093	7
中信银行	0.0311	0.0688	0.0999	8
中国民生银行	0.0398	0.0420	0.0818	9
国家开发银行	0.0307	0.0499	0.0806	10
中国光大银行	0.0330	0.0462	0.0792	11
上海浦东发展银行	0.0201	0.0481	0.0682	12
华夏银行	0.0293	0.0321	0.0614	13
汇丰银行有限公司	0.0045	0.0336	0.0381	14
花旗银行	0.0054	0.0309	0.0364	15

其中，CA 为 2007 年 5 月至 2010 年 12 月 44 个月每一机构造成直接损失的平均值，而 PA 为 2010 年的间接参与贡献。

四、"间接参与贡献"的度量

对系统风险间接参与贡献的分析是本书的分析重点。前文我们已经提出使用 Shapley Value 的方式对系统风险进行分配的思路，而且特征函数 ϑ 的选择是该方式的关键。在合作博弈分析中，特征函数 ϑ 不仅满足在任意子集下的有效性，而且还具有可加性、对称性、线性等性质。

本书的实证过程中，依然选择系统风险曲线的刻画方程作为"特征函数" ϑ，即 $\vartheta = g(\cdot)$。则金融机构"间接参与贡献" PA_i 可以表示为：

$$PA_i = ShV_i^t(N_n^t) = \frac{1}{n} \sum_{n_s=1}^{n} \frac{1}{C(n_s)} \sum_{\substack{S \supset i \\ |S|=n_s}} (g(S_i) - g(S-i))$$

具体而言，我们已经可以得到每一时点上，整个金融网络 S 对应的一条"系统风险曲线"。当去掉银行 i 之后，我们可以同样估计得到排除银行 i 之后的金融网络 S-i 的一条系统风险曲线。这两条系统风险曲线之间的差别即为银行 i 参与后形成的系统风险变化，也就是由于银行 i 的参与所带来的系统风险的增加或减少。具体情况如图 6-5 所示。

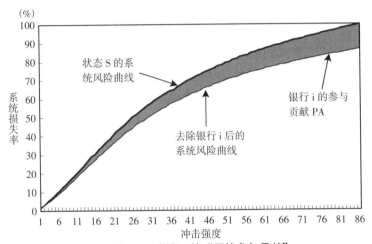

图 6-5　银行 i 的"间接参与贡献"

图 6-5 显示了以 2010 年 12 月的金融网络数据为基础，全系统的系统风险曲线与去除银行 i 之后的系统对应的系统风险曲线的走势关系。图 6-5 中较高的系统风险曲线为全系统对应的曲线，而较低的为去除银行 i 后的系统风险曲线。图 6-5 中阴影部分即为银行 i 参与和不参与系统风险扩散所带来的系统风险水平的变化。本书在实证过程中，在关于如何"排除银行 i"的方式上选择不同，因此从图形上看，当全部银行出现违约风险时，排除银行 i 的系统损失率小于 1，但这并不影响评级效果。我们将阴影部分的系统损失差别作为机构 i 系统风险"间接参与贡献"的度量，即 PA_i。

在同一时点上，本书针对每家银行均进行了不同数量的随机抽样①，比较了估计结果对抽样次数的稳定性，并计算了 10000 次模拟后每家银行的间接参与贡献均值。这一做法是对 Shapley Value 方法的具体实现。表6-1 给出了间接贡献较大的 15 家机构的 PA 情况，网络内 87 家银行的整体情况并未完全给出。可以看出，间接参与水平的变化与直接贡献的走势相似，但效果上弱于直接影响，占总体的 30% 左右。

五、金融机构的系统重要性水平分析

在得到不同机构对系统风险的"直接贡献" CA_i 与"间接参与贡献" PA_i 的基础上，我们将两种原因造成的系统损失简单相加②，即可得到每家银行对系统风险的总贡献水平。在表 6-1 中，我们分别给出了 2010 年 12 月金融网络内，前 15 家银行的 CA_i、PA_i 及加总后的总体系统风险贡献水平（$CA_i + PA_i$），并依照总量进行了排序。通过实证结果可以看出，大型国有商业银行、股份制商业银行基本为我国最重要银行。2007 年以来，各银行的系统重要性排名并未发生大的变化，但系统重要性水平在不断变动，尤其是中小银行及外资银行变化较大。

我们将每一个机构的"总贡献"展开，可以得到：

$$TA_i = CA_i + PA_i = \frac{\sum_{j=1}^{n} \text{loss}_j^i}{\sum_{i,j=1}^{n} M_{ij}} + \frac{1}{n} \sum_{n_s=1}^{n} \frac{1}{C(n_s)} \sum_{\substack{S \supset i \\ |S| = n_s}} (g(S_i) - g(S-i))$$

从影响各银行系统重要性水平的因素来看，决定银行系统重要性水平的因素主要包括机构自身的流动性情况以及参与金融活动程度等。具体而

---

① 本书在不同的时点上分别进行了 1000 次、2000 次、3000 次、5000 次、7000 次以及 10000 次以上的随机抽样与数值计算，试图得到相对稳定的系统风险曲线，详细的效果比较可与作者联系获取。
② 直接贡献与间接贡献应该进行加权平均，而针对其权重也有待进一步研究，可能与两种风险的概率有关。在此，为简化分析我们采用了简单加总的方式。

言，按照金融网络模型的机制，若金融机构流动性杠杆越低，关联性越小以及可替代性越强则其系统风险贡献就会越低。此外，通过对间接参与贡献的衡量我们发现，在不同的时点上，每家银行对系统风险贡献的总和并不一定等于总体系统风险的水平。这表明了机构间的网络结构在增大或化解整体系统风险过程中发挥了不同的作用。

至此，本书在金融网络条件下，首先对金融机构的系统重要性进行了理论与实证分析。通过将金融网络结构因素纳入对系统风险的度量中，我们在宏观审慎政策的目标导向下，构建了"系统风险曲线"，对网络条件下的系统风险进行了重新衡量。理论上，我们将整个金融系统视为一个整体，在对其系统风险进行度量的基础上，重点研究了金融机构间的风险分担机制。这一点与宏观审慎目标下，"自上而下"的系统风险分析思路相一致，并尝试分析和回答了微观审慎的加总并不等同于宏观审慎的命题。

其次，"系统风险曲线"修正了原有系统风险衡量方法的不足，更适合"截面维度"系统风险度量。此外，本书认为，机构对整个系统的影响主要体现在直接影响与间接参与两个方面，其系统重要性水平也分为直接贡献与间接参与两部分，宏观审慎政策应分别进行调节和控制。

最后，本书在金融网络模型的风险传递机制下，初步讨论了流动性头寸、杠杆率以及网络关联情况等因素在影响金融机构系统重要性水平上的作用机制，为进一步研究机构系统重要性水平变动机制提供了理论平台。

第五节　我国金融网络动态演进：2007~2012年

准确监测各维度上系统风险的状况，全面分析宏观审慎政策工具的作用效果是宏观审慎政策的基础。金融网络主要指金融机构间（主要是银行间）由各种实际的金融交易而形成的相互联系的整体，其中既可能包括由于资金支付与结算而形成的流动性关系网、因相互持有资产而形成的资产关系网等直接网络，还可能包含由于存在共同的风险暴露、共同的负债约束、共同的信用条件等间接因素而形成的间接网络。金融网络结构则描述的是不同网络的整体形态与结构特征，相当于将金融体系（或银行体系）这一"黑箱"打开，并从相互联系的角度对其内部特征与风险传递机制进行剖析。对金融网络结构的分析是宏观审慎框架下讨论截面维度系统性风险的基础，不仅对于监测、防范和预警系统性风险非常重要，而且对于控制风险的扩散与传递，及时准确地开展风险与危机应对都是极其重要的。

一、金融网络整体稳定状态的刻画

按照已经构建的基于银行间支付结算信息的金融网络模型的分析思路，利用 2007 年 5 月至 2012 年 12 月共 68 个月的支付结算信息，可以对整个金融网络的稳定状况、网络的结构变化以及各金融机构间（主要是银行间）的流动性风险传递过程进行更全面的动态描述与跟踪分析。

在量化描述金融网络结构及流动性风险传递过程的基础上，通过衡量不同网络面对外部冲击时的反应与承受能力，可以实现对网络稳定性的一种刻画。网络应对冲击、消化风险的能力越强，则可以认为该金融网络越稳定；换言之，既定冲击给网络带来的影响效果越小，则该网络结构越稳固。基于这种认识，对整个网络稳定程度的评价可以通过描述个体风险所造成的波及效应的状况得以体现。当然，冲击对网络的影响是多维度的，主要体现在波及的范围、影响的深度与广度、影响的强度以及整个网络的恢复能力等方面。以银行间网络为例，在单一时点截面范围内采用情景分析，可以对网络结构特点与稳定性状况进行初步的分析，连续观测即可实现从金融网络结构到稳定性的转换。

二、中国金融网络的稳定状况跟踪

通过对支付数据的实证分析，可以得到我国金融网络稳定性的广度（B）、深度（D）与强度（I）指标[①]。广度指标描述网络受冲击时受影响的节点数量占节点总量的比例，深度指标表示网络受冲击后风险传递所波及的轮数，强度指标衡量冲击造成的损失占网络交易总规模的比重。稳定性指标从不同角度刻画了金融网络稳定性的动态变化过程，并且其数值越大，则表示网络受外部冲击的影响程度越大，系统性风险也就越大，反之则相反。

1. 金融网络稳定指标走势

如图 6-6 所示，从稳定指标的总体情况来看，2007~2011 年的广度（B）、深度（D）与强度（I）指标表现出了前高后低的走势特点，波动的平均幅度也有所增加。与历史走势相比，稳定性指标在个别时段出现了不同幅度的上升。

依照网络模型的设计机制，稳定性指标的变化不仅源于每个网络节点可用头寸的改变，更将受到网络节点间连接行为调整的影响。通过对主要货币政策工具与强度指标（I）之间关系的实证分析可以发现，强度指标的变化不仅受到货币政策工具调整的方向与力度的影响，而且更与货币政策调整的频率密切相关。货币政策调整的频率越低，维持稳定的时间越长，则强度指标的平均水平越低，波动幅度也越小。这表明，货币政策的调整也将对金融网络的稳定状态产生不同程度的影响。

[①] 在此，关于网络稳定性的广度与深度指标的估计方式与《2010 年中国金融稳定报告》基本相同，但采用了更加严格的风险标准。虽然并不影响结论，但是对指标的具体走势会产生一定程度的影响。因此，我们引入了波及强度指标以进一步反映网络结构与稳定性状况。

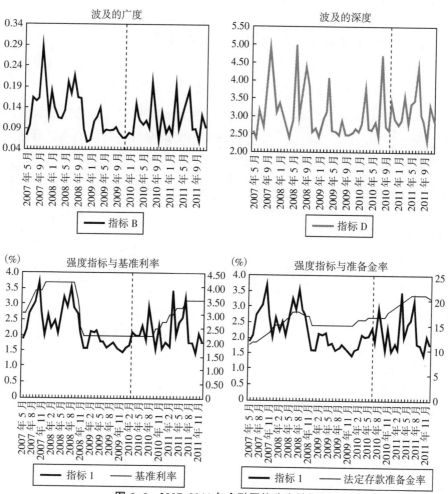

图6-6　2007~2011年金融网络稳定性指标

2. 金融网络的结构特点：2009年

宏观审慎管理针对的是整个金融系统，而银行间的网络是一个强连通网络，其节点是一个个参与者，而连接代表着它们之间的资金往来。尽管不存在绝对的孤立点或孤立子集，但依据连接程度的强弱，各个节点在网络中所起的作用是不尽相同的。不同的网络结构，即便其整体的平均稳定程度相近，但对于宏观审慎管理而言，对其管理与调节的方式亦可能存在很大差别。另外，网络的结构也并非是一成不变的。随着时间的推移，它亦会发生一定的改变。因此不了解网络结构，就无法开展宏观审慎分析。

本章选取 2009 年 6 月这一时间截面对我国银行网络的结构特点进行初步分析。我们的研究分为细化程度不同的两个网络：第一个网络包括 4 家国有商业银行、3 家政策性银行、18 家股份制商业银行（城市商业银行与农村商业银行为单个节点）、2 家信用合作社（农村信用合作社和城市信用合作社为单个节点）、1 家邮政储蓄银行、56 家外资银行，共 84 家机构；第二个网络将农村信用合作社展开为 42 家单独列项的参与机构，与第一个网络合并，共计 126 个节点。

（1）第一个网络。对于第一个网络，从流动性风险的传递情况看，当大型国有银行分别发出流动性冲击时，平均会有 25 家银行受到不同程度的波及，机构平均占比接近 30%。除农村信用合作银行外，其他受波及的节点均为外资银行。然而当四大国有银行同时作为问题集合时，波及将延续 6 轮，总波及机构数量比例高达 60%，涉及资金比例达到 76%，涉及机构包括 2 家政策性银行、9 家股份制银行、农村信用社和多家外资银行等。这说明，大型国有银行在网络中起着重要的作用，占据着网络核心地位，其中任何一个出现风险，整个网络都会受到严重影响。

当政策性银行发出流动性风险冲击时，波及最高延续 3 轮，总波及机构数量为 5 家，影响资金占比超过 4%，并且影响机构均为外资银行。但少数国有银行及股份制银行发生流动性冲击时，个别政策性银行会受到一定程度的影响。这表明，尽管政策性银行整体在网络中的影响力较弱，但其并不孤立。

当股份制商业银行发出流动性风险冲击时，危机将延续 5 波，总波及机构数量比例达 50%，涉及资金比率达到 34%，并且涉及的机构主要为外资银行。可以看到，股份制银行联系广泛，但是其网络影响力远不及四大国有银行。

邮政储蓄银行的资产规模高达 2.4 万亿（2009 年 6 月数据），从规模上看不可忽视。如果将邮储作为问题子集，则危机将延续 2 波，总波及机构数量为 2 个，涉及资金比率仅为 1%。同样，无论以哪个子集作为问题集合，对邮储都毫无影响，这表明其在银行网络中实际近似于一个孤立点。

当农村信用合作社作为整体发出流动性冲击时，整个网络产生的影响仅有 2 轮，影响机构占比为 4%，涉及的资金比率为 6%，而且只有当国有银行作为问题子集时，农村信用合作社才会受到波及。由此可见，农村信用合作社作为一个子集在网络中的地位还是比较孤立的。

整体来看，除四大国有商业银行外，其他任何单一或多家金融机构发出冲击对金融网络几乎都不会产生极端的影响。

（2）第二个网络。对于第二个网络，当将 42 家信用社分别看作独立的网络节点的时候，农信社内部表现出了紧密的联系度，总体而言具有以下特征：其一，农村信用社内部的联系非常紧密；其二，如果将农信社看成 42 个节点，它们受波及的可能性大大增加；其三，如果将某些农信社作为初始问题集，会有数十家的农信社受到波及，并且波及的深度可以达到 5~6 轮。以上这些特点表明，农信社的局部网络抱团性质非常显著。

3. 金融网络结构的变化：2010 年

本章选取 2010 年 6 月单一截面（同时对比 2009 年 6 月数据）对我国银行网络结构及其变化进行跟踪分析（见图 6-7）。考虑到时间维度上的可比性，我们将主要针对由大型商业银行、政策性银行、股份制商业银行、城市商业银行、农村商业银行、农村合作银行、农村信用社、城市信用社、邮政储蓄银行及各外资银行共 84 个节点构成的支付网络进行分析。其中，城市商业银行与农村商业银行、城市信用社与农村信用社均为单个节点。

（1）大型商业银行。从流动性风险的传递情况看，当大型商业银行分别单独发出流动性冲击的时候，平均会有约 30 家银行受到不同程度的波及，影响机构数量占比接近 36%，且波及将平均延续 5 轮，涉及资金比例达 18%，波及的也主要为政策性银行与外资银行，而其他机构并未受到严重影响。然而若以大型银行整体作为问题集合，则波及将延续 7 轮，涉及资金比例与总波及机构比率将超过 80%，除邮政储蓄银行、城市信用社及少数外资银行外，大部分机构都将受到影响。这表明与 2009 年 6 月相比，

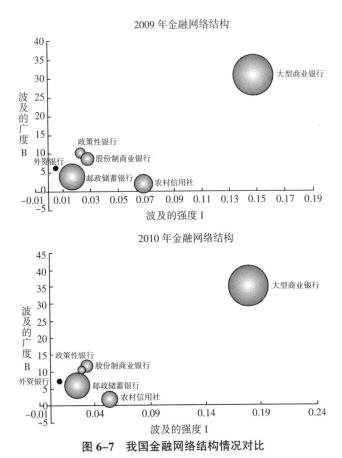

图 6-7　我国金融网络结构情况对比

大型商业银行在网络中的核心地位得到了进一步的强化和提升，而且各大型商业银行在网络中的覆盖范围并不完全重叠。

（2）政策性银行。当政策性银行发出流动性冲击时，波及机构的平均数量由 2009 年 6 月的 5 家增加到了 10 家，而波及最高可延续 6 轮，影响的平均资金比例为 3%，并且影响机构均为外资银行。总体上看，尽管政策性银行在网络中的整体影响力依然不高，但与历史数据相比，其网络影响力已出现了明显的提升。这主要是由于不同的政策性银行节点在网络中的行为模式出现了一定程度的分化，即某些政策性银行表现出了较强的网络依赖性，而另一些对网络的影响能力越来越强。

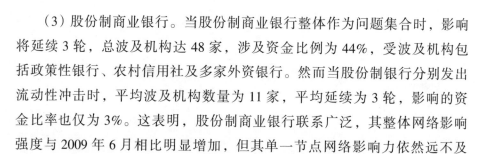

（3）股份制商业银行。当股份制商业银行整体作为问题集合时，影响将延续 3 轮，总波及机构达 48 家，涉及资金比例为 44%，受波及机构包括政策性银行、农村信用社及多家外资银行。然而当股份制银行分别发出流动性冲击时，平均波及机构数量为 11 家，平均延续为 3 轮，影响的资金比率也仅为 3%。这表明，股份制商业银行联系广泛，其整体网络影响强度与 2009 年 6 月相比明显增加，但其单一节点网络影响力依然远不及大型商业银行。

（4）邮政储蓄银行与农村信用社。邮政储蓄银行资产规模较大，但其对整个网络的影响力和受网络的影响程度都不强，在网络中仍然是相对孤立的。但值得注意的是，与 2009 年 6 月相比，邮政储蓄银行的网络连接程度已有所提高，波及的机构数量为 7 家，延续的轮数也达到了 4 轮，并且受其影响的主要为外资银行。

当将农村信用社整体作为问题集合的时候，对整个网络产生的影响依然为 2 轮，机构比例下降为 3%，涉及的资金比率也降为 5%，而且当单个大型银行或股份制商业银行作为问题集合时，农村信用社均不会受到严重波及。由此可见，农村信用社作为局部的子集在金融网络中的独立性有所提高。

（5）外资银行。当单个的外资银行分别发出流动性冲击时，平均影响机构数量为 7 家，波及的延续轮数仅为 2 轮，影响的交易量也只有 0.7%。这说明外资银行在网络中影响力较弱。但由于外资银行在支付网络中的节点数量较多，因此其对金融网络稳定性的广度（B）与深度（D）指标的影响较大。实证跟踪发现，2010 年 8 月及 11 月，正是由于部分外资银行节点与邮政储蓄银行、农村信用社、部分股份制商业银行及政策性银行的网络连接程度上升，导致了网络稳定性指标波动的加剧。

整体来看，我国金融网络结构并未出现大的变化，网络的稳定基础较好。由于外资银行及部分股份制商业银行与政策性银行网络关联度的上升，加之网络节点现金头寸的变化，使整个网络的稳定性出现了一定程度的波动。

4. 我国金融网络结构的变化：2011 年

本章选取 2011 年 6 月这一时间截面（同时对比 2010 年 6 月数据）对我国银行网络的结构特点及其变化进行跟踪分析。将主要针对由大型商业银行、政策性银行、股份制商业银行、城市商业银行、农村商业银行、农村合作银行、农村信用社、城市信用社、邮政储蓄银行及各外资银行共 84 个节点构成的支付网络进行分析。其中，城市商业银行与农村商业银行、城市信用社与农村信用社均为单个节点。

（1）大型商业银行。当大型商业银行分别发出流动性冲击时，平均约 36 家银行将受到不同程度的影响，波及将平均延续 5 轮，其涉及资金占比平均超过 14%。若大型银行整体作为问题集合，则波及将延续 6 轮，而且绝大多数机构都将受到影响。这表明大型银行的网络影响力得到了进一步的提升。

（2）政策性银行。当政策性银行发出流动性冲击时，平均波及机构的数量增加到了 24 家，而波及的轮数最高可达到 9 轮，影响的平均资金比例也提升为 4%。受影响机构除外资银行外，也包含了部分股份制商业银行及城市商业银行。总体上看，政策性银行在网络中的影响范围和整体影响力均表现出了明显的提高。

（3）股份制商业银行。当股份制银行分别发出流动性冲击时，平均波及机构数量为 17 家，平均延续 4 轮，影响的资金比率为 4%。这表明股份制商业整体网络影响力与 2010 年 6 月相比有所增加，但依然不及大型商业银行。

（4）邮政储蓄银行与农村信用社。与历史情况相比，邮政储蓄银行的网络影响能力有较大幅度提升。2011 年，尽管受其影响的依然主要为外资银行，但其波及的机构数量平均达到了 14 家，波及延续的平均轮数也增加为 4 轮。值得注意的是，邮政储蓄银行的表现并不稳定，其影响的机构数量、波及的轮数与涉及资金的占比变化幅度较大，这表明其网络地位正处于积极变化的时期。

农村信用社的情况与邮政储蓄银行相似。当农村信用社整体作为问题集合的时候，波及机构的平均数量及轮数均有较为明显的增加。2011 年 6 月更是增加到了 37 家（其中包括部分政策性银行），对整个网络产生的影响则达到了 9 轮，但其影响的全年平均资金比例却稳定在 7% 左右。由此可见，农村信用社作为局部的子集在金融网络中的作用也在提升，但其影响力较为稳定。

（5）外资银行。外资银行在网络中的作用变化不大。当单个的外资银行分别发出流动性冲击时，平均影响机构数量为 8 家，波及的延续轮数将近 3 轮，影响的交易量接近 1%，这表明外资银行在网络中的影响力依然较弱。但实证跟踪发现，外资银行由于其数量多、行为变化大，因此也是改变金融网络结构的主要因素。

整体来看，2011 年我国金融网络结构变化不大，网络的稳定基础依然较好。3~7 月，网络稳定性指标平均水平较高，主要因为部分外资银行与政策性银行及其他机构的连接水平上升较快。

三、系统风险曲线：2007~2011 年

在广度、深度等指标对金融网络的稳定状态进行动态描述的基础上，我们可以对每个时点上金融网络的系统风险情况进行深入分析。在此，我们构建了"系统风险曲线"以全面反映不同时点上金融网络抗外部冲击的能力。该曲线能够刻画不同冲击强度对网络造成的破坏，不仅有利于捕捉应对网络系统风险扩散的最佳时机，更有利于对每个节点的系统重要性开展分析。

基于理论分析，在任意时点上，对应不同的风险冲击便可以得到对应的系统损失率水平。若我们能够穷尽某一时点上的全部冲击，则我们可以得到一条冲击强度与系统损失率关系的曲线，即"系统风险曲线"（见图 6-8）。其横坐标描述了冲击的强度变化，而纵坐标表示了系统的损失率。曲线表示，随着冲击强度的增加，系统的损失率也不断提高。结合 2007~2011 年的支付数据，从流动性网络出发，通过数值模拟，可以估计得到

各年度的系统风险曲线的走势情况如图 6-8 所示。

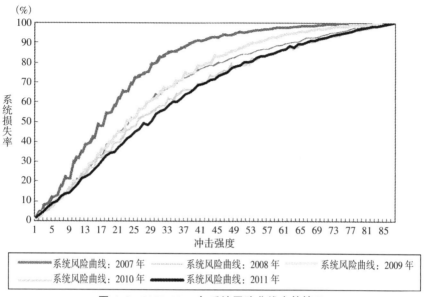

图 6-8　2007~2011 年系统风险曲线走势情况

可以看出，自 2007 年以来，我国金融网络中的系统风险曲线整体是逐步下移的，而且其斜率也逐步下降。这表明，在同等强度的外生冲击下，整个系统的损失率是逐步下降的，尤其是中等强度冲击，系统损失下降的幅度则更加明显。

第七章 基于金融市场信息的风险传染效应分析

金融系统内的关联结构是认识和解决风险扩散和传递的关键（Acemoglu et al.，2015）。对该关联结构的识别，重点在于了解金融机构间的联动性，尤其是这种联动性在危机期间的突然加强。金融机构间联动性的加强，通常使得爆发于极少数金融机构的财务危机迅速蔓延到整个金融体系。因此，识别金融机构间联动性或金融机构间金融冲击的传递结构，对防范金融危机爆发、建立有效金融监管等方面，均有着极强的理论意义和现实意义。

本章将基于上市金融机构资产负债结构和股价波动信息，分别利用Shalpy 权力指数和 GVAR 模型网络分析法，对不同的金融网络中的风险传染和扩散过程展开定量分析。资产负债结构方面，我们将借鉴 Garratt 等（2012）的分析框架，通过 Shapley 值的方法测算单个银行对系统性风险贡献度，并分别从资产组合、杠杆率、阈值三个维度，对中国上市银行进行实证研究。股票市场信息方面，本书将利用最新的网络分析法（Diebold and Yilmaz，2012，2014；Yang and Zhou，2013），识别 2008~2015 年中国上市金融机构间金融冲击的传递结构及其影响因素，并在此基础上对系统重要性金融机构进行识别。

第一节　基于 Shapley 值的风险贡献

Shapley 值的方法可以用于测度银行在系统性风险中的贡献度，这一点已经得到理论证明（Tarashev，Borio and Tsatsaronis，2010）。通常采取两种系统性风险贡献度的测量方法，分别是 Value-at-Risk（VaR）和 Expected Shortfall（ES）。具体而言，当一家银行加入一个子银行系统时，其所引起的子系统的 VaR 或 ES 的平均变化值就是这家银行的 Shapley 值。Gauthier 等（2012）即利用该方式，估计加拿大银行系统中各家银行的 Shapley 值。张娜娜和张超（2012）则将 Shapley 值法与度量系统性风险的尾部损失度量方法 ES 相结合，对中国上市银行进行了系统性风险的实证检验。

Shapley 值法虽然满足可加性，但是对于一个系统而言，其内部银行排列组合的情形随着银行数量的增加呈现指数增长，从而使得当参与个数较多时对单个银行系统性风险分配的难度大大加大。为了减少排列组合带来的巨大计算量，同时结合我国银行系统的实际情况，本书以部分上市银行组成的系统为研究对象进行简化分析。此外，本节采用的 Shapley 方法与其他研究有以下区别：

其一，区别于一般的系统重要性银行的概念，我们定义"使银行系统的累计损失超过阈值的那一家银行"是系统重要性银行，即本书认为，系统重要性银行除了"大而不能倒""相互关联不能倒"之外，还有可能是"位置特殊而不能倒"，即对处于银行系统中特殊位置的小银行也加以足够关注。在本书的研究中，除了银行的资产组合、杠杆率等自身因素之外，"位置特殊"还与系统的稳定性水平有关，本书用阈值衡量系统的稳定性水平。

其二，运用银行的资产组合和杠杆率来明确地限制银行的破产情境，资产组合反映风险的分散程度，杠杆率反映风险缓冲能力，使得其在经济上是合理的。银行的资产组合和杠杆率在许多研究中得到了重视，但是它们并没有被用于测量银行倒闭的先后顺序以及用于 Shapley 值的测度。

一、基于资产负债数据的系统风险贡献

1. 系统重要性银行

在一定的风险冲击下，银行的倒闭概率并不是一般情况下的等可能性，而取决于银行在系统中所处的位置，具体包括其资产规模、资产结构以及银行间的关联性（范小云，2012）。当一个特定的风险冲击来临时，不同银行承受的压力不同，其对系统性风险的影响也有显著差异。当各家银行的风险敞口和资产结构趋于接近时，整个银行系统的系统性风险将会增大。在一个系统中，当一家银行的倒闭使系统累计损失超过一定阈值，使系统从稳定到不稳定时，该银行就是系统重要性银行。这与 Basel 委员会（BASEL，2009）定义的系统重要性金融机构（SIFIs）存在区别，我们关注的仅仅是使系统从稳定到不稳定的跳变的那一家银行，评估该银行在系统性风险中的贡献度是本书关注的重点。

2. 非对称权力指数

权力指数最早被用于讨价还价博弈中，如果联盟的成员控制了绝大部分的投票权，则联盟的值为 1；否则联盟的值为 0。当一个成员的加入，使联盟从输跳变到赢，其边际贡献即为该成员的权力指数。类似地，在一个银行系统中，一家银行的倒闭，使银行系统从稳定跳变到不稳定，其边际贡献即为该银行的权力指数。然而，在不同的风险冲击下，银行的倒闭顺序并非是等可能的。例如，对于两个资本结构相同的银行，在同一风险冲击下，资本比率高的银行只会比资本比率低的银行后倒闭。也就是说，对应于不同可能的倒闭顺序，银行的权力指数是非对称的。加总不同倒闭顺序下单个银行的权力指数，即可得到银行对系统性风险的贡献度。银行的风险贡献度可以作为一种风险评估指标，贡献度的测算值可为寻找系统重要性银行提供参考。

3. 风险冲击的作用机理

本书构建的模型中每个银行可以通过一个二维比率空间中的点来表示，银行的资产组合和杠杆率水平决定了其在二维比率空间中的位置，随机风险冲击由原点出发作用于银行。在不考虑冲击大小的情况下，银行倒闭的顺序取决于随机风险冲击方向及银行在二维坐标平面中的位置，对于每一个冲击，存在一个隐含的银行破产顺序，倒闭顺序取决于该银行的资本缓冲能力和资产结构。

二、系统性风险贡献度的测度

本书将银行表示为 $N = \{1, \cdots, n\}$，并将资产分为贷款类资产[①]（L）和非贷款类资产（U）两类，定义核心资本[②]为 C。由此，在二维坐标中，银行 $i \subseteq N$ 在空间中的位置为 $a_i = (l_i, u_i) \in R_+^2$（$l_i = L_i/C_i$，$u_i = U_i/C_i$），将外界风险冲击表示为在 $\{l_i, u_i\}$ 中以原点为中心的二维单位向量 $z \in R_+^2$。借鉴 Garratt 等的观点，定义在给定的外部冲击下，银行的倒闭顺序由式（7-1）决定（假设 i 银行先于 j 银行倒闭）：

$$z \cdot a_i > z \cdot a_j \qquad (7-1)$$

式（7-1）可更直观地表示为 $\|a_i\| \cos \theta_i > \|a_j\| \cos \theta_j$，其中 $\|a_k\|$ 表示 a_k 到原点的距离，θ_i 表示 a_k 与 z 之间的角度[③]。当风险冲击的角度确定，核心资本越少的银行越先倒闭（$\|a_k\|$ 越大）。另外，在距离原点的长度确定时，某银行与风险冲击的向量的夹角越小，越容易倒闭。同时，定义矢量 $w = \{w_1, \cdots, w_n\}$ 为银行 i 的资产占整个系统资产的比重，其中：

---

① 贷款资产是银行资产的主要内容，是我国上市银行的最大风险来源，贷款资产与非贷款资产的比率反映了银行的资产结构。
② 股本是银行核心资本的主要构成，是吸收损失的最重要来源，本书选取股本替代核心资本。
③ 银行倒闭顺序是由银行在坐标平面中的位置以及外部对资产冲击的影响力所共同决定的。

$$w_i = \frac{L_i + U_i}{\sum_{i \in N}(L_i + U_i)} \tag{7-2}$$

所有已倒闭银行的累计资产 $\sum_i w_i$ 超过预先设定的系统临界值 ξ（阈值），则发生系统性风险。引入特征函数 $v(G)$：

$$v(G) = \begin{cases} 1, & \sum_{i \in G} w_i > \xi \\ 0, & \sum_{i \in G} w_i < \xi \end{cases} \tag{7-3}$$

对于每个子银行系统 $G \in N$，当 $\sum_{i \in G} w_i > \xi$ 时，则 $v(G) = 1$，反之 $v(G) = 0$，表示当该银行的倒闭加入到一组已倒闭银行中并造成系统性风险时，该倒闭银行是系统重要性银行。将 π 表示为一系列已倒闭银行，$p_\pi^i = \{j : \pi(i) > \pi(j)\}$ 表示在 π 家银行中，按照倒闭风险大小排序的第 i 家银行（$i = 1, \cdots, n$），在给定的 π 中，银行 i 对系统性风险的权力指数为 $v(p_\pi^i \cup i) - v(p_\pi^i)$。在风险冲击 z 作用下，每一种倒闭顺序对应的概率为 $\theta(\pi)$。为简化起见，假设风险冲击 z 服从均匀分布，得出银行对系统性风险的贡献度为：

$$\phi_i(v; L, U, C) = \sum_{\pi \in \Pi} \theta(\pi) \left[v(p_\pi^i \cup i) - v(p_\pi^i) \right] \tag{7-4}$$

其中，$v(p_\pi^i \cup i) - v(p_\pi^i)$ 的取值为 0 或 1，$\sum_i \phi_i = 1$。

三、主要测算思路

依照 Garratt 等（2012）采取的方式，同时结合实际情况，本书以三家金融机构为例对基本模型中系统风险贡献的具体测算过程进行简要说明。

若整个系统仅包括三家金融机构（或银行），并且其资产比例结构如表 7-1 所示。三家机构资产规模与资产结构均各不相同。依据设定资产结构，我们可以分别计算对应的 h_i 和 f_i，以及其他相关指标。其中，h 为贷款资产占比，f 为非贷款资产占比。依据每家银行对应的 h_i 和 f_i，我们可以在（h_i，f_i）平面上对应找到每家机构的位置（见图7–1）。

表7–1　不同资产结构下的银行

	金融机构		
	银行1	银行2	银行3
贷款（L）	90	30	20
非贷款资产（U）	40	30	80
资本（C）	30	17	20
贷款资产杠杆率（$\frac{L}{c}$）	3.000	1.765	1.000
非贷款净资产杠杆率（$\frac{U}{\varepsilon}$）	1.330	1.765	4.000
权重（W）	0.448	0.207	0.345
资产与资本比例	4.333	3.529	5.000
资产多样性	0.308	0.500	0.200

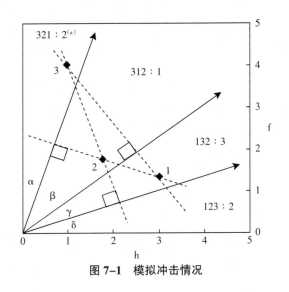

图7–1　模拟冲击情况

在图7–1中，1、2、3点分别代表三家不同的银行。依据模型设定，我们的外部风险可以用原点出发的向量表示。因此，风险可以是来自整个区域内自0度到90度的任意一个方向的冲击向量。我们选择三条冲击方向，则可以将区域划分为四个不同区域。对应的角度分别是 α、β、γ 和 δ。在 α 对应的区域内，若发生在这一区域，则银行 3 将首先受损。因为银行 3 的贷款资产占比最高，纵轴方向为贷款损失方向，因此贷款占比越高，则损失越大。其次受损的将是银行 2，最后受损的是银行 1。在此我们设定发生系统风险的临界水平（阈值）为 0.5，即银行系统资产损失 50% 的时候出现系统风险。则当银行 3 倒闭时，系统损失 34.5%，并没有达到 50%，但是当银行 2 继续倒闭的时候，整个系统损失将超过 55%，出现系统风险。因此，α 在区域内倒闭的顺序是银行 3、银行 2、银行 1，并且系统重要性银行为银行 2。

同理，当风险冲击发生在 β 对应的区域内的时候，区域内倒闭的顺序是银行 3、银行 1、银行 2，并且系统重要性银行为银行 1。若外部冲击发生在 γ 对应的区域内时，倒闭的顺序是银行 1、银行 3、银行 2，并且系统重要性银行为银行 3。若外部冲击发生在 δ 对应的区域内时，倒闭的顺序是银行 1、银行 2、银行 3，并且系统重要性银行为银行 2。

为了计算每家银行的影响力指数情况，我们利用前面建立的特征函数 v（G），分别计算由于不同范围内的冲击导致的系统损失。由于在例子中，都是第二家银行出现倒闭时引发系统风险，因此我们可以得到银行 1、银行 2、银行 3 的影响力指数分别为 β/90、(α + δ)/90、γ/90。利用我们给定的参数，可以分别计算出 α、β、γ 和 δ 的值，至此我们就可以分别求出每家银行对应的影响力指数（即系统风险贡献）分别为 0.38、0.42 和 0.2，合计为 1，并且具有可加性。基于以上思路和方式，我们可以利用中国上市银行的实际数据进行初步分析和实证测算。

第二节　基于上市银行资产结构的实证

本章选取国内 24 家上市银行，对 2013~2016 年数据进行实证分析。

基于 Shapley 值的方法，可以估算 26 家上市银行每年总贷款/资本净额以及非贷款资产/资本净额两项指标，分别代入上述模型。

一、上市银行资产结构情况

基于上市银行年报，我们可以依次计算每家机构的贷款占比和债券资产占比情况，如表 7-2 所示：

表 7-2　上市银行 2013~2016 年资产结构

银行名称	2013 年			2014 年		
	h_i	f_i	w_i（%）	h_i	f_i	w_i（%）
平安银行	7.31	9.01	1.9	6.83	7.75	2.0
宁波银行	5.23	9.06	0.5	5.02	8.22	0.5
江阴银行	7.11	5.11	0.1	6.86	4.99	0.1
张家港行	5.90	5.91	0.1	5.53	4.86	0.1
浦发银行	6.67	7.22	3.8	6.24	6.67	3.8
华夏银行	7.79	8.04	1.7	7.10	6.88	1.7
民生银行	6.33	6.64	3.3	5.93	7.20	3.7
招商银行	7.19	5.95	4.1	7.02	6.19	4.3
江苏银行	7.03	6.01	0.8	6.28	7.07	1.0
杭州银行	6.99	6.70	0.3	5.72	6.46	0.4
南京银行	4.31	8.42	0.4	3.83	8.74	0.5
兴业银行	5.42	9.27	3.8	4.85	8.56	4.0
北京银行	6.02	7.74	1.4	5.81	7.31	1.4
上海银行	6.14	7.46	1.0	5.41	7.85	1.1
农业银行	6.72	6.83	14.9	5.82	5.66	14.6
交通银行	6.32	5.22	6.1	5.87	4.85	5.7
工商银行	6.31	5.72	19.3	6.08	5.29	18.9
光大银行	6.65	7.12	2.5	6.11	6.76	2.5
成都银行	5.79	7.86	0.3	5.66	7.94	0.3

续表

银行名称	2013 年			2014 年		
	h_i	f_i	w_i（%）	h_i	f_i	w_i（%）
建设银行	6.52	5.14	15.7	6.25	4.79	15.4
中国银行	6.48	5.34	14.2	6.16	4.91	14.0
贵阳银行	5.24	5.99	0.1	5.24	6.44	0.1
中信银行	6.64	5.82	3.7	6.03	5.38	3.8
吴江银行	5.87	4.97	0.1	5.96	3.75	0.1

银行名称	2015 年			2016 年		
	h_i	f_i	w_i（%）	h_i	f_i	w_i（%）
平安银行	6.69	7.10	2.0	6.30	6.30	2.1
宁波银行	4.35	7.83	0.6	4.67	8.99	0.6
江阴银行	6.13	5.00	0.1	5.40	5.30	0.1
张家港行	5.23	5.58	0.1	5.66	5.85	0.1
浦发银行	5.43	6.76	4.1	6.12	6.85	4.2
华夏银行	7.41	6.59	1.6	6.80	6.37	1.7
民生银行	5.33	6.43	3.7	5.54	7.73	4.2
招商银行	7.00	6.57	4.5	7.26	5.97	4.3
无锡银行	—	—	—	5.59	5.97	0.1
江苏银行	6.40	8.30	1.0	6.09	8.89	1.1
杭州银行	5.48	8.40	0.4	5.37	10.32	0.5
南京银行	3.80	8.39	0.7	3.82	8.42	0.8
常熟银行	—	—	—	5.47	5.23	0.1
兴业银行	4.64	9.18	4.3	4.55	8.77	4.4
北京银行	4.95	6.83	1.5	4.87	6.58	1.5
上海银行	4.74	8.07	1.2	4.05	8.79	1.3
农业银行	6.05	6.04	14.5	6.28	6.37	14.0
交通银行	5.93	5.47	5.8	5.67	5.94	6.0
工商银行	5.93	5.11	18.1	6.14	5.21	17.3
光大银行	5.83	6.37	2.6	6.24	7.73	2.9
成都银行	4.65	6.47	0.3	4.75	7.82	0.3

续表

银行名称	2015 年			2016 年		
	h_i	f_i	w_i （%）	h_i	f_i	w_i （%）
建设银行	6.35	4.77	14.9	6.59	5.16	15.0
中国银行	6.10	5.13	13.7	6.20	5.08	13.0
贵阳银行	4.65	8.67	0.2	3.94	10.38	0.3
中信银行	6.14	6.30	4.2	6.06	6.43	4.2
吴江银行	5.85	4.35	0.1	5.42	4.28	0.1

资料来源：Wind 资讯系统。

二、主要银行系统风险贡献情况

对 2013~2016 年数据进行相应处理，由此，本章得到不同时期银行对系统性风险的贡献度。在此基础上，以阈值 0.5 为例，根据所得到的倒闭顺序确定每年的系统重要性银行及其贡献度，数据如表 7-3 所示。

表 7-3　阈值为 0.5 时各年系统重要性银行贡献度分布

年份	重要性银行	贡献度
2013	工商银行	0.60
	建设银行	0.20
2014	工商银行	0.51
	中国银行	0.24
2015	工商银行	0.51
	中国银行	0.16
	建设银行	0.13
	农业银行	0.09
2016	工商银行	0.55
	建设银行	0.21
	农业银行	0.12
	中国银行	0.10

结果表明，在阈值为 0.5 的条件下，2013~2016 年四大国有银行"贡献"了绝大部分系统性风险。其中，工商银行对系统性风险的贡献度最大，中国银行次之，建设银行 2015~2016 年对系统性风险的贡献度较大。总体而言，四大国有银行在阈值为 0.5 时，几乎贡献了所有的系统性风险，这与其规模巨大是密不可分的。

第三节　基于股价信息的机构间
金融冲击传递

与 Diebold 和 Yilmaz（2014）采取的方式相似，本节我们将基于股票市场信息，利用最新的网络分析法（Diebold and Yilmaz，2012，2014；Yang and Zhou，2013），控制四个主要国际金融市场（美国、英国、德国、日本）金融部门的影响，来识别 2008~2015 年中国上市金融机构间金融冲击的传递结构及其影响因素。本节研究内容主要涉及以下几方面：

首先，本书研究了中国股票市场与国际金融市场的相互影响关系，结果发现，中国金融部门对主要发达国家，尤其是对日本金融部门具有相当的影响力，丰富了对国际金融一体化的相关研究。尽管已有部分文献（Bessler and Yang，2003；Bekaert et al.，2014）研究了各国股票市场的相互影响，但探讨中国股票市场与国际金融市场相互影响的研究仍较为少见。由于各国股票市场可能由于产业结构的差异而并不具备直接可比性（Roll，1992），而行业指数比股票市场指数更具可比性，可能会更清晰、精确地反映出国家之间经济层面的相互关联（Phylaktis and Xia，2009）。此外，虽然近期有部分文献探讨了国家间的金融行业水平互动关系（Elyasiani et al.，2015），但这些研究均未包含中国金融部门。

其次，我们将对金融机构间的冲击传递结构及其影响因素进行全面研究。在考虑美、英等四个主要国际金融部门影响的条件下，对中国上市金融机构间的金融冲击传递结构进行识别，也丰富了系统重要性金融机构的识别方法[①]。我们对金融系统结构在孕育金融风险中所扮演的实际角色还远未了解（Acemoglu et al.，2015），这一观点同样适应于中国的情况。与传统观点不同，本书研究发现：相较于四大国有商业银行，大型商业银行在金融冲击传递网络中往往扮演着更为显著的角色，因而可能应被考虑识别为 SIFIs。但值得注意的是，SIFIs 在金融冲击传递网络中的相对地位随时间急剧变化：在金融市场动荡的危机时期（2008 年金融危机和 2015 年股灾期间），四大国有银行在金融冲击传递网络中的影响力有所增强，但在市场平稳时期影响力较弱。这一结果拓展了 Yang 和 Zhou（2013）、Ballester 等（2016）、Helwege 和 Zhang（2016）等对于金融冲击传递网络的认识。

最后，为了深入了解金融冲击传递结构背后的宏观和微观的影响因素，我们广泛地检验了货币政策、非正式民间金融市场、房地产投资、政府收支、金融机构财务指标等经济因素的影响。发现宏观经济因素，尤其是货币相关因素（如货币供给、银行间拆借利率、汇率），决定了金融机构在金融冲击传递网络中受到的影响；而特定因素，如杠杆率、机构规模等，则决定了金融机构在金融冲击传递网络中的影响力，进而决定了该机构的净影响。这些发现不仅有助于揭示中国金融体系的最新发展，也为中国乃至全球的金融监管提供了有益参考。

结构安排上，本书首先阐述识别金融冲击传递结构所使用的数据处理与计量方法，其次讨论实证结果的性质及稳健性，并对金融冲击传递结构背后的宏观和微观的影响因素进行了分析，最后进行总结。

[①] 这一研究领域包含多种对系统重要性金融结构的识别方法，包括：财务指标法（IMF，BIS and FSB，2009；Allahrakha et al.，2015；Glasserman and Loudis，2015）、基于资产—负债以及银行间市场数据的结构化方法（Mistrulli，2011）、基于金融市场的简化式方法（Adrian and Brunnermeier，2009；Huang et al.，2009；Acharya et al.，2016；Browness and Engle，2011；Acharya et al.，2012）。本书的方法与 Diebold 和 Yilmaz（2014）、Yang 和 Zhou（2013）类似，属于简化式方法，其优点是可以更好地考察金融机构间超过实际商业往来的相互关联性。

一、变量和数据选择

本书估计金融冲击传递结构时所使用的数据为 2008~2015 年中国上市金融机构日股票收益率[①]。数据，使用金融机构资产价格有三方面好处（Huang et al.，2009）：一是数据易得；二是金融机构资产价格的变化（收益）包含了市场的预期信息，因而具有前瞻性；三是数据频率高，能够及时反映市场变化，有利于确保风险控制与监管的时效性。本书的原始数据收集来自国泰安数据库，并进行了如下处理：

首先，收集在中国上海证券交易所与深圳证券交易所 A 股市场交易的所有金融行业上市机构的每日股票收盘价。我们将样本时间限制在 2008 年 1 月 1 日到 2015 年 12 月 31 日，这是因为很多上市银行机构是在 2007 年上市的，如 2007 年 2 月兴业银行，4 月中信银行，5 月交通银行，7 月南京银行、宁波银行，9 月北京银行和中国建设银行。

由于中国的金融体系是由银行机构所主导的（Allen et al.，2005，2008；Ayyagari et al.，2010；Allen et al.，2012；Qian et al.，2015），而且银行机构是国际金融冲击孕育与传播的主要渠道（Peek and Rosengren，1997；Ongena et al.，2013；Allen et al.，2014；Alpanda and Aysun，2014；Haas and Lelyveld，2014），所以我们将样本时间定于 2008 年初开始，可以确保样本中涵盖足够的银行机构（14 家银行，其中 3 家属于四大国有银行），这不仅能够帮助识别中国上市金融机构间的金融冲击传递结构网络，还能帮助观测 2008 年全球金融危机对我国金融机构的影响。另外，我们还考虑了样本期间从 2011 年初开始，即样本涵盖现有全部 16 家上市银行机构（包括所有的四大国有银行）的情况（见表 7-4）。

---

① 日股票收益率$=100 \times \log\left(\dfrac{\text{当日收盘价格}}{\text{前一交易日收益价}}\right)$。

表 7-4 样本金融机构及其股票收益率相关信息

机构名称	缩写	股票代码	所属部门	2008~2015 年		2011~2015 年	
				均值	标准差	均值	标准差
陕国投 A	SIT	000563	信托	0.0319	3.368	0.1005	3.178
国金证券	SLS	600109	证券	0.0061	3.508	0.0688	3.231
国元证券	GYS	000728	证券	−0.0095	3.315	0.0604	2.867
海通证券	HTS	600837	证券	−0.0143	3.286	0.0456	2.744
太平洋	PS	601099	证券	−0.0436	3.296	0.0233	2.886
长江证券	CJS	000783	证券	−0.0047	3.360	0.0664	2.926
中信证券	CS	600030	证券	−0.0267	3.031	0.0393	2.704
东北证券	NES	000686	证券	−0.0051	3.491	0.0381	3.076
中国平安	PAI	601318	保险	−0.0134	2.606	0.0225	2.209
中国人寿	CLI	601628	保险	−0.0330	2.587	0.0241	2.320
中国太保	CPI	601601	保险	−0.0236	2.676	0.0209	2.316
华夏银行	HXB	600015	银行	0.0024	2.614	0.0437	2.164
中国银行	BOC	601988	银行	−0.0245	1.833	0.0196	1.695
南京银行	BON	601009	银行	0.0057	2.466	0.0515	2.158
招商银行	CMB	600036	银行	−0.0293	2.386	0.0277	1.926
兴业银行	IB	601166	银行	−0.0049	2.681	0.0459	2.236
工商银行	ICBC	601398	银行	−0.0292	1.780	0.0078	1.509
宁波银行	BN	002142	银行	−0.0036	2.580	0.0358	2.293
平安银行	PAB	000001	银行	−0.0104	2.682	0.0326	2.323
民生银行	MSB	600016	银行	−0.0027	2.370	0.0637	2.108
建设银行	CCB	601939	银行	−0.0242	1.961	0.0208	1.752
中信银行	CB	601998	银行	−0.0156	2.497	0.0282	2.324
北京银行	BB	601169	银行	−0.0167	2.436	0.0193	2.101
交通银行	BC	601328	银行	−0.0402	2.239	0.0185	1.938
浦发银行	PDB	600000	银行	−0.0142	2.589	0.0463	2.056
2011~2015 年样本新增金融机构							
华泰证券	HuaT	601688	证券			0.0349	2.870
广发证券	GFS	000776	证券			−0.0228	2.901

机构名称	缩写	股票代码	所属部门	2008~2015 年		2011~2015 年	
				均值	标准差	均值	标准差
2011~2015 年样本新增金融机构							
招商证券	CMS	600999	证券			0.0311	2.775
兴业证券	IS	601377	证券			0.0213	3.055
光大证券	ES	601788	证券			0.0426	2.950
农业银行	AB	601288	银行			0.0167	1.587
光大银行	EB	601818	银行			0.0055	2.017

注：2008~2015 年样本共包含 1945 个交易日观测值，2011~2015 年样本共包含 1213 个交易日观测值。

其次，从原始样本中剔除掉不满足下列条件的金融机构：一是样本期间，股票需在 A 股市场上持续交易；二是样本期间缺失的观测值年平均不能超过 20 天（一个月）。由此，我们最终的 2008~2015 年样本含有 25 家金融机构，其中包括 14 家银行机构，3 家国有银行（属于四大国有银行）；而 2011~2015 年的样本含有 32 家金融机构，其中包括 16 家银行机构，4 家国有银行（属于四大国有银行）。

最后，样本期间股票收盘价缺失值以存在交易的前一交易日收盘价替代，并计算该金融机构的股票收益为每日收盘价的对数增长率。考虑到除 ST 股外，中国所有 A 股股票每日股价的涨跌幅度自 1996 年 12 月 16 日开始被限制在正负 10% 的范围内，我们将所有股票收益率高于 10%（低于 −10%）的值，替换为 9.531%（−9.531%）。表 7-4 给出了样本所含金融机构及其股票收益率相关信息。

尽管资本账户并未完全开放，但我国作为世界贸易大国之一，拥有世界上规模最大的外汇储备，国际贸易是金融冲击国际传递的重要渠道之一。如果不考虑全球主要金融市场的影响，可能导致对中国上市金融机构间的金融冲击传递结构的识别出现偏差。因此，我们选择美国、英国、德国和日本四个主要国际金融市场作为我国金融市场受到的外部影响因素，分别使用 NASDAQ、FTSE All-Share 8000 与 DAX Index 金融业指数计算美国、英国和德国的金融部门股票收益。对于日本，由于金融行业的股价指数无法获得，我们使用日本的银行、证券、保险与其他金融商业价格指数，利用主成分分析（Principal Component Analysis，PCA）来抽取这四个金融行业价格指数的共同联动成分，以此衡量日本金融行业的股价指数。结果显示，PCA 的第一个主成分解释了这四个金融价格指数的约 84%，能够充分捕捉到整个日本金融行业价格的变化情况（Yang and Zhou，2013）[①]。美国、英国与日本的相关数据收集来自 CEIC 数据库，德国的金融行业股票价格指数来源于 Bloomberg 数据库。

二、基于 GVAR 方差分解的网络分析法

本书使用网络分析法（Diebold and Yilmaz，2014）来识别中国上市金融机构间的金融冲击传递网络。该网络分析法的基础是广义向量自回归（Generalized Vector Autoregression，GVAR）的方差分解（Koop et al.，1996；Pesaran et al.，1998；Yang et al.，2006；Diebold and Yilmaz，2012，2014）。相比传统社会科学所使用的网络分析法，该网络分析法可以识别出更深层次的关联结构，能够同时识别出关联结构节点权重与关联方向（Diebold and Yilmaz，2014）。作为网络分析法的第一步，我们首先建立含 N 个变量的 VAR 系统，如式（7-5）所示：

$$X_t = \sum_{i=1}^{p} \Phi_i X_{t-1} + \alpha + \varepsilon_t \tag{7-5}$$

式中，X 是股票（股指）收益向量，α 是 VAR 系统的常数项向量，$\varepsilon \sim$（1，$\sum$）是独立同分布的随机误差项。式（7-5）的移动平均过程可以写为 $X = \sum_{i=0}^{\infty} A_i \varepsilon_{t-i}$，其中 A_i 是遵循 $A_i = \Phi_1 A_{i-1} + \Phi_2 A_{i-2} + \cdots + \Phi_p A_{i-p}$ 迭代规律的 N×N 系数矩阵，A_0 是 N×N 的单位矩阵，如果 i<0，则 $A_i=0$。VAR 系统需要估计的系数过多，变量间存在复杂的交互影响，这导致式（7-5）的估计系数难以直接解释。因此，这些系数矩阵的移动平均表达形式（或

[①] PCA 分析的 KMO 检验值（Kaiser，1974）全部在 0.8 以上，这表明 PCA 分析能够充分捕捉到这四个金融部门价格变化的共同趋势。

其变形形式，如脉冲响应方程或方差分解）才是理解该系统动态变化的关键（Diebold and Yilmaz，2012，2014）。

根据 Yang 等（2006）、Diebold 和 Yilmaz（2012，2014），本书使用广义向量自回归（GVAR）方差分解，来计算 X_i 的第 H-步方差分解中被 X_j（$i \neq j$）所解释的部分。对于 H=1，2，…，GVAR 的第 H-步方差分解 $\theta_{ij}^g(H)$ 为：

$$\theta_{ij}^g(H) = \frac{\sigma_{jj}^{-1} \sum_{h=0}^{H-1} (e_i' A_h \sum e_j)^2}{\sum_{h=0}^{H-1} (e_i' A_h \sum A_h' e_j)} \tag{7-6}$$

其中，$\sum$ 是 ε 的方差—协方差矩阵；σ_{jj} 是式（7-6）的第 j 个方程的估计误差项；e_i 是第 i 个因素为 1，其余为 0 的选择向量（selection vector）。由于在广义向量自回归方差分解时，方差分解结果的每一行的和并不一定等于 1，因此，根据 Yang 等（2006）、Diebold 和 Yilmaz（2012，2014），我们将 GVAR 方差分解的每一行结果均除以该行的和进行标准化：

$$\tilde{\theta}_{ij}^g(H) = \frac{\theta_{ij}^g(H)}{\sum_{j=1}^{N} \theta_{ij}^g(H)} \tag{7-7}$$

随后，根据 Diebold 和 Yilmaz（2014），该系统中所有变量的总体关联度（total connectedness）的计算公式为：

$$S^g(H) = \frac{\sum_{i,j=1; i \neq j}^{N} \tilde{\theta}_{ij}^g(H)}{\sum_{i,j=1}^{N} \tilde{\theta}_{ij}^g(H)} \times 100 \tag{7-8}$$

该系统中，其他机构（市场）对机构（市场）i 的影响（total influence from others to i，"from"）的计算公式为：

$$S_i^g(H) = \frac{\sum_{j=1; i \neq j}^{N} \tilde{\theta}_{ij}^g(H)}{\sum_{i,j=1}^{N} \tilde{\theta}_{ij}^g(H)} \times 100 \tag{7-9}$$

类似地，机构（市场）i 对其他机构（市场）的影响（total directional influence to others from i，"to"）为：

$$S_i^g(H) = \frac{\sum\limits_{j-1; \, i \neq j}^{N} \tilde{\theta}_{ji}^g(H)}{\sum\limits_{i,j=1}^{N} \tilde{\theta}_{ji}^g(H)} \times 100 \qquad (7\text{--}10)$$

由此，机构（市场）i 对其他所有机构（市场）的净影响（net total influence of i，"net"）为：

$$S_i^g(H) = S_i^g(H) - S_i^g(H) \qquad (7\text{--}11)$$

最后，该系统中任意两个机构 i 与机构 j 之间的两两净影响（net pairwise influence）即为机构（市场）i 对机构（市场）j 的影响与机构（市场）j 对机构（市场）i 影响的差：

$$S_j^g(H) = \left(\frac{\tilde{\theta}_{ji}^g(H)}{\sum\limits_{i,k=1}^{N} \tilde{\theta}_{ik}^g(H)} - \frac{\tilde{\theta}_{ij}^g(H)}{\sum\limits_{j,k=1}^{N} \tilde{\theta}_{jk}^g(H)} \right) \times 100 \qquad (7\text{--}12)$$

三、全样本金融冲击传递结构及其稳健性检验

我们将在控制四个主要国际金融市场（美国、英国、德国和日本）金融部门的影响下，讨论 2008~2015 年 25 家上市金融机构间的金融冲击传递结构。根据 Diebold 和 Yilmaz（2014），我们将在金融冲击传递网络中有较高的正净影响（net）且对其他机构（部门）的影响（to）也较高的机构，定义为系统性重要金融机构（SIFIs）。随后，我们对可能影响识别金融冲击传递网络的情况进行了稳健性讨论。具体来说，VAR 模型的变量包括我国 25 家金融机构股票收益，以及美国、英国、德国、日本四个主要发达国家的金融行业股指收益序列，共 29 个变量。根据赤池信息量准则（Akaike Information Criterion，AIC），选择 VAR 系统的滞后期为滞后 1 期。根据相关文献（Yang et al.，2006；Diebold and Yilmaz，2009，2012），

我们使用广义向量自回归的第 10 步（10-step-ahead，相当于两周）预测，来计算全样本金融冲击传递网络结构（Diebold and Yilmaz，2014）。

我国金融机构间的金融冲击传递结构网络如表 7-5 所示。由此可知，金融机构受其他机构（部门）的影响程度值较高且范围集中。金融机构间的商业活动往来和借贷关系是金融机构间关联度的主要决定因素（Acharya et al.，2012；Acemoglu et al.，2012；Allen et al.，2014；Allahrakha et al.，2015；Glasserman and Loudis，2015；Acemoglu et al.，2015）。显然，不论是商业活动，还是借贷关系，都会在深度发展的金融市场中进一步得到加强。相比美国主要金融机构的 70%~82% 受其他机构影响的程度，我国的影响达到 89%~92%，显得特别高且集中。

表 7-5 中另一个有趣的结果是：相较于四大国有银行，股份制商业银行，尤其是华夏银行、招商银行、兴业银行、宁波银行、平安银行、交通银行、浦发银行在金融冲击传递网络中的 to 值与 net 值较高。因此，从审慎性监管的角度（Diebold and Yilmaz，2014）来说，这些股份制商业银行可能也应考虑被识别为国内系统重要性金融机构（SIFIs）。此外，保险行业的三家上市机构（中国平安、中国太保、中国人寿）在金融冲击传递网络中，也表现出与这些应被识别为 SIFIs 的商业银行类似的影响力。这一结果并不意味着四大国有银行不再重要，而是反映出了中国金融体系的最新发展。自 2000 年前后中央政府开始着手处理国有银行体系（尤其是四大国有银行）的不良贷款问题以来，中国金融体系经历了一系列市场化改革过程。在摆脱原有的不良贷款问题并接受了大量注资后，所有的四大国有银行到 2010 年均已完成上市过程（Allen et al.，2012）。在 2016 年的全球金融品牌排名（"2016 Brand Finance ranking"）中，世界前 6 名中有四家为中国的四大国有银行，本书样本中的其他商业银行的排名也大都在世界前 50 名以内。因此，四大国有银行可能由于受到更为严格的监管，或被市场认为它们是所谓的"大而不倒"（too big to fail）机构，从而使得它们在金融体系中的溢出效应较低。

表 7-5 金融冲击传递结构网络 （2008~2015 年）

	SIT	SLS	GYS	HTS	PS	CJS	CS	NES	PAI	CLI	CPI	HXB	BOC	BON	CMB	IB	ICBC	BN	PAB	MSB	CCB	CB	BB	BC	PDB	USF	UKF	JPF	GMF	from
SIT	11.0	4.3	5.5	4.9	5.2	5.4	5.0	5.3	3.4	3.7	3.9	3.3	2.3	3.5	2.9	3.2	2.2	3.9	3.4	2.9	2.6	2.8	3.1	2.9	3.0	0.1	0.2	0.1	0.1	89
SLS	4.4	11.2	6.7	6.0	6.2	6.3	5.9	6.4	3.4	3.6	3.5	2.6	2.0	3.0	2.6	2.8	2.0	3.3	2.9	2.4	2.3	2.5	2.6	2.3	2.7	0.1	0.1	0.2	0.0	89
GYS	4.7	5.6	9.4	6.0	5.9	6.6	5.9	6.5	3.5	3.7	3.8	2.8	2.1	3.2	2.6	2.9	2.1	3.5	3.0	2.5	2.5	2.4	2.7	2.6	2.7	0.1	0.1	0.1	0.1	91
HTS	4.0	4.8	5.8	9.0	5.3	6.3	6.6	5.6	3.6	3.8	4.0	3.2	2.3	3.1	3.0	3.3	2.3	3.4	3.2	2.8	2.7	2.8	3.1	2.8	3.0	0.1	0.1	0.1	0.1	91
PS	4.7	5.5	6.2	5.8	9.9	6.3	5.9	6.1	3.4	3.7	3.6	3.0	2.2	3.2	2.8	2.9	2.2	3.4	2.9	2.5	2.7	2.6	2.7	2.6	2.8	0.1	0.1	0.2	0.1	90
CJS	4.4	5.1	6.3	6.3	5.7	9.0	6.3	6.4	3.3	3.7	3.6	3.0	2.2	3.2	2.7	3.0	2.2	3.5	3.1	2.7	2.6	2.6	2.9	2.8	2.9	0.1	0.1	0.2	0.1	91
CS	3.8	4.5	5.3	6.2	5.0	5.8	8.5	5.3	3.8	4.2	4.1	3.3	2.4	3.2	3.2	3.5	2.3	3.5	3.4	2.8	2.9	2.9	3.0	2.9	3.5	0.2	0.1	0.3	0.1	92
NES	4.6	5.4	6.6	5.9	5.8	6.7	6.0	9.5	3.4	3.6	3.7	2.8	2.3	3.1	2.7	3.0	2.1	3.5	3.1	2.6	2.6	2.6	2.7	2.5	2.8	0.1	0.1	0.2	0.1	90
PAI	2.7	2.6	3.2	3.4	3.0	2.5	3.9	3.1	8.5	5.7	6.0	4.0	3.2	3.6	4.3	4.1	3.1	3.7	4.1	3.7	3.8	3.3	3.8	4.1	3.8	0.6	0.5	0.4	0.4	91
CLI	2.8	2.7	3.3	3.6	3.1	3.4	4.1	3.2	5.6	8.4	6.1	3.9	3.4	3.6	4.0	3.9	3.4	3.8	3.7	3.9	3.9	3.6	3.6	4.0	3.6	0.3	0.3	0.4	0.3	92
CPI	3.0	2.6	3.4	3.7	3.1	3.3	4.0	3.2	5.8	6.0	8.3	4.0	3.2	3.7	4.0	4.0	3.2	3.9	3.8	3.8	3.7	3.4	3.9	4.0	3.6	0.2	0.3	0.4	0.2	92
HXB	2.3	1.8	2.3	2.7	2.3	2.5	3.0	2.3	3.6	3.6	3.7	7.6	3.8	4.7	5.3	5.3	3.8	4.8	4.9	5.0	4.3	4.4	4.9	4.8	5.2	0.1	0.2	0.2	0.2	92
BOC	1.9	1.7	2.1	2.4	2.1	2.3	2.6	2.2	3.5	3.8	3.6	4.6	9.3	4.0	4.7	4.4	5.8	4.6	4.1	4.7	6.1	5.0	4.3	5.5	4.0	0.1	0.2	0.2	0.2	91
BON	2.5	2.2	2.7	2.8	2.6	2.8	3.0	2.6	3.4	3.5	3.6	4.9	3.5	8.0	4.7	5.0	3.8	5.8	4.6	4.4	4.0	4.2	5.3	4.5	4.7	0.1	0.2	0.3	0.1	92
CMB	2.0	1.8	2.2	2.6	2.2	2.4	2.9	2.2	3.9	3.7	3.8	5.4	3.9	4.5	7.8	5.4	4.1	4.5	4.8	5.0	4.4	4.2	4.8	4.9	5.2	0.3	0.3	0.4	0.2	92
IB	2.3	1.9	2.4	2.8	2.2	2.6	3.1	2.4	3.7	3.5	3.6	5.2	3.6	4.7	5.2	7.6	3.7	4.9	5.4	4.9	4.1	4.2	5.0	4.6	5.5	0.3	0.3	0.3	0.2	92
ICBC	2.0	1.6	2.1	2.4	2.1	2.3	2.6	2.0	3.4	3.8	3.6	4.7	5.8	4.7	4.9	4.5	9.3	4.2	4.1	4.7	6.1	4.3	4.3	5.5	4.1	0.2	0.3	0.3	0.2	91
BN	2.7	2.3	2.8	2.9	2.6	3.0	3.2	2.8	3.3	3.5	3.6	4.8	3.8	5.5	4.5	5.0	3.5	7.7	4.8	4.4	4.0	4.7	5.2	4.6	4.5	0.2	0.2	0.2	0.2	91
PAB	2.5	2.0	2.5	2.8	2.3	2.7	3.2	2.6	3.8	3.5	3.6	5.1	3.5	4.5	4.9	5.6	3.5	4.9	7.9	4.9	4.1	4.2	4.7	4.6	5.2	0.2	0.2	0.3	0.1	92
MSB	2.1	1.7	2.2	2.6	2.1	2.4	2.7	2.2	3.5	3.8	3.7	5.3	4.1	4.5	5.3	5.3	4.1	4.7	5.0	8.1	4.5	4.6	4.7	4.9	4.9	0.2	0.3	0.2	0.1	92
CCB	2.0	1.7	2.3	2.5	2.3	2.4	2.8	2.2	3.8	3.9	3.8	4.7	5.5	4.2	4.8	4.5	5.5	4.4	4.3	4.7	8.4	4.5	4.4	5.4	4.2	0.3	0.3	0.3	0.2	92
CB	2.2	1.9	2.3	2.7	2.3	2.5	3.0	2.3	3.4	3.7	3.6	4.9	4.6	4.5	4.7	4.8	4.0	5.2	4.6	4.8	4.6	8.6	4.8	5.0	4.2	0.2	0.2	0.3	0.2	91

续表

	SIT	SIS	GYS	HTS	PS	CJS	CS	NES	PAI	CLI	CPI	HXB	BOC	BON	CMB	IB	ICBC	BN	PAB	MSB	CCB	CB	BB	BC	PDB	USF	UKF	JPF	GMF	from
BB	2.3	1.8	2.3	2.8	2.2	2.6	2.9	2.3	3.6	3.5	3.8	5.1	3.7	5.4	5.0	5.3	3.7	5.4	4.7	4.6	4.2	4.5	8.0	4.0	4.9	0.1	0.2	0.3	0.2	92.0
BC	2.1	1.6	2.2	2.5	2.1	2.4	2.7	2.1	3.8	3.8	3.8	4.9	4.7	4.7	5.0	4.8	4.6	4.7	4.6	4.8	5.1	4.6	4.7	7.9	4.7	0.3	0.4	0.3	0.2	92.0
PDB	2.2	1.9	2.4	2.8	2.3	2.6	3.3	2.4	3.6	3.4	3.5	5.4	3.4	4.7	5.4	5.8	3.5	4.7	5.3	4.9	4.0	3.9	4.9	4.7	8	0.2	0.3	0.3	0.2	92.0
USF	0	0	0	0.1	0	0.1	0.2	0.1	0.5	0.3	0.5	0.3	0.1	0.2	0.4	0.3	0.3	0.2	0.3	0.3	0.3	0.2	0.4	0.4	0.2	62.7	18.0	1.4	12.0	37.0
UKF	0.2	0.1	0.2	0.3	0.3	0.3	0.4	0.3	1.1	0.9	1.1	0.9	0.7	0.5	1.0	0.9	0.7	0.7	0.8	0.8	0.8	0.4	0.7	0.9	1.2	16.8	44.4	3.3	19.2	56.0
JPF	0.5	0.6	0.6	1.0	0.9	0.9	1.2	0.7	2.1	1.6	1.8	1.3	1.2	1.5	2.1	1.5	1.2	1.2	1.4	1.1	1.5	1.1	1.3	1.7	1.6	11.2	11.0	39.6	6.6	60.0
GMF	0.3	0.1	0.3	0.3	0.2	0.3	0.3	0.3	0.9	0.9	0.9	0.7	0.5	0.5	0.9	0.8	0.6	0.6	0.7	0.4	0.4	0.8	0.8	0.9	14.3	21.0	2.7	48.0	52.0
to	71.0	70.0	86.0	91.0	82.0	90.0	97.0	85.0	94.0	96.0	98.0	104.0	84.0	99.0	103.0	106.0	84.0	105.0	101.0	97.0	95.0	91.0	99.0	101.0	100.0	47.0	56.0	14.0	42.0	TC=85.8
net	-18	-19	-5	0	-8	-1	5	-5	4	4	6	12	-7	7	11.0	14.0	-7.0	13.0	9.0	5.0	3.0	0.0	7.0	9.0	8.0	10.0	0.0	-46.0	-10.0	

注：TC、from、to 和 net 分别表示在所构建的 VAR 系统中金融机构（部门）的总体关联度、受到其他金融机构（部门）的影响程度、对金融机构（部门）的影响程度和净影响。USF、UKF、JPF 与 GMF 分别表示美国、英国、日本与德国金融部门。下同。

为了进一步分析我国金融市场金融冲击传递结构，本书根据以上结果计算金融部门间的金融冲击传递结构。根据表7-6可知，证券行业的金融机构受到信托、保险、银行业的平均影响程度分别约为4.5%、11%和38%；保险行业的金融机构受到信托、证券、银行业的平均影响程度分别约为3%、23%和52%；而银行机构受到信托、证券、保险业的平均影响程度分别约为2.5%、17%和11%。

银行机构受到非银行金融机构的平均影响程度超过30%。这表明尽管银行业金融机构仍在中国金融体系中占主导地位，非银行业金融机构已有着不容忽视的影响力。另外，中国金融部门，尤其是银行业金融机构对四个主要国际金融部门具有一定的影响力。中国银行部门对美国、英国、日本、德国金融部门的影响程度分别为4%、11%、19.7%和9.2%，而非银行部门对这四个主要金融部门的影响程度分别为1.8%、5.2%、11.9%和4.8%。中国金融体系对这四个主要国际金融部门均表现出了正的净影响。中国金融部门（25家金融机构）受到美国、英国、日本和德国的影响程度（from）分别为4.6%、5.6%、6.7%和4%，对这四个主要金融部门的影响（to）分别为5.8%、16.2%、31.6%和15%；中国金融部门对美国、英国、日本和德国金融部门的净影响（pairwise net influence）分别为1.2%、10.6%、24.9%和11%。上述结果表明，中国金融部门对国际金融部门，尤其是对日本金融部门，表现出了明显的影响力。这可能主要归因于中国近年来经济的飞速发展，加之对资本账户的严格监管，在世界经济体系中的影响力逐渐提升。

对以上结果，我们进行如下几项稳健性检验：首先，以银行部门的股指收益而不是整个金融行业股指收益来控制四个主要国际金融部门的影响[1]。由于中国金融体系以银行业占主导地位，因此我们有必要检验如果以银行业股指收益而非原来的金融行业股指收益来控制国际金融部门的影响，是否会影响对中国金融机构间金融冲击传递网络的识别。

---

[1] 由于我们没能收集到德国的银行部门股指数据，该稳健性检验中德国仍使用整个金融行业的股指收益数据。

表7-6 金融冲击传递结构中金融机构受金融部门的影响（2008~2015 年）

	from								非银行	4GFM
	信托	证券	保险	银行	USF	UKF	JPF	GMF		
SIT	11.0	35.6	11.0	42.0	0.1	0.2	0.1	0.1	57.6	0.5
SLS	4.4	48.7	10.5	36.0	0.1	0.1	0.2	0.0	63.6	0.4
GYS	4.7	45.9	11.0	37.6	0.1	0.1	0.1	0.1	61.6	0.4
HTS	4.0	43.4	11.4	41.0	0.1	0.1	0.1	0.1	58.8	0.5
PS	4.7	45.7	10.7	38.5	0.1	0.1	0.2	0.1	61.1	0.5
CJS	4.4	45.1	10.6	39.4	0.1	0.1	0.2	0.1	60.1	0.5
CS	3.8	40.6	12.1	42.8	0.2	0.1	0.3	0.1	56.5	0.7
NES	4.6	45.9	10.7	38.4	0.1	0.1	0.2	0.1	61.1	0.5
PAI	2.7	22.4	20.2	52.6	0.6	0.5	0.4	0.4	45.3	1.9
CLI	2.8	23.4	20.1	52.3	0.3	0.3	0.4	0.3	46.3	1.3
CPI	3.0	23.3	20.1	52.2	0.2	0.3	0.4	0.2	46.4	1.1
HXB	2.3	16.9	10.9	68.8	0.1	0.2	0.2	0.2	30.1	0.7
BOC	1.9	15.4	10.9	71.1	0.1	0.2	0.3	0.1	28.2	0.7
BON	2.5	18.7	10.5	67.4	0.1	0.2	0.3	0.1	31.7	0.7
CMB	2.0	16.3	11.4	68.9	0.3	0.3	0.4	0.2	29.7	1.2
IB	2.3	17.4	10.8	68.6	0.2	0.2	0.3	0.2	30.5	1.0
ICBC	2.0	15.1	10.8	70.9	0.2	0.3	0.3	0.2	27.9	1.0
BN	2.7	19.6	10.4	67.0	0.1	0.2	0.2	0.1	32.7	0.6
PAB	2.5	18.1	10.9	67.6	0.2	0.2	0.3	0.1	31.5	0.8
MSB	2.1	15.9	11.0	70.0	0.2	0.3	0.2	0.2	29.0	0.9
CCB	2.0	16.2	11.5	69.5	0.3	0.3	0.3	0.2	29.7	1.1
CB	2.2	17.0	10.7	69.3	0.2	0.2	0.3	0.2	29.9	0.9
BB	2.3	16.9	10.9	69.2	0.1	0.2	0.3	0.2	30.1	0.8
BC	2.1	15.6	11.4	69.5	0.3	0.4	0.4	0.2	29.1	1.2
PDB	2.2	17.7	10.5	68.6	0.2	0.3	0.3	0.2	30.4	1.0
USF	0.0	0.5	1.3	4.0	62.7	18.0	1.4	12.0	1.8	94.1
UKF	0.2	1.9	3.1	11.0	16.8	44.4	3.3	19.2	5.2	83.7
JPF	0.5	5.9	5.5	19.7	11.2	11.0	39.6	6.6	11.9	68.4
GMF	0.3	1.8	2.7	9.2	14.3	21.0	2.7	48.0	4.8	86.0

注：非银行指信托、证券与保险部门的影响加总；4GFM 指四个国际金融部门影响加总。

其次，国际金融市场交易和信息发布的时序问题。与 Bessler 和 Yang（2003）一致，上述结果是将国际金融市场按日历时间来建模的。欧洲股票市场（英国、德国）与北美股票市场（美国）的交易时间和信息发布在同一日，晚于中国与日本的交易时间。这意味着，中国与日本的股票市场信息在国际金融市场上可能造成信息领先的人为偏差。因此，根据 Bessler 和 Yang（2003）的讨论，我们在 VAR 系统中将美国、英国与德国金融市场分别设为信息发布领先市场，并扩充样本至所有上市金融机构。

在 2008~2015 年，中国又有很多金融机构上市，包括四大国有银行的最后一家上市银行——中国农业银行。样本中没涵盖所有的金融机构，是可能影响实证检验结果的因素。因此，我们将样本时间限定为 2011 年初开始，增加 7 家上市金融机构。2011~2015 年的样本包含了目前中国所有的 16 家上市银行机构（包括全部的四大国有银行），检验结果如表 7-7 所示。

表 7-7 稳健性检验

	原结果			（1）银行股指收益			（2）交易时序			（3）2011~2015 年样本		
	from	to	net	from	to	net	from	to	net	from	to	net
SIT	89	71	−18	89	71	−18	89	74	−15	90	64	−26
SLS	89	70	−19	89	70	−19	89	71	−18	91	70	−21
GYS	91	86	−5	91	86	−5	91	88	−3	92	90	−2
HTS	91	91	0	91	91	0	91	91	0	93	103	10
PS	90	82	−8	90	82	−8	90	83	−7	92	86	−6
CJS	91	90	−1	91	90	−1	91	92	1	93	95	2
CS	92	97	5	92	97	5	92	99	7	94	106	12
NES	90	85	−5	90	85	−5	91	86	−5	93	92	−1
PAI	91	94	3	91	94	3	92	102	10	93	102	9
CLI	92	96	4	92	96	4	92	101	9	93	91	−2
CPI	92	98	6	92	97	5	92	101	9	93	99	6
HXB	92	104	12	92	104	12	92	106	14	94	109	15
BOC	91	84	−7	91	84	−7	91	86	−5	91	76	−15

续表

	原结果			（1）银行股指收益			（2）交易时序			（3）2011~2015 年样本		
	from	to	net	from	to	net	from	to	net	from	to	net
BON	92	99	7	92	99	7	92	101	9	93	101	8
CMB	92	103	11	92	103	11	92	107	15	93	99	6
IB	92	106	14	92	106	14	93	109	16	94	108	14
ICBC	91	84	−7	91	83	−8	91	87	−4	91	79	−12
BN	92	105	13	92	105	13	92	106	14	94	106	12
PAB	92	101	9	92	101	9	92	103	11	93	102	9
MSB	92	97	5	92	97	5	92	101	9	92	89	−3
CCB	92	95	3	92	95	3	92	99	7	92	88	−4
CB	91	91	0	91	91	0	92	94	2	92	81	−11
BB	92	99	7	92	99	7	92	101	9	93	96	3
BC	92	101	9	92	101	9	92	106	14	93	99	6
PDB	92	100	8	92	100	8	92	103	11	93	100	7
USF	37	47	10	29	38	9	53	34	−19	50	45	−5
UKF	56	56	0	51	49	−2	67	37	−30	60	58	−2
JPF	60	14	−46	54	13	−41	63	38	−25	56	10	−46
GMF	52	42	−10	49	39	−10	63	27	−36	50	39	−11
HuaT	—	—	—	—	—	—	—	—	—	94	107	13
GFS	—	—	—	—	—	—	—	—	—	93	103	10
CMS	—	—	—	—	—	—	—	—	—	93	104	11
IS	—	—	—	—	—	—	—	—	—	93	96	3
ES	—	—	—	—	—	—	—	—	—	93	101	8
AB	—	—	—	—	—	—	—	—	—	92	88	−4
EB	—	—	—	—	—	—	—	—	—	93	102	9
TC	85.8			87.3			85			88.5		

为了方便比较，表 7-7 还同时给出了 from、to 和 net 原来的估计结果。显然，以银行业股指收益代替金融行业的股指收益来控制四个主要国际金融部门的影响，并未影响我们对中国金融机构间金融冲击传递结果的识

别。然而将美国、英国与德国金融市场视为信息发布领先市场的结果同样与之前按日历日期建模的结果基本一致，尽管四个国际金融部门的结果发生了较为明显的变化：四个国际金融部门受其他部门（机构）影响（from）增加，对其他部门（机构）影响（to）减少，因而他们的净影响（net）也随之降低（显著为负）。这意味着如果我们不按日历日期来建模的话，中国金融部门对国际金融部门的影响程度反而更大。另外，扩大样本量的估计结果同样与我们的 2008~2015 年样本结果较为接近。中国农业银行这一最后上市的四大国有银行，在金融冲击传递网络中对其他机构（部门）的影响（to）与净影响（net）也较低。

第四节　金融冲击动态传递结构及其影响因素

一、动态关联结构

金融监管需要了解金融冲击在金融机构间的动态时变传递结构以及每一金融机构在该传递结构中所扮演的角色。为了实现这一目标，我们借鉴 Yang 等（2006）、Diebold 和 Yilmaz（2009，2012，2014）的处理方法，使用 120 个交易日的固定滚动窗口（120-trading-day fixed rolling window）（约半年①）来提取金融机构间的金融冲击传递结构的动态变化情况。图 7-2、图 7-3、图 7-4 分别描绘了各金融机构（部门）在金融冲击传递结构中的净影响（net）、受其他机构（部门）的影响（from）和对其他机构的影响（to）。这三幅图所描绘的金融冲击动态传递情况再次印证了前边实证检验的结论。

———————

① 剔除双休日、新年、清明、端午、国庆等法定节假日，中国金融市场每年交易日约为 240 天。

A：11 家非银行金融机构与 4 个国际金融部门

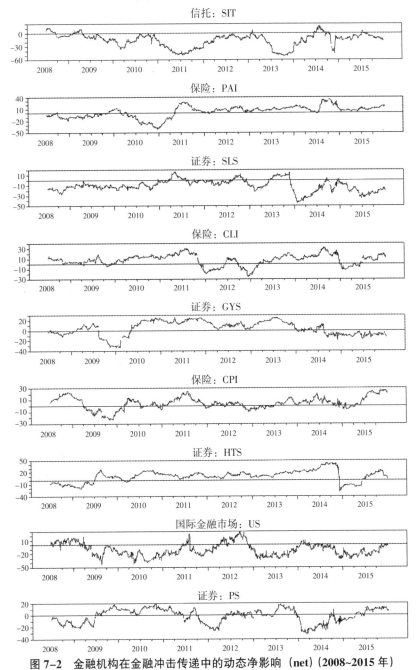

图 7-2 金融机构在金融冲击传递中的动态净影响（net）（2008~2015 年）

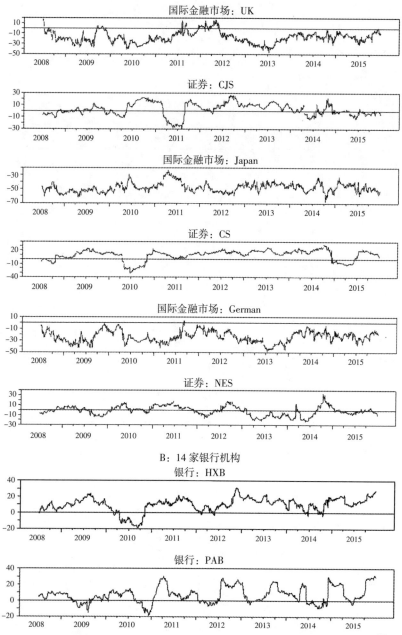

图7-2 金融机构在金融冲击传递中的动态净影响（net）（2008~2015 年）（续）

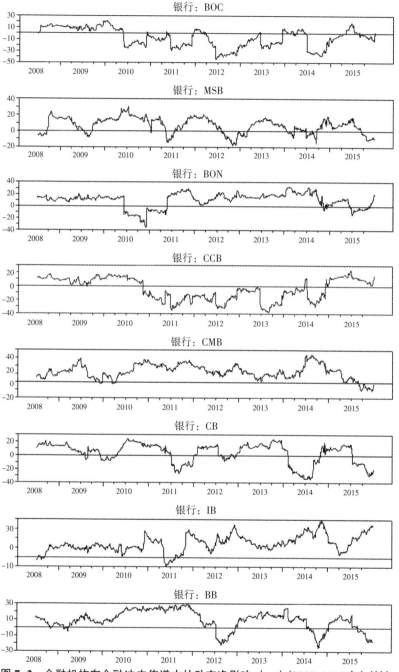

图7-2 金融机构在金融冲击传递中的动态净影响（net）（2008~2015年）（续）

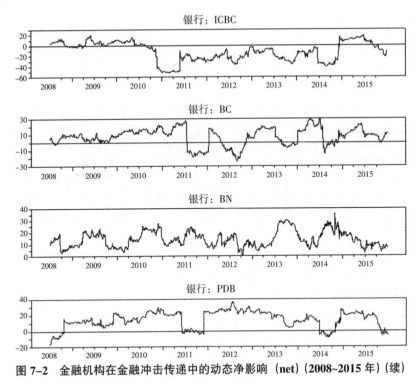

图7-2 金融机构在金融冲击传递中的动态净影响（net）（2008~2015年）（续）

A：11家非银行金融机构与4个国际金融部门

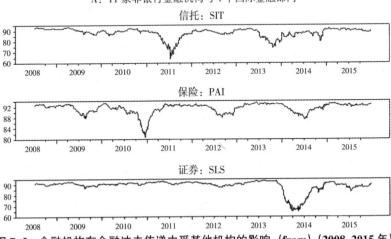

图7-3 金融机构在金融冲击传递中受其他机构的影响（from）（2008~2015年）

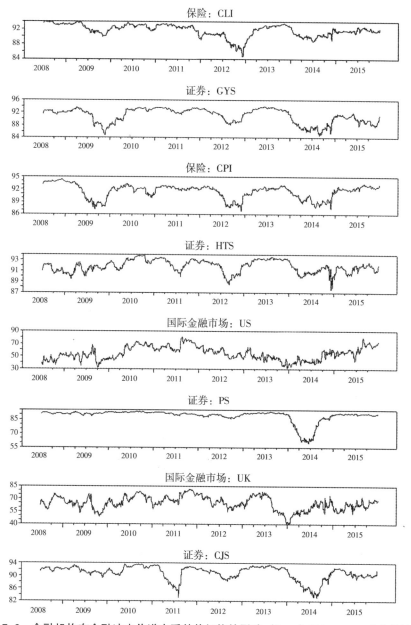

图 7-3 金融机构在金融冲击传递中受其他机构的影响（from）（2008~2015 年）（续）

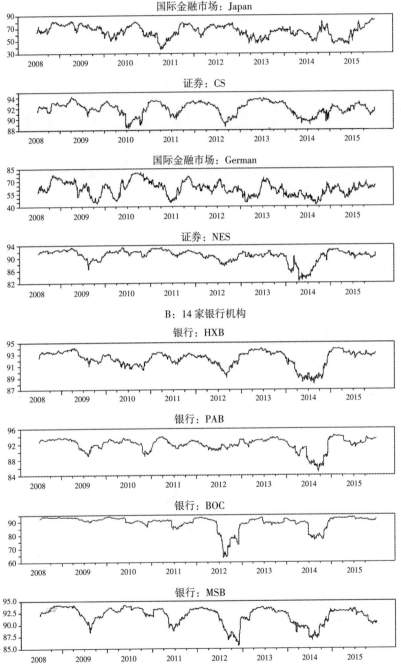

图 7-3　金融机构在金融冲击传递中受其他机构的影响（from）（2008~2015 年）（续）

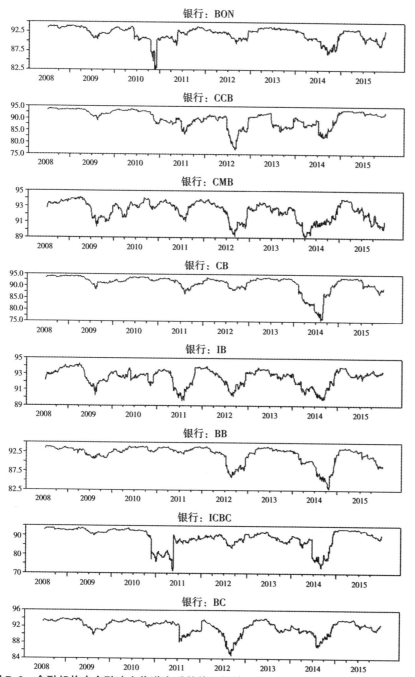

图 7-3　金融机构在金融冲击传递中受其他机构的影响（from）（2008~2015 年）（续）

图7-3 金融机构在金融冲击传递中受其他机构的影响（from）（2008~2015年）（续）

A：11家非银行金融机构与4个国际金融部门

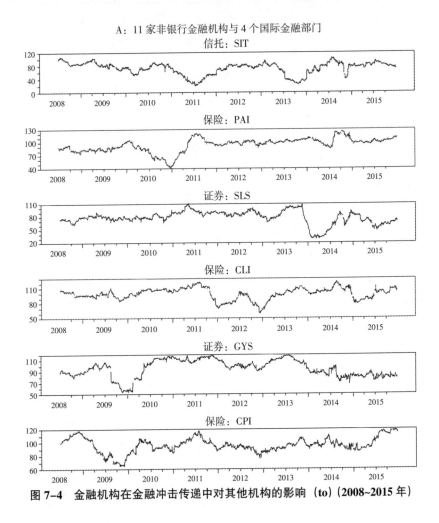

图7-4 金融机构在金融冲击传递中对其他机构的影响（to）（2008~2015年）

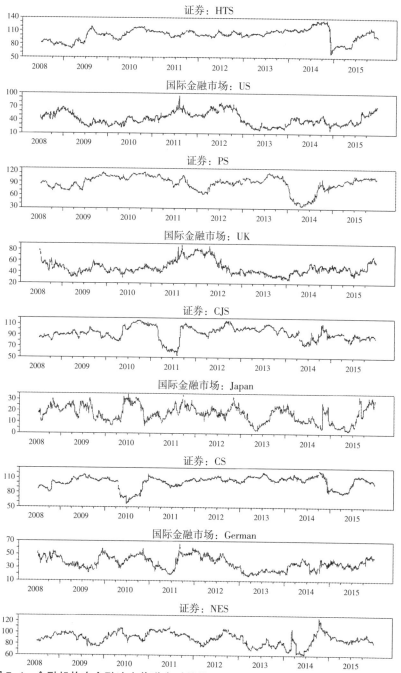

图 7-4 金融机构在金融冲击传递中对其他机构的影响（to）（2008~2015 年）（续）

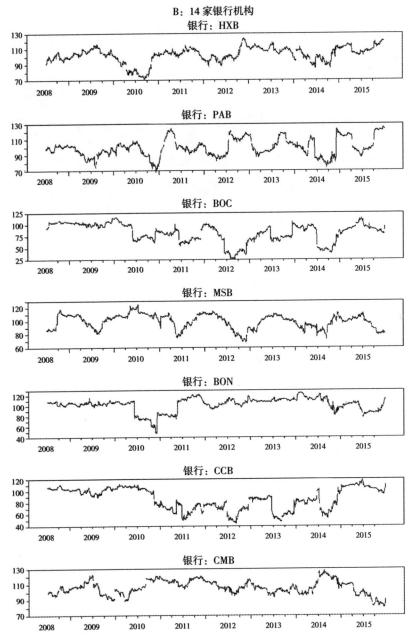

图 7-4　金融机构在金融冲击传递中对其他机构的影响（to）（2008~2015 年）（续）

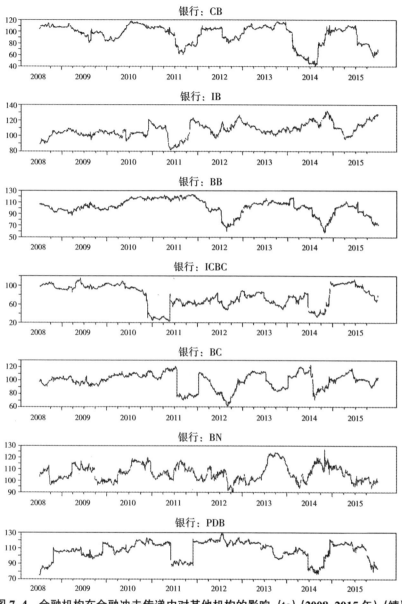

图 7-4 金融机构在金融冲击传递中对其他机构的影响 (to) (2008~2015 年) (续)

首先，根据图7-2、图7-3、图7-4可知，金融机构受其他金融机构的影响，对其他机构的影响均是随时间不断变化的，因而其在金融冲击传递网络中的净影响也是不断变化的。这意味着任一金融机构在风险传递网络中所扮演的重要性是随时间不断变化的。因此，金融监管机构依赖于低频财务指标来识别系统重要性金融机构（IMF，BIS and FSB，2009；Allahrakha et al.，2015；Glasserman and Loudis，2015）的传统做法，可能会由于无法捕捉到这些动态时变信息，从而导致监管的有效性大打折扣。

其次，金融冲击动态传递结构再次强调银行部门在金融体系中的主导性地位，同时也提醒我们需关注非银行金融机构的影响。相比非银行金融机构，银行机构在动态金融冲击传递结构中表现出了更高频率的正的净影响（net）（见图7-2）。然而，11家非银行金融机构（尤其是三家保险公司和部分证券公司）也有类似的表现。

最后，相较于四大国有银行，股份制商业银行在金融冲击传递网络中有着更高的净影响力（net）。华夏银行、招商银行、兴业银行等股份制商业银行在原来全样本金融冲击传递网络中应被识别为系统重要性金融机构（SIFIs），在动态风险传递过程中表现出了更高频率的正的净影响。值得关注的现象是：四大国有银行在样本期间金融市场不稳定时期（即2008年全球金融危机期间与2015年中国股灾期间），对整个金融体系的净影响为正，但在其他市场平稳期净影响却为负。

二、影响因素分析

在分析了金融机构间金融冲击传递的全样本结构与动态结构后，一个自然的问题是：什么因素影响了这一金融冲击传递结构网络？为了回答这一问题，我们借鉴Yang和Zhou（2013）的做法，对中国上市金融机构间金融冲击传递结构背后的影响因素进行了如下分析：

在进行回归分析之前，我们首先使用2011~2015年的32家金融机构样本，同样用120个交易日的固定滚动窗口提取每一家金融机构在金融冲击动态传递网络中的 net、from 和 to 值。使用 2011~2015 年样本而非 2008~2015 年样本,是为了更好地探讨微观财务特定因素（firm-specific factors）的影响。图 7-5 描绘了我们提取出的 2008~2015 年样本与 2011~2015 年样本中共有的 25 家金融机构的 net 值,结果表明这 25 家金融机构的 net 值在两个不同样本中非常接近,同时再次验证估计结果是稳健的。

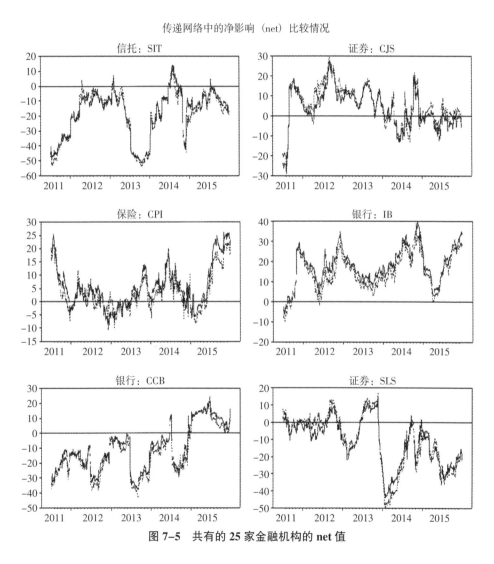

图 7-5 共有的 25 家金融机构的 net 值

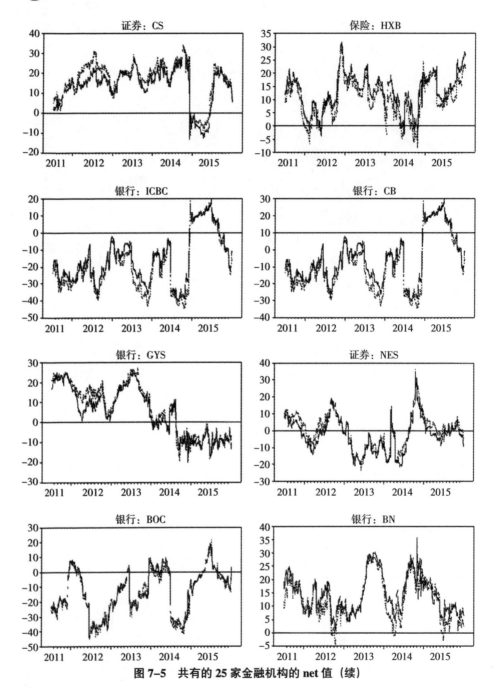

图 7-5 共有的 25 家金融机构的 net 值（续）

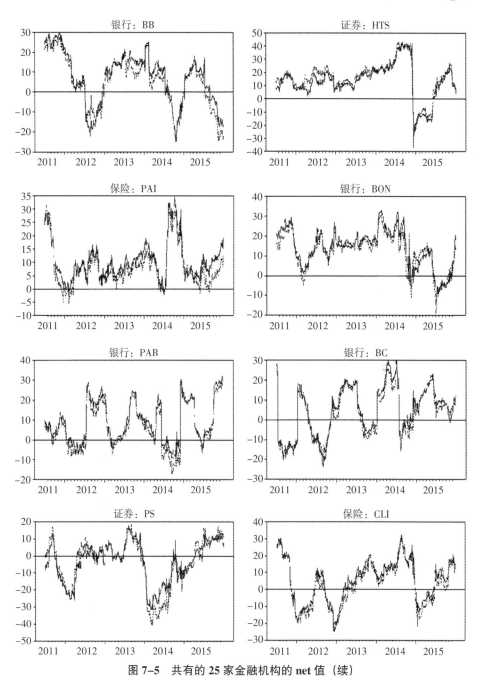

图 7-5 共有的 25 家金融机构的 net 值（续）

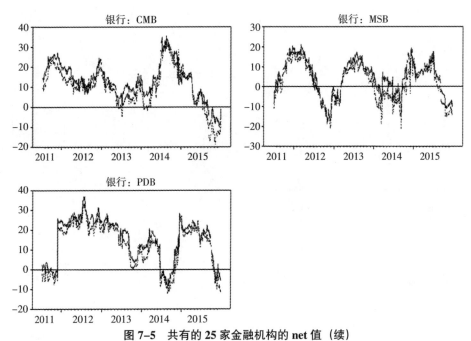

图 7-5　共有的 25 家金融机构的 net 值（续）

注：实线表示 2008~2015 年样本提取 net 值，虚线表示 2011~2015 年样本提取 net 值。

表 7-8 给出 32 家金融机构的 from、to 和 net 值的简单统计分析结果，用于分析金融冲击传递网络背后的影响因素。由于我们只能收集到潜在影响因素的月度或季度数据，因此，在随后的回归分析中，我们将提取的 from、to 与 net 值在每月（或季度）的最后一个交易日视为该月（或季度）的观测值。潜在影响因素包括如下两类：

1. 宏观经济因素

宏观经济因素对金融机构的影响程度可能比机构自身的特定因素影响程度还深（Collin-Dufresne et al.，2001）。中国上市金融机构间金融冲击传递网络中存在高度密集的 from 值，也说明我们需要检验宏观经济因素的影响。与 Yang 和 Zhou（2013）一致，我们首先进行简单的两变量 Newey-West 回归，以检验某一宏观经济因素（或其组成因素）对金融机

表 7-8　2011~2015 年样本提取的 from、to 与 net 值统计信息

	from				to				net			
	均值	标准差	最小值	最大值	均值	标准差	最小值	最大值	均值	标准差	最小值	最大值
信托：平均	0.901	0.037	0.694	0.938	0.711	0.194	0.202	1.030	-0.190	0.163	-0.543	0.114
SIT	0.901	0.037	0.694	0.938	0.711	0.194	0.202	1.030	-0.190	0.163	-0.543	0.114
证券：平均	0.930	0.019	0.863	0.951	1.004	0.128	0.656	1.269	0.074	0.117	-0.237	0.332
SLS	0.905	0.052	0.712	0.950	0.798	0.200	0.286	1.116	-0.107	0.159	-0.499	0.170
GYS	0.932	0.015	0.884	0.954	1.000	0.140	0.694	1.220	0.068	0.129	-0.203	0.270
HTS	0.939	0.008	0.892	0.953	1.098	0.135	0.565	1.368	0.159	0.133	-0.372	0.435
PS	0.908	0.059	0.694	0.949	0.872	0.194	0.360	1.131	-0.036	0.144	-0.410	0.186
CJS	0.931	0.016	0.870	0.952	0.988	0.107	0.620	1.214	0.058	0.098	-0.261	0.296
CS	0.940	0.008	0.919	0.953	1.108	0.095	0.803	1.283	0.168	0.094	-0.135	0.344
NES	0.927	0.014	0.876	0.945	0.926	0.107	0.678	1.301	-0.001	0.100	-0.243	0.363
HUAT	0.939	0.009	0.910	0.952	1.103	0.091	0.940	1.347	0.164	0.090	-0.002	0.410
GFS	0.937	0.010	0.904	0.951	1.057	0.125	0.802	1.372	0.120	0.122	-0.122	0.433
CMS	0.935	0.011	0.896	0.951	1.056	0.125	0.709	1.371	0.121	0.122	-0.187	0.442
IS	0.933	0.013	0.897	0.949	1.016	0.120	0.674	1.233	0.083	0.113	-0.231	0.301
ES	0.934	0.010	0.901	0.950	1.024	0.103	0.743	1.268	0.090	0.100	-0.174	0.335
保险：平均	0.932	0.011	0.897	0.948	0.983	0.096	0.790	1.224	0.051	0.092	-0.131	0.283
PAI	0.934	0.010	0.901	0.947	1.017	0.078	0.880	1.258	0.083	0.076	-0.057	0.317
CLI	0.929	0.012	0.891	0.950	0.961	0.135	0.665	1.242	0.031	0.129	-0.231	0.305
CPI	0.932	0.011	0.898	0.949	0.970	0.076	0.825	1.173	0.038	0.071	-0.104	0.229

续表

	from				to				net			
	均值	标准差	最小值	最大值	均值	标准差	最小值	最大值	均值	标准差	最小值	最大值
非银行：平均	0.928	0.019	0.859	0.949	0.981	0.126	0.653	1.245	0.053	0.115	-0.236	0.309
银行：平均	0.927	0.020	0.857	0.951	0.950	0.131	0.626	1.212	0.023	0.116	-0.246	0.272
HXB	0.936	0.012	0.903	0.952	1.037	0.080	0.824	1.228	0.101	0.072	-0.086	0.296
BOC	0.904	0.043	0.741	0.947	0.758	0.187	0.321	1.157	-0.146	0.149	-0.443	0.216
BON	0.936	0.012	0.894	0.952	1.060	0.097	0.740	1.249	0.123	0.092	-0.192	0.305
CMB	0.936	0.009	0.909	0.952	1.034	0.104	0.733	1.263	0.098	0.101	-0.191	0.331
IB	0.939	0.009	0.913	0.953	1.086	0.092	0.816	1.291	0.147	0.090	-0.102	0.349
ICBC	0.905	0.032	0.793	0.948	0.720	0.188	0.364	1.145	-0.185	0.161	-0.447	0.197
BN	0.938	0.011	0.907	0.955	1.063	0.083	0.865	1.269	0.126	0.077	-0.047	0.342
PAB	0.933	0.016	0.875	0.953	0.997	0.121	0.705	1.241	0.064	0.110	-0.172	0.304
MSB	0.930	0.016	0.876	0.949	0.944	0.106	0.666	1.131	0.014	0.092	-0.214	0.196
CCB	0.910	0.031	0.792	0.950	0.783	0.182	0.405	1.171	-0.127	0.156	-0.430	0.222
CB	0.921	0.032	0.807	0.950	0.894	0.201	0.426	1.175	-0.027	0.173	-0.395	0.226
BB	0.931	0.019	0.867	0.952	0.982	0.140	0.623	1.240	0.052	0.125	-0.246	0.296
BC	0.931	0.015	0.878	0.952	0.962	0.130	0.686	1.204	0.031	0.120	-0.203	0.278
PDB	0.936	0.015	0.885	0.952	1.054	0.123	0.764	1.268	0.118	0.112	-0.125	0.332
AB	0.912	0.033	0.800	0.947	0.800	0.161	0.393	1.153	-0.112	0.133	-0.419	0.210
EB	0.935	0.016	0.878	0.951	1.029	0.108	0.678	1.203	0.094	0.097	-0.223	0.258

构的 net、from 与 to 的影响是否同时存在统计显著性与经济显著性[①]。随后，我们将这些同时具有经济显著性与统计显著性的解释变量进行多元 Newey-West 回归，利用变量间可能存在的相关性，得到相对更为重要（显著）的解释变量。本书考虑的宏观经济变量及其实证检验结果具体如表 7-9 所示。

（1）货币供给（M2）及其主要成分。我们检验了 M2、M2 中的准货币（quasi money）、准货币的三个组成成分（活期存款、定期存款、其他储蓄）同比增长率的影响。结果表明：只有准备货币、准备货币中的其他储蓄对 from 的影响同时存在统计显著性与经济显著性（见表 7-9 A：Panel A）。这表明，货币政策虽然对金融机构间的金融冲击传递结构网络存在影响，但影响主要来自 M2 中其他储蓄的增加。

（2）银行间拆借利息。我们检验了上海银行间拆借利息率（Shanghai Interbank Offer Rates，SHIBOR）不同期限的利息率，即隔夜、1 周、2 周、1 个月、3 个月、6 个月、9 个月以及 1 年的利息率的影响。结果表明，只有六个月、九个月与一年的拆借利息才对 from 的影响同时存在统计显著性与经济显著性，且 SHIBOR 的期限越长，对 from 值的影响也越显著（见表 7-9 A：Panel B）。

（3）非正规民间金融市场。中国的非正规民间金融机构与影子银行系统是中国金融体系潜在的破坏因素（Allen et al.，2008；Allen et al.，2012；Li et al.，2014）。考虑到数据可得性，我们检验了三方面因素的影响：互联网金融，以余额宝 7 天年化收益率作为代理变量；非正规民间信贷市场，以温州私人借贷利率（总平均利率、汽车贷款利率、房地产抵押贷款利率）作为代理变量；影子银行问题，以中国保险行业总体的储蓄存款与组合投资作为代理变量。结果表明，仅余额宝 7 天年化收益率与温州私人借贷利率（尤其是汽车贷款利率）对 from 的影响同时存在统计显著性与经济显著性（见表 7-9 A：Panel C）。

[①] 将解释力等于或高于 1% 水平（即 adjust $R^2 \geqslant 0.01$）的变量定义为具有经济显著性。

表 7-9　宏观经济因素

A: 简单回归分析

	net			from			to		
	Estimate	Obs.	adj-R²	Estimate	Obs.	adj-R²	Estimate	Obs.	adj-R²
Panel A: 货币政策—货币供给 M2 的同比增长率 (%)									
货币供给 M2	0.112 (0.453)	1728	-0.001	-0.054 (0.066)	1728	0.000	0.059 (0.499)	1728	-0.001
M2: 准货币	-0.127 (0.309)	1728	-0.000	-0.243*** (0.038)	1728	0.031	-0.370 (0.339)	1728	0.001
M2: 活期存款	-0.082 (0.206)	1728	-0.000	-0.033 (0.031)	1728	0.001	-0.115 (0.229)	1728	-0.000
M2: 定期存款	-0.010 (0.147)	1728	-0.001	-0.010 (0.020)	1728	-0.000	-0.020 (0.162)	1728	-0.001
M2: 其他储蓄	0.005 (0.036)	1728	-0.001	-0.018*** (0.006)	1728	0.024	-0.013 (0.041)	1728	-0.000
Panel B: 上海银行间拆借利息率 (SHIBOR) (%)									
隔夜	0.010 (0.568)	1728	-0.001	0.152** (0.075)	1728	0.002	0.162 (0.625)	1728	-0.001
1周	-0.038 (0.582)	1728	-0.001	0.066 (0.074)	1728	0.000	0.028 (0.642)	1728	-0.001
2周	-0.041 (0.547)	1728	-0.001	0.061 (0.073)	1728	0.000	0.019 (0.606)	1728	-0.001
1月	-0.029 (0.585)	1728	-0.001	0.076 (0.076)	1728	0.000	0.047 (0.647)	1728	-0.001

续表

	net			from			to		
	Estimate	Obs.	adj–R²	Estimate	Obs.	adj–R²	Estimate	Obs.	adj–R²
Panel B: 上海银行间拆借利息率 (SHIBOR) (%)									
3月	−0.304 (0.817)	1728	−0.000	−0.231* (0.125)	1728	0.005	−0.535 (0.914)	1728	0.000
6月	−0.604 (1.044)	1728	0.000	−0.530*** (0.152)	1728	0.017	−1.134 (1.155)	1728	0.001
9月	−0.665 (1.131)	1728	0.000	−0.709*** (0.161)	1728	0.027	−1.374 (1.251)	1728	0.002
1年	−0.673 (1.183)	1728	0.000	−0.768*** (0.162)	1728	0.028	−1.441 (1.304)	1728	0.002
Panel C: 非正规民间金融市场									
余额宝 7 天年化收益率 (%)	−0.176 (1.094)	992	−0.001	−0.485*** (0.176)	992	0.021	−0.661 (1.239)	992	0.000
温州私人借贷利率：总平均 (%)	−0.171 (0.447)	1376	−0.000	−0.247*** (0.054)	1376	0.019	−0.418 (0.494)	1376	0.001
温州私人借贷利率：汽车贷款 (%)	−0.063 (0.887)	1376	−0.001	−0.380** (0.153)	1376	0.017	−0.442 (1.009)	1376	−0.000
温州私人借贷利率：房地产抵押贷款 (%)	−0.119 (0.421)	1376	−0.001	−0.093* (0.051)	1376	0.001	−0.212 (0.462)	1376	−0.000
保险业储蓄存款 RMB bn (取对数)	3.498 (5.673)	1728	0.000	−0.352 (0.787)	1728	−0.000	3.146 (6.293)	1728	0.000
保险业投资组合 RMB bn (取对数)	1.393 (2.759)	1728	−0.000	0.416 (0.368)	1728	0.001	1.809 (3.038)	1728	0.000

续表

Panel D: 房地产投资 (REI)

	net			from			to		
	Estimate	Obs.	adj-R²	Estimate	Obs.	adj-R²	Estimate	Obs.	adj-R²
房地产景气指数 (2000=100)	−0.085 (0.325)	1728	−0.000	0.048 (0.044)	1728	0.001	−0.037 (0.360)	1728	−0.001
REI: 国内贷款, RMB mn (log~)	0.325 (1.092)	1728	−0.000	−0.515*** (0.156)	1728	0.009	−0.190 (1.207)	1728	−0.001
REI: 外资投资, RMB mn (log~)	−0.031 (0.836)	1728	−0.001	−0.164 (0.152)	1728	0.001	−0.194 (0.950)	1728	−0.001
REI: f 外资投资：直接投资, RMB mn (log~)	−0.021 (0.836)	1728	−0.001	−0.173 (0.151)	1728	0.002	−0.194 (0.950)	1728	−0.001
REI: 自筹资金, RMB mn (log~)	0.182 (0.869)	1728	−0.001	−0.397*** (0.138)	1728	0.008	−0.215 (0.969)	1728	−0.001
REI: 自筹资金：自有资金, RMB mn (log~)	0.090 (0.856)	1728	−0.001	−0.424*** (0.142)	1728	0.009	−0.334 (0.958)	1728	−0.000
REI: 其他资金, RMB mn (log~)	0.259 (0.793)	1728	−0.000	−0.281** (0.123)	1728	0.004	−0.022 (0.882)	1728	−0.001
REI: 其他资金：储蓄与预付款, RMB mn (log~)	0.260 (0.780)	1728	−0.000	−0.296** (0.121)	1728	0.005	−0.036 (0.868)	1728	−0.001
REI: 其他资金：抵押贷款 RMB mn (log~)	0.321 (0.815)	1728	−0.000	−0.245** (0.121)	1728	0.003	0.076 (0.903)	1728	−0.001

续表

Panel E：政府财政收支（RMB bn，取对数）

	net			from			to		
	系数	观测值	adj-R²	系数	观测值	adj-R²	系数	观测值	adj-R²
政府财政盈余	0.049 (0.720)	1728	-0.001	-0.282** (0.119)	1728	0.001	-0.233 (0.801)	1728	-0.001
政府财政收入	1.400 (2.336)	1728	-0.000	0.394 (0.379)	1728	0.000	1.794 (2.615)	1728	-0.000
政府财政支出	0.566 (1.219)	1728	-0.000	0.573*** (0.159)	1728	0.004	1.139 (1.338)	1728	-0.000
中央政府：财政盈余	-0.092 (0.688)	1664	-0.001	-0.422*** (0.102)	1664	0.003	-0.513 (0.762)	1664	-0.000
中央政府：财政收入	0.595 (1.332)	1664	-0.000	-0.227 (0.213)	1664	0.000	0.368 (1.485)	1664	-0.001
中央政府：财政支出	1.136 (1.924)	1664	-0.000	0.711*** (0.268)	1664	0.004	1.847 (2.118)	1664	0.000
地方政府：财政盈余	0.046 (0.990)	1664	-0.001	-0.367** (0.178)	1664	0.001	-0.320 (1.113)	1664	-0.001
地方政府：财政收入	1.555 (2.495)	1664	-0.000	0.780** (0.390)	1664	0.004	2.335 (2.788)	1664	0.000
地方政府：财政支出	0.655 (1.166)	1664	-0.000	0.687*** (0.156)	1664	0.007	1.342 (1.283)	1664	0.000

续表

	net			from			to		
	系数	观测值	adj-R²	系数	观测值	adj-R²	系数	观测值	adj-R²
Panel F: 汇率与货币掉期 (currency swap, CS)									
实际有效汇率 (2010=100)	0.046 (0.080)	1728	0.000	0.049*** (0.010)	1728	0.025	0.095 (0.088)	1728	0.002
CS: 1周 (%)	-0.000 (0.003)	1728	-0.001	-0.001*** (0.000)	1728	0.000	-0.001 (0.003)	1728	-0.001
CS: 1月 (%)	-0.000 (0.009)	1728	-0.001	0.002*** (0.001)	1728	0.002	0.002 (0.010)	1728	-0.001
CS: 3月 (%)	-0.025 (0.034)	1728	-0.000	-0.016*** (0.006)	1728	0.004	-0.042 (0.039)	1728	0.000
CS: 6月 (%)	-0.012 (0.028)	1728	-0.000	-0.013** (0.005)	1728	0.005	-0.025 (0.033)	1728	-0.000
CS: 9月 (%)	-0.026 (0.054)	1728	-0.000	-0.026*** (0.009)	1728	0.008	-0.052 (0.062)	1728	0.000
CS: 1年 (%)	-0.016 (0.041)	1728	-0.000	-0.017** (0.007)	1728	0.004	-0.032 (0.047)	1728	-0.000
Panel G: 银行业景气指数 (BCI, %)									
经济过热指数	-0.022 (0.068)	1728	-0.000	0.012 (0.009)	1728	0.002	-0.011 (0.076)	1728	-0.001
工业景气指数	-0.041 (0.096)	1728	-0.000	-0.012 (0.012)	1728	0.001	-0.054 (0.104)	1728	-0.000

续表

Panel G: 银行业景气指数 (BCI, %)

	net			from			to		
	系数	观测值	adj-R²	系数	观测值	adj-R²	系数	观测值	adj-R²
银行家信心指数	0.006 (0.064)	1728	-0.001	0.004 (0.009)	1728	-0.000	0.010 (0.071)	1728	-0.001
货币政策感受指数	-0.002 (0.071)	1728	-0.001	0.057*** (0.011)	1728	0.044	0.055 (0.080)	1728	0.000
银行盈利指数	-0.039 (0.084)	1728	-0.000	-0.022** (0.010)	1728	0.004	-0.061 (0.092)	1728	0.000
总体贷款需求指数	-0.030 (0.092)	1728	-0.000	-0.000 (0.012)	1728	-0.001	-0.030 (0.101)	1728	-0.000
制造业贷款需求指数	-0.039 (0.094)	1728	-0.000	-0.001 (0.012)	1728	-0.001	-0.041 (0.103)	1728	-0.000
非制造业贷款需求指数	-0.047 (0.165)	1728	-0.000	0.001 (0.022)	1728	-0.001	-0.047 (0.182)	1728	-0.000
大型企业贷款需求指数	-0.104 (0.210)	1728	-0.000	-0.006 (0.028)	1728	-0.001	-0.110 (0.232)	1728	-0.000
中性企业贷款需求指数	-0.041 (0.110)	1728	-0.000	-0.003 (0.014)	1728	-0.001	-0.043 (0.120)	1728	-0.000
小、微企业贷款需求指数	-0.037 (0.093)	1728	-0.000	-0.012 (0.011)	1728	0.001	-0.049 (0.102)	1728	-0.000
贷款审批指数	0.095 (0.231)	1728	-0.000	0.056* (0.033)	1728	0.005	0.151 (0.258)	1728	0.000

B：多元回归分析

	被解释变量		
	(1) net	(2) from	(3) to
M2：准货币：其他储蓄	-0.018 (0.063)	-0.057*** (0.012)	-0.075 (0.073)
SHIBOR 1 年期利率	-0.189 (2.087)	-0.757*** (0.242)	-0.946 (2.305)
余额宝 7 天年化收益率	-0.263 (1.927)	0.107 (0.347)	-0.156 (2.220)
温州私人借贷利率：汽车贷款	0.174 (0.869)	0.074 (0.158)	0.247 (0.993)
BCI：货币政策感受指数	0.013 (0.145)	-0.028 (0.020)	-0.015 (0.162)
实际有效汇率 (2010=100)	-0.027 (0.194)	0.185*** (0.035)	0.158 (0.222)
常数项	6.840 (26.013)	75.648*** (4.135)	82.488*** (29.365)
观测值	992	992	992
Adj-R^2	-0.006	0.237	0.002

注：所有的回归均使用 Newey-West 回归，括号内为 HAC 标准差；*、**和 ***分别表示 10%、5%和 1%的显著水平。

（4）房地产投资。我们检验了来自银行贷款、自筹资金、外资投资等多种不同资金来源的房地产投资对金融机构间金融冲击传递结构的影响。在过去的 20 多年中，中国房地产市场急剧发展，尤其是快速增长的房价，已引起了全球关注。例如，IMF（2011）将"中国房地产市场潜在的大幅度价格调整"列为可能影响全球经济复苏的主要风险之一；Allen 等（2012）认为，如果中国房地产市场出现较大波动，那么对中国金融体系的影响将是灾难性的。然而，我们的检验结果却表明：中国房地产市场的景气指数对整个金融机构间的金融冲击动态传递结构的影响既不存在统计显著性也不存在经济显著性；几乎所有不同资金来源的房地产投资[①] 对 from 的影响仅具有统计显著性，却均不存在经济显著性（见表 7-9 A：Panel D）。

（5）政府财政收支。自 1994 年分税制改革后，地方政府财政支出负担没有相应减少，但财政收入的很大一部分必须上交中央政府，然后由中央政府进行重新分配。这一税收分配模式使得地方政府需要依赖土地转让收入和地方政府融资平台来弥补地方公共支出的不足。部分研究认为，地方政府的这一行为是推动中国房地产市场过热的主要原因（Wu et al.，2015），也是中国金融体系潜在的灾难性破坏因素（Allen et al.，2012）。然而，我们在检验了全国、地方政府与中央政府的财政收入、支出、收支缺口的影响后，发现所有上述因素的影响既不存在统计显著性也不存在经济显著性（见表 7-9 A：Panel D）。

（6）汇率与货币掉期（currency swap）。人民币连续数年的升值趋势以及外汇储备快速且持续的增长，表明存在投机"热钱"进入中国的现象，可能会对中国金融体系产生严重的不利影响（Allen et al.，2012）。2015年中国股灾与人民币贬值，在一定程度上可视为是对中国金融体系与中国长期经济增长产生灾难性影响的主要因素。因此，我们检验了人民币实际有效汇率、不同期限的货币掉期率（即 1 周、1 月、3 月、6 月、9 月、1

---

① 国内贷款、FDI、自筹资金、其他资金（储蓄、预付款与抵押贷款）。

年）之后发现：只有实际有效汇率对 from 的影响同时存在统计显著性与经济显著性（见表 7-9 A：Panel E）。

（7）银行业景气指数（Banking Climate Indices，BCI）。中国人民银行发布的中国银行业景气指数涵盖了一系列与银行部门相关的宏观经济活动，是国内相关经济政策制定与金融监管的重要参考指标。我们检验了银行业景气指数中经济过热指数、工业景气指数、银行家信心指数、货币政策感受指数、银行盈利指数、各种贷款需求指数[①]、贷款审批指数的影响之后发现：只有货币政策感受指数对 from 的影响同时存在统计显著性与经济显著性。

在此基础上，我们将 net、from、to 值对上述检验中识别出的同时具有统计显著性与经济显著性的影响因素（或其主要组成部分）进行多元回归，以检验这些影响因素的相对重要性（见表 7-9 B）。结果表明，只有三个货币相关的因素，即货币供给 M2 中准货币的成分"其他储蓄"、SHIBOR 的 1 年期利率以及实际有效汇率，对 from 的影响具有显著性，而对 net 与 to 的影响并不显著。

2. 机构特定因素

对于机构特定因素，我们首先检验了三种不同类型的杠杆率（总债务/总资产、长期债务/总资产、短期债务/总资产）的影响。结果表明，长期债务/总资产对金融机构在金融冲击传递网络中受其他机构（部门）的影响（from）、对其他机构（部门）的影响（to），以及总的净影响（net）均有着显著的正影响，但短期债务/总资产对这三种关联结构的影响均显著为负，从而导致总负债/总资产对这三种关联结构的影响均不存在显著性。

其次，我们检验了流动性（每股净营运现金流、应收账款周转率）的影响，结果表明，两个流动性指标的影响效应并不一致。应收账款周转率是衡量短期流动性的指标，同时表明机构短期债务的偿付能力。结合上面

[①] 总体贷款需求指数、制造业贷款需求指数、非制造业贷款需求指数、大型企业贷款需求指数、中型企业贷款需求指数、小微企业贷款需求指数。

短期债务/总资产的负向影响，应收账款周转率的负向影响意味着金融机构的短期杠杆率较高和短期债务偿付能力较差将会抑制金融机构在金融冲击传递网络结构中的影响。可能的解释是，投资者将短期杠杆率较高且应收账款周转率较长的企业视为投资风险较高的对象，从而不再在其投资组合中考虑这类企业。每股净营运现金流在一定程度上是企业盈利能力的代理变量。盈利能力高能够吸引更多的市场关注，从而使得每股营运净现金流对金融机构在金融冲击传递网络中的 from、to、net 均有着显著的正的影响。为了进一步验证这种解释，我们检验了每股利润率的影响。每股利润率是更直接衡量企业盈利能力的指标，结果表明其对 from、to 和 net 与每股营运净现金流的影响类似，但影响效应更强。

再次，我们考察了机构规模的影响。与 Yang 和 Zhou（2013）对欧美主要金融机构的研究结果类似，我们发现金融机构规模对 from、to 和 net 的影响均为负。这一结果再次让我们反思"大而不倒"问题。规模是巴塞尔银行监管委员会识别全球系统性重要金融机构（G-SIFIs）的核心指标之一，并被许多国际或国家监管机构用以识别 G-SIFIs 或 SIFIs（IMF，BIS and FSB，2009；Allahrakha et al.，2015；Glasserman and Loudis，2015）。因此，规模较大的金融机构可能在"大而不倒"的理念下受到了更为严格的监管，从而导致大型金融机构的商业活动更为保守并抑制了它们的风险溢出。这一机制同样可能存在于中国的金融市场。20 世纪 90 年代末，中央政府解决了国有银行系统的不良贷款问题，并于 2001 年 12 月加入世界贸易组织（WTO），中国的银行体系又进行了一系列的市场化改革（Allen et al.，2012）。所以，规模的影响为负可能说明了样本中的金融机构，尤其是大型金融机构已受到更为严格的监管，从而限制了其风险溢出。

又次，我们检验了金融机构的 Tobin-Q（市场价值/账面价值）的影响，结果表明，Tobin-Q 对金融机构间金融冲击传递的 from、to、net 均有着负向影响。

最后，我们检验了金融机构的资本结构（流动资产/总资产、货币资产/总资产、应收类资产/总资产、无形资产/总资产、有形资产/总资产），债务结构（流动负债/总负债、金融负债/总负债）和利润结构（金融活动利润/总利润、营业利润/总利润）的影响。结果表明，资本结构中的流动资产比率对 net、from、to 均存在负向影响；货币资产比率与应收类资产比率的影响不存在统计显著性（除了应收类资产比率对 from 的影响）；无形（有形）资产比率对 net、from、to 的影响均为负（正）。债务结构中的流动负债比率，与短期杠杆率的影响类似，对 net、from、to 的影响均为负，而金融负债比率的影响虽然也为负却不具备统计显著性。利润结构中的金融活动利润比率与营业利润比率对金融机构在金融冲击传递结构中的 net、from、to 的影响均为负，但只有营业利润占比具有统计显著性。

在此基础上，我们选择上述分析中对 to 与 net 的影响在 10% 显著水平上具有统计显著性的变量进行两组多元回归分析。在第一组回归分析中，解释变量包含应收账款周转率，这导致短期杠杆率、流动资产比率和流动负债比率由于共线性或变量缺失而被剔除。结果表明，应收账款周转率不再具备统计显著性且 adjust-R^2 变得比较小（见表 7-10 B）。第二组回归分析不再考虑应收账款周转率的影响（见表 7-10 B），结果表明，一是影响金融机构在金融冲击传递网络中对其他机构（部门）的影响（to）进而影响金融机构在金融冲击传递网络中的净影响（net）的因素是短期杠杆率、每股净营运现金流、规模、托宾 Q 和流动负债比率。二是短期杠杆率与流动资产比率显著影响 from，但对金融机构在金融冲击传递网络中 to 与 net 的影响不再具有统计显著性。三是对比表 7-9 中结果可知，微观财务特定因素对金融机构在金融冲击传递网络中的 to 与 net 有更强的解释力，而宏观经济因素则对 from 具有较高的解释力。

表 7-10 机构特定因素

A：简单回归分析

	net			from			to		
	系数	观测值	Adj-R²	系数	观测值	Adj-R²	系数	观测值	Adj-R²
总债务/总资产	0.050 (0.058)	576	0.003	0.014 (0.009)	576	0.011	0.064 (0.065)	576	0.004
长期债务/总资产	0.097* (0.055)	576	0.016	0.017* (0.009)	576	0.019	0.114* (0.062)	576	0.018
短期债务/总资产	-1.387*** (0.325)	483	0.060	-0.118** (0.055)	483	0.015	-1.505*** (0.378)	483	0.056
每股净营运现金流	0.003*** (0.001)	399	0.031	0.000*** (0.000)	399	0.011	0.004*** (0.001)	399	0.030
应收账款周转率	-0.001*** (0.000)	144	0.143	-0.000** (0.000)	144	0.034	-0.002*** (0.000)	144	0.137
每股利润率	0.044*** (0.010)	576	0.035	0.007*** (0.002)	576	0.035	0.051*** (0.011)	576	0.038
规模 (市值,RMB,log₂)	-0.017** (0.008)	576	0.021	-0.000 (0.001)	576	-0.001	-0.017* (0.009)	576	0.018
Tobin-Q (市值/总资产)	-0.056*** (0.014)	576	0.053	-0.007** (0.003)	576	0.034	-0.063*** (0.016)	576	0.054
流动资产/总资产	-0.753*** (0.190)	483	0.070	-0.067** (0.031)	483	0.019	-0.820*** (0.218)	483	0.066
货币资产/总资产	0.062 (0.042)	576	0.005	0.004 (0.007)	576	-0.001	0.066 (0.047)	576	0.004

续表

	net			from			to		
	系数	观测值	Adj-R²	系数	观测值	Adj-R²	系数	观测值	Adj-R²
应收类资产/总资产	0.815 (0.554)	576	0.003	0.087** (0.040)	576	0.000	0.902 (0.578)	576	0.003
无形资产/总资产	7.128** (3.324)	576	0.006	0.717* (0.393)	576	0.001	7.845** (3.592)	576	0.006
有形资产/总资产	-4.537*** (1.049)	576	0.019	-0.407*** (0.136)	576	0.005	-4.944*** (1.107)	576	0.018
流动负债/总负债	-0.257*** (0.046)	483	0.081	-0.025** (0.010)	483	0.026	-0.282*** (0.054)	483	0.077
金融负债/总负债	-0.337 (0.319)	576	0.003	-0.028 (0.030)	576	-0.000	-0.365 (0.341)	576	0.003
金融活动利润/总利润	-0.003 (0.008)	576	-0.002	-0.000 (0.001)	576	-0.002	-0.003 (0.009)	576	-0.002
营业利润/总利润	-0.243** (0.098)	576	0.002	-0.008 (0.011)	576	-0.002	-0.251** (0.104)	576	0.002

B：多元回归分析

	被解释变量					
	(1) net	(2) from	(3) to	(4) net	(5) from	(6) to
长期负债/总资产	-0.080 (0.295)	0.028 (0.058)	-0.052 (0.341)	-0.433*** (0.095)	-0.025** (0.011)	-0.458*** (0.101)
短期负债/总资产				0.229 (0.475)	0.136*** (0.042)	0.365 (0.515)

续表

	被解释变量					
	(1) net	(2) from	(3) to	(4) net	(5) from	(6) to
规模(市值,RMB,log_e)	0.009 (0.024)	0.002 (0.004)	0.011 (0.027)	-0.039*** (0.009)	-0.003** (0.001)	-0.042*** (0.010)
Tobin-Q(市值/总资产)	-0.005 (0.064)	-0.002 (0.008)	-0.007 (0.069)	-0.146*** (0.024)	-0.005 (0.003)	-0.151*** (0.025)
应收账款周转率	-0.001 (0.001)	0.000 (0.000)	-0.000 (0.001)			
流动资产/总资产				0.057 (0.294)	0.148*** (0.033)	0.204 (0.315)
有形资产/总资产	-4.111* (2.095)	-0.314 (0.402)	-4.424* (2.371)	-0.819 (2.165)	0.031 (0.231)	-0.788 (2.351)
流动负债/总负债				-0.404** (0.181)	-0.131*** (0.022)	-0.535*** (0.195)
营业利润/总利润	0.988 (3.625)	-0.680 (0.643)	0.308 (4.101)	0.405 (0.324)	0.041 (0.041)	0.446 (0.346)
常数项	2.988 (5.287)	1.845* (0.916)	4.832 (5.996)	1.824 (2.231)	0.959*** (0.239)	2.783 (2.421)
观测值	44	44	44	306	306	306
Adj-R²	0.078	-0.124	0.050	0.241	0.106	0.234

注：所有的回归均使用 Newey-West 回归，括号内为 HAC 标准差；*，** 和 *** 分别表示 10%、5%和 1%的显著水平。

第五节　本章小结

本书使用股票收益数据，在控制了四个主要国际金融部门（美国、英国、德国、日本）影响之后，基于网络分析法（Diebold and Yilmaz, 2014），探讨了中国上市金融机构间的金融冲击传递网络结构及其影响因素。研究结论主要包括如下几点：一是尽管中国的银行机构仍然在金融体系中占据主导性地位，非银行金融机构在中国金融体系已显示出不容忽视的影响力，这也在一定程度上印证了近年来各方面对中国金融体系中影子银行问题的关注（Allen et al., 2008；Allen et al., 2012；Li et al., 2014）。二是股份制商业银行，而非通常认为的四大国有银行，在金融冲击传递网络中扮演着更为显著的角色；保险公司与一般商业银行的表现类似，保险公司的特质性表现不明显。三是金融机构在金融冲击传递网络中所扮演的角色是随时间不断变化的，而非一成不变的。四是中国金融部门对全球主要经济体的金融部门，尤其是对日本金融部门，已经表现出了一定的影响力。五是金融机构在金融冲击传递网络中受到其他机构（部门）的影响程度（from）主要由宏观经济因素（尤其是货币相关因素）决定。

第八章 网络结构、风险扩散与系统性风险形成

对宏观审慎当局而言，理解系统风险是维护金融稳定的关键。大规模的银行倒闭将对金融体系和宏观经济运行产生巨大的影响。至此，本书已经分别利用银行间支付结算数据、金融机构资产负债表数据以及金融机构股票价格变化信息分别构建网络模型，分析机构之间的相互关联关系。但从初步分析中我们发现，无论从哪个角度，金融机构之间的相互关系，即金融网络结构都并不稳定。尤其是在危机或风险聚集期间，网络结构变化更是较为明显。那么，我们究竟应该如何进一步把握网络结构？如何分析金融网络结构变化对风险传递、系统风险形成带来的影响呢？本章将把金融网络结构视为一种不确定性，在构建的网络模型基础上，考虑随着网络结构的变化对风险传递的影响机制，试图对由个体风险冲击到系统风险形成的过程进行理解和分析。

第一节 理解金融网络

在政策环境基本稳定的条件下，出现多家银行同时倒闭或系统性面临运行压力的原因可能主要有以下四类：①由银行之间的直接关联（即双方向的风险暴露）导致的风险传递；②由于所有银行面对共同的风险暴露所带来的系统风险；③由于个别倒闭银行自发的资产抛售，引发的风险自我

实现和反馈效应；④由于恐慌和信息不对称形成的信息传染。关于导致系统性倒闭的因素，已有很多研究，如 Demirguc-Kunt 和 Detragiache（2002），以及 Barth、Caprio 和 Levine（2006）等。但关于银行网络结构如何影响银行部门面临系统性冲击的稳定性的相关讨论却相对较少。例如，第一，系统性倒闭风险与构成网络的机构数量可能存在怎样的关系？换句话讲，是越集中的银行体系（如荷兰和瑞典）更倾向于系统风险，还是越分散的银行体系（如德国和意大利）更倾向于系统风险？第二，在一个少数大银行（货币中心）和许多脆弱的小银行共存的网络中，系统是否将会变得更加易于爆发系统性倒闭？也就是说，网络结构层次（对称性）是否很重要？第三，银行间头寸与银行资本充足水平间关系如何？即资本监管在面对连接紧密的银行体系时，是否足以应对系统性倒闭风险？在对这些问题的回答中，本章将集中讨论以银行间直接连接作为系统风险来源的金融网络。

　　研究网络的目的是什么？前期研究，我们过多地关注当前的网络结构本身，但经过观察发现，网络结构并不稳定，而且可能发生较大的结构变化。因此，如何看待和分析金融网络结构就是一个值得重新反思的问题。依照我们的理解，金融结构的变化本质上可能是一个新的随机变量（即不确定性）。由于这一随机成分的存在，金融部门的行为发生了一定程度的变化。因此，多代理人模型是网络模型融入传统分析的关键。通过多代理人模型，将银行异质性引入经济系统，将是未来研究的主要方向。这种分析是理解网络结构变化产生宏观影响的关键[1]。

　　基于以上认识，本书将主要集中于对银行间直接形成的金融网络的分析，重点讨论网络结构变化对系统性破产及系统风险产生的影响。首先，我们将构建金融网络模型，将网络结构本身视为重要的随机变量，随机模拟不同的网络结构变化及对应的银行资产负债表；其次，我们将分别讨论不同网络特征对网络稳定性产生的影响，并分析资本监管要求产生的影

---

[1] 本章与前面各章对金融机构系统重要性判断的方式不同。具体而言，一个机构目前是系统重要的，但未来不一定也是系统重要的。

响；再次，我们将考虑资产抛售行为产生的反馈效果；最后，我们将扩展网络模型，考虑在整个网络结构不均匀的条件下网络稳定性及系统性破产的动态特征。

第二节　相关的文献综述

与已有关于系统风险的研究不同，考虑网络结构下的系统风险关注的焦点大多集中于对系统风险的识别，以及由微观风险到宏观风险的传递和形成方面。

一、理论研究

理论研究在理解银行间相互关系方面已经取得了很多关键性进展。Bhattacharya 和 Gale（1987）的研究中指出，银行间市场可能在应对流动性风险的过程中发挥着相互联保的重要作用，并形成了相互吸收流动性冲击的重要机制。对监管者而言，银行间头寸提供了一种"动力"（Flannery，1996；Rochet and Tirole，1996），促进了市场纪律的形成。同样，这些风险暴露同样可能成为一种渠道，使得一家银行的问题会扩散至其他银行。Allen 和 Gale（2000）通过一个简单的例子，阐述了系统脆弱性依赖于银行间相互的关联结构。在他们的研究中，若每家银行都与其他所有银行相互关联（称为完全连接网络），则对一家银行的冲击将会被整个系统吸收，而每家银行将只承担冲击影响的一部分。但如果银行选择的交易对手很少（称为不完全连接网络），那么溢出效应将非常巨大，并将影响整个金融系统的稳定。Allen 和 Gale（2000）的研究对于探讨银行间市场的稳定性提供了一种非常有价值的视角。尽管他们的模型仅包含了四家银行和两种网络结构，但银行之间的连接结构将对系统风险的形成产生影响已经基本得到了理论证明。

二、关于网络传染效应的实证

出于对整个金融系统稳定性的重视，银行间关联结构的重要性已经越来越多地得到宏观审慎当局，尤其是中央银行的关注。众多实证研究也把银行间连接作为风险传染的一种渠道予以考虑，相关实证也纷纷使用了银行间市场以及银行之间的风险暴露等可获得的新类型数据进行分析。其中，较有特点的研究主要有：Sheldon 和 Maurer（1998）对于瑞士银行网络的研究；Furfine（1999）对美国支付网络数据的分析；Upper 和 Worms（2004）对德国以及 Wells（2002）对英国的分析；Boss 等（2004）对奥地利银行体系进行的讨论；等等。这一系列研究，对于从实证角度理解真实世界的网络内存在的传染效应都具有非常重要的价值。然而，目前为止，这些研究还无法给出关于系统风险形成原因的更为简单、更具一般意义的结论。尤其当我们试图理解一些关键参数对银行体系稳定性的影响的时候，已有研究结论还十分有限。此外，目前较为常用的、利用不完整的银行间头寸数据并使用"熵"最大的方法进行的相关实证研究也存在明显不足。这些论文通常假设所有银行之间相互关联的概率为 100%。也就是说，很多实证研究假设了最大的多样化水平或一个"完全结构"的网络，而没有从数量上对网络结构如何推动系统风险变化进行讨论。

三、关于网络理论的研究

与大多数实证研究相似，之前关于网络的理论并未引起主流经济学研究的重视，只是在最近才被学者们提及并使用。Erdos 和 Renyi（1959）的研究中奠基性地提出了一个最早的网络理论模型——随机图模式（即"EP模型"）。此后，该模型被不断完善和发展，并引入了不同的概率规则以刻画所有"节点"之间的关联关系。在相关研究和最简单的 ER 模型中，任意两节点间连接的可能性被用一个独立的、可识别的概率 P 表示（该概率被广泛地称作 "Erdos–Renyi 概率"）。

近期网络理论已经被普遍地应用到一系列经济、社会以及生物现象的研究之中。其中一类相关问题就是讨论冲击是如何在网络内进行传播的[1]。大多数研究主要关注于传播是如何依赖于节点之间的连接概率的。Eboli（2004）指出，通过银行间网络连接产生的传染性导致的倒闭的动态过程与网络流动的物理过程相关。在他的模型中，各个节点（银行）与 "冲击源" 相连，每个节点的缓冲损失就是银行净值或资本的损失。当每个节点面对损失的时候，如果缓冲足够大，则损失将会被缓冲全部吸收，否则损失将形成第一轮的倒闭，并通过网络连接进一步扩散开去。

本书构建的网络分析框架就是在 Eboli（2004）的模型思路上展开的。不同之处在于，我们在模型中同时添加了存款者并将其作为损失的吸收方。此外，本书也定义了银行通过银行间市场相互联系的概率的分布。这意味着我们的模型可以研究不同连接程度的网络结构，以及由互不连接到完全连接的网络结构。

第三节 银行网络模型构建与结构参数设定

为了研究系统的稳定性，我们建立了一个简单的网络模型以刻画实际银行系统结构，并以此捕捉网络在违约风险冲击下的动态特性。在模型的基础上，一方面我们可以依据外生参数设定随机生成不同结构的银行系统，另一方面也可以研究银行系统面对冲击时的稳定性，并探讨系统应对冲击的能力与系统外生参数及其他影响因素之间的相互关系。

---

[1] 一个例子是，传染病是如何通过网络从最初的一个小的局部逐渐传播到整个网络的。在这方面 Newman（2003）曾进行过全面综述。

一、银行网络模型构建

依据 Eboli（2004）的设定，我们建立一个由银行构成的金融网络，网络中每个节点表示一家银行，节点之间的连接表示两个节点之间的直接借贷关系。其中，每家银行和整个银行系统均需要在微观与宏观的层面上满足资产负债表平衡的约束。随机网络的形成主要基于两个外生参数：一个是节点的数量 N，另一个是节点间相互连接的概率 p_{ij}，即表示银行 i 借款给另一家银行 j 的概率。假设概率 p_{ij} 在每对银行（i，j）均相等。为简化分析，设定这一概率与 Erdos-Renyi 概率一致，以 p 表示。依据参数设定，我们可以随机生成不同结构的银行网络，网络内连接的数量为 Z。若假设有 25 个节点，网络连接概率 p = 0.2，可以模拟生成网络结构（见图 8-1）[①]。其中，每一个连接都有方向，且概率仅表示一家银行与另一家银行主动连接的概率。

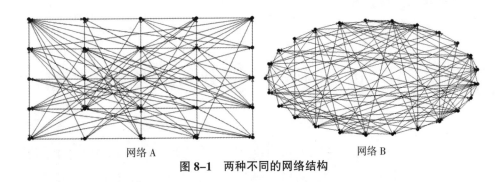

网络 A　　　　　　　　　　　　　　网络 B

图 8-1　两种不同的网络结构

对于每一次网络模拟，我们将同时得到每一家银行的资产负债表以及整个银行系统的资产负债表情况。为了更加详细地描述这一情况，在此我们将引入一些新参数。其中，以小写字母表示每家银行的参数，以大写字

---

① 图 8-1 中给出的 A 和 B 两种网络结构都满足 25 个节点数，且任意两点之间连接概率为 0.2，但网络结构差异较大。

母表示整个银行系统的参数，以希腊字母表示外生的比率参数。

若以 a 表示每家银行的资产，则其中包括了外部资产（贷款）以及银行间资产（银行间贷款）两部分，分别以 e 和 i 表示。因此，第 i 个银行资产负债表的资产方应满足以下关系：

$$a_i = e_i + i_i, \quad i = 1, \cdots, N$$

同样，每家银行的负债我们以 l 表示。它主要由三部分构成，分别为银行净资产 c、居民存款 d 和银行间存款 b。因此，第 i 个银行资产负债表的负债方满足以下关系：

$$l_i = c_i + d_i + b_i, \quad i = 1, \cdots, N$$

资产负债表中资产与负债的规模相等，即满足 $a_i = l_i$，$i = 1, \cdots, N$。图 8-2 给出了同一网络中的两家不同银行的资产负债表情况①。

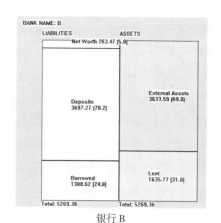
银行 B

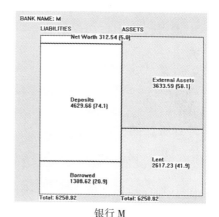
银行 M

图 8-2　在同一网络中的两家不同银行的资产负债表

整个银行网络结构的形成过程，我们遵循以下步骤：首先，确定整个银行系统外部资产的总量 E，表示银行系统提供给银行体系以外的最终投资者的贷款总量，也就是通过整个银行体系，储蓄者的资金最终流向投资者的资金总量。

---

① 与一般的会计表示有区别，图 8-2 中给出的两家银行资产负债表中左侧为负债，右侧为资产。

其次,我们可以确定一个外部资产占总资产的比率,即 $\beta = E/A$。在总量层面,整个银行体系的总资产可以表示为 $A = E + I$,其中 I 表示整个系统银行间资产总量。由此,若任意给出一个外部资产总量 E 以及一个外部资产占比 β,我们就可以得到整个银行系统的资产总量 $A = E/\beta$ 和整个系统的银行间贷款的总量 $I = \theta A$,θ 为银行间资产占总资产的比率,并且 $\theta = 1 - \beta$。

再次,在得到银行间资产规模的基础上,我们可以利用模拟得到的网络连接数量,计算得到每一连接的交易规模 ω,即 $\omega = I/Z$。由于每一次模拟后,依据网络结构,我们就可以得到每家银行的外部连接数量。通过 ω 以及模拟得到的整个网络结构,我们可以计算得到整个银行体系内每家银行 i_i 与 b_i 的情况。

最后,对于每一家银行而言,假设其能开展业务,需要银行的外部资产不小于银行的银行间净借入,即满足 $e_i \geqslant b_i - i_i$。模拟过程中,我们采用以下方法使体系内所有银行满足这一约束,即:

第一步,对于每家银行而言,依据银行间借入与借出情况,计算 i_i 与 b_i 的差额,作为每家银行的外部资产的一部分,即 $\tilde{e}_i = b_i - i_i$。这里 $\tilde{e}_i$ 是每家银行外部资产的一部分。

第二步,我们的目标是将剩余的所有外部资产在所有银行间进行分配。由于所有的外部资产为 E,则剩余未被分配的外部资产为:$E - \sum_{i=1}^{N} \tilde{e}_i$。在这里我们假设这部分剩余外部资产在所有 N 家银行间均匀分配,每家银行的量为 $\hat{e}_i$,其中 $\hat{e}_i = \dfrac{E - \sum_{i=1}^{N} \tilde{e}_i}{N}$。因此,每家银行的外部资产总量为 $e_i = \tilde{e}_i + \hat{e}_i$。

在前两步基础上,资产负债表负债方的计算则较为容易。资产方剩余的部分为银行的净值 c 和居民存款 d。我们设定资本为总资产的一个固定比率 γ(资本充足率),则每家银行的资本 $c_i = \gamma a_i$。存款总量则等于总资产减去银行间融入以及资本，即 $d_i = a_i - c_i - b_i$。至此，我们就完成了对整个银行网络系统中每家银行资产负债表的模拟。

此处，我们以上述方式模拟构建的所有银行网络均可以通过 γ、θ、p、N、E 这几个主要结构参数进行描述，即资本充足水平 γ，银行间资产占总资产的比率 θ，任意两节点之间形成连接的概率 p，网络中银行的数量 N 以及整个银行体系外部资产的规模 E。

二、个体冲击与风险扩散传递机制

这部分我们将着重讨论对系统内一家银行对应的单一个体的异质性冲击对整个网络形成的影响，以及这种效应受不同结构性参数的影响情况。此处的冲击指的是银行外部资产价值 E 的损失情况。然而，对于信用风险，总量的或者同时影响所有银行的相关冲击刻画也非常重要。异质性单一冲击对于银行间风险暴露及流动性效应引发系统倒闭（systemic failure）的讨论将是一个关键。若这一冲击足够大，以至于迫使一家银行倒闭，那么依照我们的设定，这将进一步导致所有银行在一定范围内面临风险冲击。我们同时也可以研究对于任意一个给定的资本充足水平，单一异质性冲击的后果究竟如何。

对于任意一个给定的银行网络，我们可以通过降低外部资产规模，一次对一家银行进行冲击。传递机制上，如果设 s_i 为最初的冲击，这一损失首先将被受冲击银行的净资产 c_i 所吸收，然后其银行间借入资金以及居民存款将成为最终的防护垫。这表示银行存款优先于银行股权，居民存款优先于银行存款。也就是说，如果银行的净资产不足以吸收最初的冲击损失，则倒闭银行剩余的损失将通过银行间市场负债传导至借款给它的那些银行。同样，如果这些银行间负债还是无法完全吸收这些剩余的损失，则最终剩余损失将由存款者承担。一般而言，如果 $s_i > c_i$，则银行将倒闭。但是若 $s_i - c_i < b_i$，即剩余损失小于该银行的银行间存款总量，则全部剩余损失将由银行间借款者承担。但是如果 $s_i - c_i > b_i$，则不仅银行间的存款银行将受到影响，储蓄者也将承担 $s_i - c_i - b_i$ 的损失。

那些受第一轮冲击影响的借款银行将面对相同的冲击损失，而它们也将首先利用自身拥有的资本对损失进行化解。如果其拥有的净资本大于冲击传递损失，则这些受波及银行将成功吸收冲击影响。否则，这些受影响的存款银行将倒闭，而其形成的剩余损失又将再一次首先通过银行间市场的负债向外传递。然而如果现有银行间负债无法吸收剩余损失，则银行间的存款者将再一次被牵连。这一过程将不断持续下去，直至冲击被完全吸收。

进一步讲，我们以 k 表示银行间市场上对某一家银行进行借款的银行数量。我们假设银行 j 是这些银行中的一家，并且通过银行间市场向银行 i 借出资金，而银行 i 的外部资产受到了冲击并倒闭。如果 $s_i - c_i < b_i$，则银行 j 将面临损失，其大小为 $s_j = \left\lceil \dfrac{s_i - c_i}{k} \right\rceil$。如果 $s_j < c_j$，则银行 j 成功化解了冲击的影响。否则，借款银行 j 将倒闭，而其剩余损失也将通过银行间负债进一步扩散，这一过程将一波一波地传递下去。

第四节　风险扩散与动态传递效应模拟

依据模型设定，我们建立的所有银行系统均可以通过 γ、θ、p、N、E 这几个主要结构参数进行描述。在此，我们将主要针对这几个主要因素对网络稳定性的影响进行随机模拟和分析，即资本充足水平 γ，银行间资产占总资产的比率 θ，任意两节点之间形成连接的概率 p，网络中银行的数量 N 以及整个银行体系外部资产的规模 E。

为便于比较，我们在模拟中设定整个银行体系的外部资产总量为100000单位。固定银行体系对于实体经济贷款的总量不变，有利于讨论对比网络结构变化造成的影响。在模拟过程中，我们将同时改变一个参数或两个参数进行对比分析。在基准情景下，外生参数的取值如表 8-1 所示。

表 8-1 网络生成参数校准情况

参数	描述	基准情景取值	变化范围
E	整个银行体系外部资产的规模	100000	固定不变
N	网络中银行的数量	25	10~25
p	任意两节点之间形成连接的概率	0.2	0~1
θ	银行间资产占总资产的比率	20%	0%~50%
γ	资本充足水平	5%	1%~10%

基准情景下，我们设定资本充足水平为 5%，银行间资产占总资产的比率为 20%，任意两节点之间形成连接的概率为 0.2，网络中银行的数量为 25 个，银行体系外部资产的规模为 100000 单位不变。在接下来的模拟中，我们逐一改变每个参数的取值，同时其他参数值保持不变。

一、银行资本充足水平与风险扩散

我们首先考虑了银行资本充足水平对银行系统稳定性的影响。通过模拟试验，我们可以得到资本充足率与倒闭银行数量之间的关系（见图 8-3）。图 8-3 中实线表示的是 1000 次试验平均值，阴影区域表示的是 95% 概率水平下的分布范围。模拟结果表明，资本充足率与风险传染程度之间存在着单调的负向相关关系。从结果中可以看出，当资本充足率为 0 时，所有银行均将倒闭，随着资本充足率的升高，倒闭银行的数量将会降低，而当资本充足率足够大的时候，除受冲击银行以外，其他所有银行均能够抵御风险冲击。

值得注意的是，风险传染程度并不随着资本充足率变化线性变动。当资本充足水平较高的时候，仅有第一家银行倒闭，剩余损失将全部被其他银行的净资本所吸收。当资本充足水平低于某一水平时，第二波的倒闭将会发生，因为第一家银行自身并不能够完全吸收损失。冲击损失留下来的

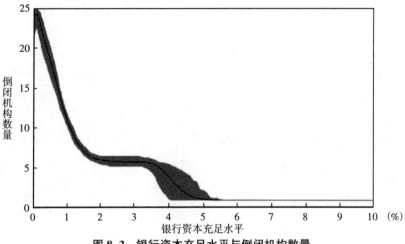

图8-3 银行资本充足水平与倒闭机构数量

越多，银行的自有资本越低，则第二波倒闭的可能性就越大。随着资本充足水平的降低，但下降程度（1%~4%）还并未触及更广泛倒闭的条件下，可以发现，倒闭银行的数量将稳定在一个水平不变。这是因为剩余净资产还足以吸收剩余损失。但是当资本充足率下降到1%以下的时候，更深层次的破产风险被触发了，倒闭银行的数量也将出现突然猛增。

在此，我们的目标并不是讨论为何银行资本水平会系统性地下降到较低的水平，因为较低的资本水平往往是一个系统性冲击的结果。正是由于影响所有银行资本水平冲击的存在，导致了银行资本水平的持续下降。模拟表明，由于银行整体资本充足水平的下降，以个别银行破产导致的风险将会更加具有传染性，其传染的范围和强度也会更大。然而总体资本充足水平较低可能存在某些结构性原因，如金融安全网建设、强势监管政策等使得银行提高资本充足率的动力不足等（Baumann and Nier，2003）。

二、银行间市场风险暴露与风险传染

接下来我们将针对银行间市场的风险暴露（银行间头寸）与传染效应（倒闭银行的数量）的关系进行模拟。同样固定外部资产总规模为100000

单位不变，通过增加银行间资产占比 θ。同时假设网络连接的概率 p 保持不变，则增加银行间资产规模意味着每个网络连接的规模 ω 也将增大。但是由于资本充足率是总资产的一个固定比率，则银行间资产占比的增加也将带来银行净资本规模的增加。模拟结果如图 8-4 所示。

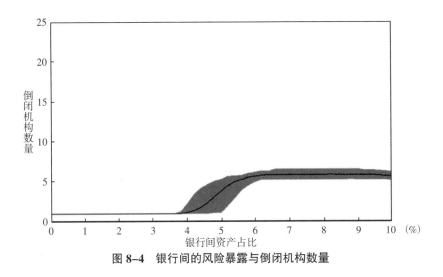

图 8-4　银行间的风险暴露与倒闭机构数量

图 8-4 中显示，银行间风险暴露对银行系统的稳定有两种效应。第一，银行间资产规模的增加将增加风险传递的可能性，增强了风险传播。第二，随着银行资产规模的增加，自有资本水平也将增加，同时也提高了系统抗风险的能力，前提条件是银行间资产纳入资本充足的框架中来。

三、网络关联性与风险传染

我们接下来模拟网络关联性与银行系统稳定性的关系，同时我们也对不同资本充足水平下这种关系的稳定性进行分析。这类模拟也同样为分析网络关联性与资本充足水平的相互关系提供了证据。

在图 8-5 的模拟结果中，横轴表示银行间相互连接的概率 p 的变化。随着 p 的增加，网络内银行的关联性将增强。实线表示在资本充足水平为

5%的条件下，倒闭银行数量与关联性之间的关系，阴影区域为95%的覆盖区间。银行间的网络关联具有两种效应。一方面，它是一种渠道，将冲击影响扩散到整个系统，即银行间连接作为"冲击传递者"的作用；另一方面，通过这些银行间连接，冲击的影响可以被其他银行的净资产进行吸收和分担，即银行间连接作为"冲击吸收者"的作用。

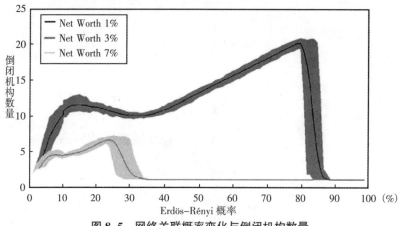

图8-5　网络关联概率变化与倒闭机构数量

从图8-5中我们可以看出，这两种效应在不同的范围内控制着曲线的不同部分，并最终形成了 M 形态的曲线。对于非常低的关联程度，关联程度的提高将损伤系统稳定性，因为关联程度的增加将提高冲击传递的概率。然而在较高的关联水平下，关联程度的变化可能增加也可能减少系统的稳定性程度。但当关联的程度足够高时，银行间关联水平的进一步提高将会降低传染效应，因为此时冲击的吸收效应将开始主导最终结果，并且初始冲击将波及越来越多的银行。

图8-5 也同样显示了关联性与资本充足率之间的相互关系。在一个低资本充足率的银行系统中，倒闭银行自有资本仅能吸收少部分损失，大部分损失将被转移到其他银行承担。然而此时如果银行间的连接程度较高，则倒闭银行数量将持续增加。因为吸收损失的能力较差，所以银行间连接更多地发挥了冲击传递者的作用而不是冲击吸收者的作用。这一结论表

明，低资本充足水平的银行系统在面对冲击时将比较脆弱，尤其是在网络连接度较高的条件下，这种脆弱性将表现得更加明显。

然而，在高资本充足水平的银行体系中，情况却相反。相互的连接仍然会将冲击从一家银行传递到另一家银行。但是较高的资本充足水平将缓解冲击带来的影响。在此情况下，更高的网络连接水平反而发挥了冲击吸收者的作用，并增强了整个银行体系的稳健性。这一特征告诉我们，良好的资本充足水平将提高银行体系的稳健性，而且网络连接程度越高，这种稳健性将越强。

四、网络集中度与风险传染

接下来我们将分析网络集中的程度对风险传染的影响。为此，我们改变了节点银行的数量 N，设定其取值范围从 10 到 25 不等。在之前的模拟中，我们假设整个银行体系的外部资产规模不变，如果银行数量下降为10 家，若整个经济体系总量不变，则网络集中度明显上升（见图 8-6）。

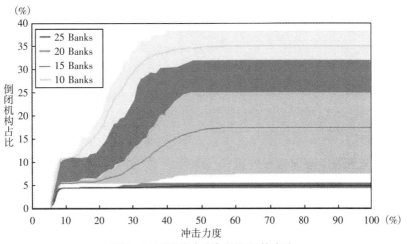

图 8-6 网络集中度与倒闭机构占比

从模拟的结果来看，若不考虑网络集中度，那么随着冲击强度的增大，问题银行的比重也将不断增加。在同一冲击强度水平下，若其他因素保持不变，网络集中程度越强，其网络稳定性越差。从直觉上讲，由于总资产规模固定，银行数量减少，则每家银行将变得相对较大，对其他银行的影响能力也会相应增强。

综合而言，同等水平的冲击在低集中度的网络内，产生的影响比较有限，也就是说，集中程度越高的银行体系，其对于系统通行风险的敏感度将越高。

第五节　流动性风险与货币市场波动

这部分我们将扩展原有模型，将流动性风险因素加入模型之中。本节将着重分析在破产银行需要出售资产以化解其自身风险，而市场上可用于吸收资产的流动性相对有限的条件下，整个网络风险将出现怎样的变化。Acharya 和 Yorulmazer（2007）的研究显示，有限流动性条件下，市场定价机制将遵循 Allen 和 Gale（1994，1998）的分析，即资产的价格将是需要变现的银行资产总量的减函数，也就是说，当银行在市场上出售资产已获得流动性的同时，资产价格将开始下降，而且所有银行的资产的市场价值也将开始重新估值并下降（Cifuentes，Ferrucci and Shin，2005）。

一、抛售与价格

依据这一流动性风险设定，可以引入一个银行资产价格的函数，同时也是银行资产的反需求函数：

$$P(x) = \exp(-\alpha x) \tag{8-1}$$

在这里，P 表示银行资产的价格，x 表示待出售的银行资产的总量，

参数 α 表示随着出售资产的增加，银行资产价值的变化速度，也可以表示市场对银行资产的流动性变现能力。

以方程（8-1）表示的反需求函数的资产需求弹性为：

$$e(x) = \frac{dP(x)}{dx} \frac{x}{P(x)} = -\alpha x \qquad (8-2)$$

表明函数的半弹性为（$e(x)/x$）$= \alpha$，α 表示市场对银行资产的流动性变现能力。同时我们假设 $P(0) = 1$，且 $\lim_{x \to \infty} P(x) = 0$。如果没有银行资产出售，则资产价格为 1，全部出售则价格趋向 0，即银行资产无价值。

为了反映以上流动性风险效应，我们对原有模型的风险传导机制进行了扩展和补充。若第一家受冲击银行面临的外部资产冲击足够大，以至于倒闭，则其所有剩余的外部资产 e 将被迫在银行间市场予以出售。意味着所有外部资产的价值将由原来的 $P = 1$ 下降到某一价格 $P' < 1$，P' 的大小将取决于需要变现的剩余外部资产的规模大小。第一家银行每单位外部资产将进一步损失（$1 - P'$）单位。整个系统面临的总资产损失将由原来冲击影响的损失扩大到冲击影响的直接损失与由于资产变现造成的价格损失的总和。这家倒闭银行的影响将进一步通过银行间的相互连接扩散至与其相联系的其他银行。

此时其他所有银行已经在第一次资产变现导致的外部资产价值的"重估过程"中产生了一部分损失。其他银行也同样将在这样的"重估"中产生损失，并可能倒闭。这样的过程将持续下去，直至所有风险和资产出售最终停止。

二、变现风险模拟

接下来我们分别对有流动性效应与没有流动性效应的系统风险传染情况进行模拟和对比。在没有流动性风险效应的模拟中（见图 8-7），α = 0。与存在流动性风险情况进行对比，均可以发现关联程度与传染风险效果存在着 M 曲线的关系。随着净资产规模减小，需要越来越大的关联性才能造成系统倒闭。

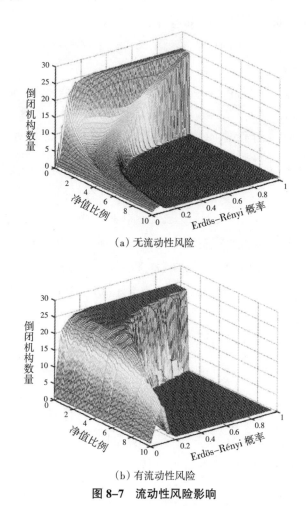

（a）无流动性风险

（b）有流动性风险

图 8-7　流动性风险影响

在存在流动性风险的条件下，$\alpha=1$ 为完全流动性风险（见图 8-7）。可以看出：第一，由于流动性渠道的存在，倒闭银行的数量均将大于无流动性风险的情况，也就是说，在任何的关联程度下，流动性效应存在都会加剧风险的扩散和传递。第二，对比有无流动性风险的结果，全部机构倒闭的区域将明显扩大，即出现由图 8-7（a）到图 8-7（b）的变化。这说明在资产抛售条件下，仅在资本重组水平很低的时候才会出现全系统崩溃，而在存在资产抛售的流动性风险条件下，即便在资本充足率较高的情况下，也仍然有全系统崩溃的风险。第三，流动性效应平滑了关联性与倒闭之间原有的 M 形态，这表明所有银行均将受到流动性影响。第四，存在流动性效应的条件下，关联程度产生的影响效应将有所减弱。

此外，前面我们已经得到了网络结构越集中越易产生系统风险的结论。当我们扩展到存在抛售或流动性风险的条件时，情况将发生一些变化。图 8-8、图 8-9 显示：其一，无论是高网络关联性还是低网络关联

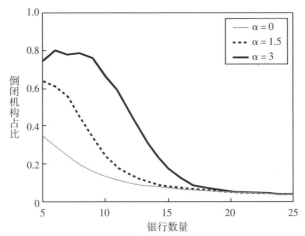

图 8-8 低关联性（p=0.25）条件下的网络集中度与流动性风险

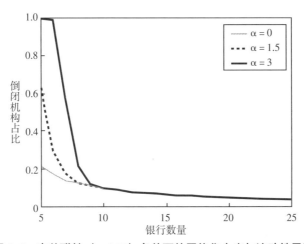

图 8-9 高关联性（p=0.75）条件下的网络集中度与流动性风险

性，网络集中度与倒闭风险之间都是正向关系，即网络集中度越高，倒闭数量占比越高。其二，在抛售产生的流动性效应较强的条件下（$\alpha \in \{1.5, 3\}$），网络集中度对倒闭风险的影响将更加显著，也就是说，结构上越集中的网络结构，其出现系统性倒闭的风险越大，尤其在市场面临流动性变现压力的条件下，这种效应将更强。

在一个网络集中度较高的系统内，一家大银行的倒闭或面临压力将需要进行大量的资产变现。然而这将迅速降低其他银行的资产价值，带来更大范围内的资产价格下降，图 8-9 也同样显示出了这种效应。

第六节　非均匀连接网络结构影响

在前面的讨论中，我们均假设网络连接是均匀的，即每家银行与其他另一家银行相互连接的概率是相等的。但是我们知道，现实世界的银行间网络连接往往并不满足这一条件。正如 Albert 和 Barabasi（1999）在研究中讨论过的那样，随机模拟的网络结构，其连接程度（连接数量）的分布通常在均值附近出现峰值，而实际的网络连接程度（如连接数量）通常是有偏的。Boss 等（2003）则进一步证实了在澳大利亚的银行间市场网络中，一些少数银行拥有很多网络连接，而大部分则只有少量的外部连接关系。Boss（2003）解释，澳大利亚银行间市场的结构显示出了很强的"层叠"型特点，第一层次的银行与第二层次的银行以及与第一层次的银行之间进行连接，但第二层次银行之间却关联度有限。与之类似，高度紧密连接的第一层次以及与第二层次广泛连接的"层叠"型网络结构在很多国家也有体现，如英国等。Harrision（2005）、Boss（2003）同样指出，高度连接的第一层次银行通常规模较大。也就是说，关联程度的分布与银行规模的分布相互对应。贾彦东和黄聪（2010）对我国支付结算网络的分析中也同样指出，中国的银行间支付结算网络也存在较强的层次性特点。

一、非均匀网络模型扩展

为了较好地刻画这种多层次的网络结构，我们将网络中的银行区分为大银行 m 和小银行 n 两种，且 m + n = N。假设大银行之间拥有更紧密的联系，小银行 i 对另一家大银行 j 连接概率为 p_l，对另一家小银行 s 连接概率为 p_s，并且 $p_l > p_s$。

一种情况是，任意两家银行的连接概率均为 p，且 $p = p_l = p_s$，网络为同质网络。另一种情况是，m=1，$p_l=1$，即仅存在一家大银行，且所有其他小银行都与这家大银行相连接，这种结构被称为"明星结构"。这两种情况是层叠结构的极端情形，我们的模拟将从一种极端情况逐步进行到另一个极端情况。

需要注意的是，当我们固定 p_s，但是提高 p_l 的时候，网络连接的数量将会增加。为了与"同质网络"的情况进行很好的对比，我们逐步调整 p_s，以使整个网络的总连接数量与"同质网络"的连接数量相等。换句话说，在"层叠"网络中，一个节点与另一个节点相连接的无条件概率应该等于均匀网络中的平均连接概率 p。我们通过以下方式实现模拟：

任意给定一个 p_l，我们试图寻找一个 p_s，使整个网络的连接数量等于均匀网络中的连接数量。尤其是在一个有 N 个节点，平均连接概率为 p 的均匀网络中，总连接的数量等于 pN(N–1)。在一个"层叠"型网络结构中，总连接数量为：

$$p_s(N-m)^2 + p_l m(N-1) + p_l(N-m)m \tag{8-3}$$

通过将均匀网络与层叠网络的连接数量相等，可以求出 p_s，使得两个网络连接数量相一致。

$$p_s = \frac{p_l m + p_l m^2 - 2p_l mN - p + Np}{(m-N)^2} \tag{8-4}$$

我们同时定义大银行外部资产占比为 k。因此，每家大银行在其资产方中外部资产的占比为 k/m。若大小银行无差异，则 $k = \dfrac{m}{N-m}$。

二、非均匀网络结构影响模拟

为了研究层叠结构的影响，我们建立了一个包含 25 家银行的网络，其中只有一家是大银行，其他 24 家均为小银行，即 m = 1，n = 24，N = 25。我们设定与大银行连接的概率 p_l 取值由 20%~100%不等。由于在此我们仅集中于集中度的影响，而暂不考虑规模的影响，因此设定 k = 1/24。这样的层叠网络结构与均匀网络结构相比唯一的区别是有一家银行更有能力或更容易与其他银行相连接。

图 8-10 展示了对大银行冲击试验 100 次与对小银行冲击试验 100 次的结果的差异。其中，如果 p_l = 20%，则两个网络均为均匀网络，即 $p = p_l = p_s$。当我们提高 p_l，则银行倒闭的数量将会随之增加，直至 p_l 达到 42%，银行倒闭数量达到 10 的最大值。自此以后，倒闭银行的数量将逐步减少。因为随着大银行变得越来越易于连接，大银行产生的冲击将被均匀分担给更多的小银行，而且每家小银行面临的剩余冲击也将越来越小，并能够被自有资本所消化。

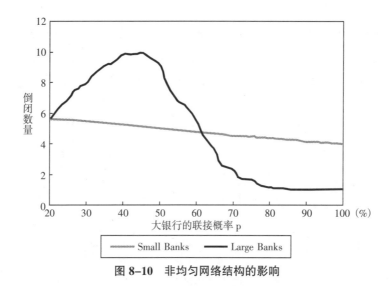

图 8-10　非均匀网络结构的影响

我们同时针对"层叠"型网络结构开展了多项模拟试验与冲击测试。可以发现,在同质网络中发现的很多现象,在"层叠"网络中大部分也是同样存在的,而且在"层叠"网络中还存在着很多新的现象和规律,还有待我们进一步深入分析。

第九章　结论与政策选择

前面各章中，我们分别对宏观审慎的政策演进、系统风险的研究进展，以及金融网络模型和系统风险的国际经验等进行了总结和梳理，依次利用银行间支付结算数据、上市银行资产负债数据和股价变化信息，运用不同方法构建金融网络模型，并对网络的稳定性和单一机构的系统风险贡献开展了实证分析。基于随机网络结构分析，我们进一步讨论了网络结构的随机变化对金融体系稳定性的影响。虽然在每一部分我们已经得到了很多重要的结论和政策含义，但后续的更进一步研究显然是十分必要的。作为全书的结束部分，本章将主要对一些基本观点和结论进行总结性阐述，并对其中的政策含义进行简要梳理。

第一节　主要结论

全书主要观点可归纳为以下几个方面：

第一，无论是理论方面还是政策方面都已经认识到，有效的宏观审慎政策将有助于防范系统风险，提升系统应对冲击的能力。但从当前的理论和实践来看，目前的研究和实践经验都还非常匮乏。宏观审慎政策工具的使用已经积累了一些有价值的经验，尤其是对于一些与信贷条件相关以及部分以资产为基础的审慎工具（如 LTV、DTI）的效果已经得到了较多实践经验和理论研究的支持。宏观审慎政策框架的设计还仍然缺乏更高层次上的宏观审慎视野，已有框架有可能形成对系统风险的失察。

第二，金融危机再次使系统性风险成为学术研究、政策研究以及市场研究的重点。但目前尚未形成一个准确且被普遍接受的定义，尤其在中国。这说明了问题的多维性、复杂性，同时也反映出学术界与金融监管层对该问题的研究仍不成熟，突出表现在系统性金融风险的冲击来源和测度方法两个层面。

第三，以金融系统内个体间相互连接构成的网络为对象，立足于金融网络结构的稳定性分析，并以此为视角对整个金融体系的系统性风险状况进行监测、预警与分析，不失为现有制度约束下，推进我国宏观审慎管理制度建立的关键。因此，应借鉴矩阵模型的思路构建中国金融网络的风险传递模型，并以单一时点压力测试的方式衡量金融网络的稳定性，为推动宏观审慎管理框架的建立开拓新思路。

第四，基于金融网络模型对风险扩散机制的分析，我们将金融网络结构因素纳入对系统风险的衡量中，并依此建立了以"直接贡献"和"间接参与贡献"两种方式分析和评价金融机构系统重要性的模式。再结合构建的"系统风险曲线"，估计得到了当前金融网络条件下我国各银行机构的系统重要性分值及排序，为宏观审慎工具的设计、开发及进一步运用打下了基础。

第五，基于上市银行资产负债数据的分析结果表明，除了四大国有银行之外，股份制银行对系统性风险的贡献度不容忽视。当银行系统较脆弱时，高杠杆率的银行的系统贡献度较大；当银行系统较稳定时，低杠杆率的银行的系统贡献度较大。此外，资产组合的构成和规模也对银行的系统贡献度有影响。因此，监管当局应该根据不同时期的系统稳定性进行动态宏观审慎监管，加强对股份制银行的关注。

第六，基于股票价格变化的分析显示，虽然商业银行在我国金融体系中仍占主导地位，但非银行金融机构已开始表现出不可忽视的影响力。各金融机构在金融冲击传递中所扮演的角色是随时间不断变化的。此外，中国金融部门对发达经济体，尤其是日本表现出明显的影响力。货币政策等宏观因素也影响金融机构在冲击传递网络中受其他机构影响的程度。杠杆率等机构特定因素则决定了金融机构对其他机构的影响。此外，应充分认识金融市场政策干预的国际外溢效应，并高度重视非银行金融机构对金融稳定的影响。

第七，若将金融网络结构视为一种不确定性，则资本充足水平、银行间头寸的占比、机构之间关联概率、网络集中度、流动性水平以及网络的均匀程度等因素都将影响整个金融体系应对冲击的能力。

第八，构建统一的系统风险模型，并以此开展压力测试、情景分析等工作已经成为危机后各主要中央银行宏观审慎政策决策的重要工具和手段。金融网络模型的开发是系统风险模型构建最核心、最关键的部分。因此，构建完备有效的金融网络模型或机制将有利于系统风险模型开发，对政策应用意义重大，更为宏观审慎背景下的系统风险研究提供新的视角。

第二节　政策选择

针对金融体系复杂性与关联度变化，结论表明，现阶段中国金融体系复杂化有其阶段性和必然性，对金融监管和政策调控的影响不容忽视。政策上，应以支持和服务实体经济为标准，有效应对金融体系复杂性和关联度变化带来的挑战；制度上，应以金融稳定委员会为核心，尽快建立常态化、系统化、定量化的系统风险分析框架，并重点加强对截面维度风险的监测和分析。具体而言：

第一，服务实体经济始终是金融业发展的基本原则，也是正确认识和应对金融体系复杂性和关联度变化的标准。整体而言，金融体系的复杂化和强关联将产生两方面效果：一是金融效率的提升和服务实体经济能力的增强；二是将使金融机构有能力规避监管，减少自身风险承担，获得更高的超额收益。金融监管和金融稳定政策始终需要在两者间做出权衡，一方面需要加强监管，控制体系的过度复杂化，避免风险快速积累；另一方面则需要识别有效金融创新，改善金融效率，促进金融对实体经济的支持。

第二，现阶段金融体系的复杂化有其阶段性和特殊性，但相关风险值得关注。金融体系复杂性有着发展阶段、国情、体制机制和市场主体行为模式等多种内在演变逻辑，强化监管不可能完全消除金融创新和系统的复杂演化。只有充分认识金融体系复杂性的动因，才能真正提高监管效能。近年来，随着金融监管力度增强，金融体系关联性和复杂性程度已有所收敛。然而，在宏观经济偏弱及金融风险事件不断涌现的背景下，关联性和复杂性带来的风险扩散效应仍值得高度关注。

第三，复杂性方面应加强信息披露，以实体经济需求为导向，控制金融产品和业务的过度交叉和衍生。由于金融体系复杂程度上升将导致对风险失察并削弱监管效力，政策上应加强对各种金融产品和金融业务以及金融机构经营状况的信息披露力度，加强市场纪律约束，提升金融机构的风险意识。此外，监管当局应该适当控制金融工具和金融业务的创新速度，以服务和支持实体经济为目标，推进金融供给侧改革，适时评估金融创新，避免金融的过度衍生。关联度方面，应加强数据收集和信息集中，增强截面维度风险的监测和分析能力。金融机构之间的关联关系较为隐秘且不易察觉。不仅包括机构间的直接风险暴露，同时还包含了股权关系或股票相关性的影响。应加强刻画关联性相关的基础数据和信息的收集，并广泛运用各类技术方法，提升对金融体系关联性的监测和分析能力，防范风险传染。工具上，监管政策应考虑金融体系关联程度，以及单一机构在金融网络中的作用，动态调整相应监管标准以应对截面维度上的风险传染。

第四，制度上应在宏观审慎政策框架下，尽快建立起系统风险监测控制的常规框架。监管部门应以金融稳定委员会为核心，尽快建立常态化、系统化、定量化的系统风险分析框架，并重点关注金融体系复杂性和关联度变化带来的截面维度风险。同时，应加强金融监管、金融稳定和货币政策及财政政策之间的协调和沟通，完善金融风险的市场沟通机制，并真正按照回归本源、优化结构、强化监管、市场导向等原则，降低金融体系复杂化可能引发的金融风险，保障金融体系的健康、稳健、可持续发展。

参考文献

A. Kashyap, J. C. Stein, and S. G. Hanson, "A Macroprudential Approach to Financial Regulation", *The Journal of Economic Perspectives*, Vol.25, No.1, 2010, pp.3–28.

Adrian, Tobias and Markus K Brunnermeier, "CoVar", *American Economic Review*, Vol.106, No.7, 2016, pp.1705–1741.

Afonso Gara, Kovner Anna and Schoar Antoinette, "Trading Partners in the Interbank Lending Market", Staff Reports No.620, *Federal Reserve Bank of New York*, revised, Oct 2013.

Alfred Lehar, "Measuring Systemic Risk: A Risk Management Approach", *Journal of Banking & Finance*, No.29, 2005, pp.2577–2603.

Alicia García–Herrero, Sergio Gavilá, and Daniel Santabárbara, "China's Banking Reform: An Assessment of its Evolution and Possible Impact", *CESifo Economic Studies*, Vol.52, No.2, 2006, pp.304–363.

Allahrakha Meraj, Paul Glasserman, Peyton Young, "Systemic Importance Indicators for 33 U.S. Bank Holding Companies: An Overview of Recent Data", Briefs 15–01, *Office of Financial Research*, US Department of the Treasury, 2015.

Alves, Iván, Ferrari, Stijn, Franchini, Pietro, Héam, Jean–Cyprien, Jurca, Pavol, Langfield, Sam, Laviola, Sebastiano, Liedorp, Franka, Sánchez, Antonio, Tavolaro, Santiago, Vuillemey, Guillaume, "The Structure and Resilience of the European Interbank Market", ESRB Occa-

Sional Papers, No. 3, *European Systemic Risk Board*, September 2013.

Ana Babus and Tai-Wei Hu, "Endogenous Intermediation in Over-the-counter Markets", *Journal of Financial Economics*, Vol.125, No.1, 2017, pp. 200-215.

Anand K., Bédard-Pagé G. and Traclet V., "Stress testing the Canadian Banking System: A System-wide Approach", *Financial System Review*, No.6, 2014, pp.61-68.

Andreas A. Jobst, "Measuring Systemic Risk-adjusted Liquidity (SRL) —A Model Approach", *Journal of Banking & Finance*, Vol.45, 2014, pp. 270-287.

Andrew G Haldane, "Rethinking the Financial Network", Speech Delivered at the Financial Student Association, Amsterdam, Executive Director, Financial Stability, *Bank of England*, April 2009.

Axel Gandy and Luitgard A. M. Veraart, "A Bayesian Methodology for Systemic Risk Assessment in Financial Networks", *Management Science*, Vol.63, No.12, 2017, pp.3999-4446.

BCBS, "The transmission Channels Between the Financial and Real Sectors: A Critical Survey of the Literature", BIS Working Papers No18, *Bank for International Settlements*, 2011.

Ben Craig and Goetz von Peter, "Interbank Tiering and Money Center Banks", *Journal of Financial Intermediation*, Vol.23, No.3, 2014, pp.322-347.

Blasques F A A, Bräuning, Falk, Lelyveld I V, "A Dynamic Network Model of the Unsecured Interbank Lending Market", *Journal of Economic Dynamics & Control*, Vol 90, No. 5, 2015, pp.310-342.

Blei, Sharon K, Ergashev, Bakhodir, "Asset Commonality and Systemic Risk Among Large Banks in the United States", *OCC Economic Working Papers*, WP 2014-3, Office of the Comptroller of the Currency, 2014.

Bluhm M, Faia E, Krahnen J P, "Endogenous Banks' Networks, Cascades and Systemic Risk", Working Paper Series, No.12, Sustainable Architecture for Finance in Europe, *Goethe University Frankfurt*, 2014.

Boss M, Krenn G, Puhr C, Summer M, "Systemic Risk Monitor: A Model for Systemic Risk Analysis and Stress Testing of Banking Systems", *Financial Stability Report*, No.11, 2006, pp.83–95.

Brownlees C T, Engle R F, "Volatility, Correlation and Tails for Systemic Risk Measurement", *SSRN Electronic Journal*, 2012.

Brunnermeier M., Gorton G. & Krishnamurthy A., "Liquidity Mismatch Measurement", Risk Topography: Systemic Risk and Macro Modeling *University of Chicago Press*, Published in August 2014. pp.99–112.

Bryan Kelly and Hao Jiang, "Tail Risk and Asset Prices", *Review of Financial Studies*, Vol.27, No.10, 2014, pp.2841–2871.

C.Gauthier, A. Lehar and M. Souissi, "Macroprudential Capital Requirements and Systemic Risk", *Journal of Finanial Intermediation*, Vol.21, No.4, 2012, pp.594–618.

Carlos Le'on and Ron J. Berndsen, "Rethinking Financial Stability: Challenges Arising from Financial Networks'modular Scale-free Architecture", *Journal of Financial Stability*, Vol.15, 2014, pp.241–256.

Chang, Briana & Zhang, Shengxing, "Endogenous Market Making and Network Formation", LSE Research Online Documents on Economics 86275, *London School of Economics and Political Science*, LSE Library, 2015.

Charles A. E. Goodhart, Carolina Osorio, Dimitrios Tsomocos, "Analysis of Monetary Policy and Financial Stability: A New Paradigm", No 2885, *CESifo Working Paper Series*, CESifo Group Munich, 2009.

Christian Brownlees and Robert F. Engle, "SRISK: A Conditional Capital Shortfall Measure of Systemic Risk", *The Review of Financial Studies*, Vol.30, No.1, 2017, pp.48–79.

Christian Gourieroux, J.-C. Héam, and Alain Monfort, "Bilateral Exposures and Systemic Solvency Risk", *Canadian Journal of Economics/Revue Canadienne D'économique*, Vol.45, No.4, 2012, pp.1273-1309.

Christian Upper and Andreas Worms, "Estimating bilateral exposures in the German interbank market: is there a danger of contagion?", *European E-conomic Review*, Vol.48, No.4, 2004, pp.827-849.

Christian Upper, "Simulation Methods to Assess the Danger of Contagion in Interbank Markets", *Journal of Financial Stability*, Vol.7, No.3, 2011, pp.111-125.

Claudio Borio, "Implementing the Macroprudential Approach to Financial Regulation and Supervision", *Financial Stability Review*, No. 13, 2009, pp. 31-41.

Claudio Borio, "Towards a Macroprudential Framework for Financial Supervision and Regulation?", *CESifo Economic Studies*, Vol.49, No.2, 2003, pp. 181-216.

Craig H. Furfine, "The Microstructure of the Federal Funds Market", Financial Markets, *Institutions & Instruments*, Vol.8, No.5, 1999, pp.24-44.

Daan in't Veld and Iman van Lelyveld, "Finding the Core: Network Structure in Interbank Markets", *Journal of Banking & Finance*, Vol.49, 2014, pp.27-40.

Daniel Fricke and Thomas Lux, "Core-periphery Structure in the Overnight Money Market: Evidence from the E-mid Trading Platform", *Computational Economics*, Vol.45, No.3, 2015, pp.359-395.

Daron Acemoglu, Asuman Ozdaglar, and Alireza Tahbaz-Salehi, "Systemic Risk and Stability in Financial Networks", *American Economic Review*, Vol.105, No.2, 2015, pp.564-608.

Daron Acemoglu, Vasco M. Carvalho, Asuman Ozdaglar, and Alireza Tahbaz-Salehi, "The Network Origins of Aggregate Fluctuations", *Econometrica*, Vol.80, No.5, 2012, pp.1977-2016.

Darrell Duffie and Haoxiang Zhu, "Does a Central Clearing Counterparty Reduce Counterparty Risk?", *Review of Asset Pricing Studies*, Vol.1, No. 1, 2011, pp.74–95.

David A. Bessler and Jian Yang, "The Structure of Interdependence in International Stock Markets", *Journal of International Money and Finance*, Vol. 22, No.2, 2003, pp.261–287.

David Lando, "Credit Risk Modeling Theory and Applications", Princeton: Princeton University Press, 2004.

De Bandt, Olivier & Hartmann, Philipp, "Systemic Risk: A survey", ECB Working Paper Series No.35, *European Central Bank*, 2000.

Dennis Kuo, David R. Skeie, James I. Vickery, and Thomas Youle, "Identifying Term Interbank Loans from Fedwire Payments Data", *Working Paper*, 2014.

Douglas W. Diamond and Philip H. Dybvig, "Bank Runs, Deposit Insurance, and Liquidity", *Journal of Political Economy*, Vol.91, No.3, 1983, pp. 401–419.

Drehmann M, Tarashev N., "Systemic Importance: Some Simple Indicators", BIS Quarterly Review, *Bank for International Settlements*, 2011.

Elyas Elyasiani, Elena Kalotychou, Sotiris K. Staikouras and Gang Zhao, "Return and Volatility Spillover among Banks and Insurers: Evidence from Pre–Crisis and Crisis Periods", *Journal of Financial Services Research*, Vol.48, No.1, 2015, pp.21–52.

Emmanuel Farhi and Jean Tirole, "Collective Moral Hazard, Maturity Mismatch, and Systemic Bailouts", *American Economic Review*, Vol.102, No.1, 2012, pp.60–93.

Enrico Perottia, Lev Ratnovskib, and Razvan Vlahuc, "Capital Regulation and tail Risk", *International Journal of Central Banking*, Vol.7, No.4, 2011, pp.123–163.

Erlend Nier, Jing Yang, Tanju Yorulmazer, and Amadeo Alentorn, "Network Models and Financial Stability", *Journal of Economic Dynamics & Control*, Vol.31, No.6, 2007, pp.2033–2060.

Eui Jung Chang, Eduardo Jos'e Araujo Lima, Solange M. Guerra and Benjamin M. Tabak, "Measures of Interbank Market Structure: An Application to Brazil", *Brazilian Review of Econometrics*, Vol.28, No.2, 2008, pp.163–190.

Falk Bräuning and Falko Fecht, "Relationship Lending in the Interbank Market and the Price of Liquidity", *Review of Finance*, Vol.21, No.1, 2016, pp.33–75.

Florian Heider, Marie Hoerova, and Cornelia Holthausen, "Liquidity Hoarding and Interbank Market Rates: The Role of Counterparty Risk", *Journal of Financial Economics*, Vol.118, No.2, 2015, pp.336–354.

Francis X. Diebold and Kamil Yilmaz, "Better to Give Than to Receive: Predictive Directional Measurement of Volatility Spillovers", *International Journal of Forecasting*, Vol.28, No.1, 2012, pp.57–66.

Francis X. Diebold and Kamil Yilmaz, "On the Network Topology of Variance Decompositions: Measuring the Connectedness of Financial Firms", *Journal of Econometrics*, Vol.182, No.1, 2014, pp.119–134.

Franklin Allen and Douglas Gale, "Financial Contagion", *Journal of Political Economy*, Vol. 108, No. 1, 2000, pp. 1–33.

Franklin Allen and Elena Carletti, "Systemic Risk from Real Estate and Macro-Prudential Regulation", *International Journal of Banking*, Accounting and Finance, Vol.5, No.1–2, 2013, pp.28–48.

Franklin Allen, A. Babus, E. Carletti, "Financial Crises: Theory and Evidence", *Annual Review of Financial Economics*, Vol. 1, 2009, pp. 97–116.

Franklin Allen, Jun Qian and Meijun Qian, "Law, Finance, and Economic

Growth in China", *Journal of Financial Economics*, Vol.77, No.1, 2005, pp.57-116.

Franklin Allen, Jun Qian, Chenying Zhang and Mengxin Zhao, "China's Financial System: Opportunities and Challenges", *NBER Working Paper*, No. 17828. 2012.

Franklin, Allen and Ana Babus, "Networks in Finance", In P. Kleindorfer and J. Wind (ed.) *Network -based Strategies and Competencies*, Vol. 21, 2009, pp.367-382.

Gabriele Galati and Richhild Moessner, "Macroprudential Policy—A Literature Review", *Journal of Economic Surveys*, Vol.27, No.5, 2013, pp.846-878.

Gabrieli S, Georg C P, "A Network View on Interbank Market Freezes", *BoF Working Papers*, *Banque de France*, No.531, 2014.

Gara Afonso and Ricardo Lagos, "Trade Dynamics in the Market for Federal Funds", *Econometrica*, Vol.83, No.1, 2015, pp.263-313.

Geert Bekaert, Michael Ehrmann, Marcel Fratzscher and Arnaud Mehl, "The Global Crisis and Equity Market Contagion", *Journal of Finance*, Vol.69, No.6, 2014, pp.2597-2649.

Georgiana -Denisa Banulescu and Elena -Ivona Dumitrescu, "Which are the SIFIs? A Component Expected Shortfall Approach to Systemic Risk", *Journal of Banking & Finance*, Vol.50, 2015, pp.575-588.

Germán López-Espinosa, Antonio Moreno, Antonio Rubia, and Laura Valderrama, "Systemic Risk and Asymmetric Responses in the Financial Industry", *Journal of Banking & Finance*, Vol.58, 2015, pp.471-485.

Grzegorz Halaj and Christoffer Kok, "Assessing Interbank Contagion Using Simulated Networks", *Computational Management Science*, Vol.10, No. 2-3, 2013, pp.157-186.

Guiying Laura Wu, Qu Feng, and Pei Li, "Does Local Governments' Budget

Deficit Push up Housing Prices in China? ", *China Economic Review*, Vol.35, 2015, pp.183-196.

Güneş Kamber and Christoph Thoenissen, "Financial Exposure and the International Transmission of Financial Shocks", *Journal of Money, Credit and Banking*, Vol.45, 2013, pp.127-158.

H. Hashem Pesaran and Yongcheol Shin, "Generalized Impulse Response Analysis in Linear Multivariate Models", *Economics Letters*, Vol.58, No.1, 1998, pp.17-29.

Haas Ralph and Lelyveld Iman, "Multinational Banks and the Global Financial Crisis: Weathering the Perfect Storm? ", *Journal of Money, Credit and Banking*, Vol.46, No.1, 2014, pp.333-364.

Helmut Elsinger, Alfred Lehar and Martin Summer, "Using Market Information for Banking System Risk Assessment", *International Journal of Central Banking*, Vol.2, No.1, 2006, pp.137-165.

Iñaki Aldasoro and Iv'an Alves, "Multiplex Interbank Networks and Systemic importance: An application to European Data", *Journal of Financial Stability*, Vol.35, 2018, pp.17-37.

IMF, BIS and FSB, "Guidance to Assess the Systematic Importance of Financial Institutions, Markets and Instruments: Initial Considerations", *Report to the G-20 Finance Ministers and Central Bank Governors*, https://www.BIS.org/pub/othpo7.htm, 2009, pp.1-27.

Inaki Aldasoro and Ignazio Angeloni, "Input-output-based Measures of Systemic Importance", *Quantitative Finance*, Vol.15, No.4, 2015, pp.589-606.

J. Saurina and C. Trucharte, "An Assessment of Basel II Procyclicality in Mortgage Portfolios", *Journal of Financial Services Research*, Vol.32, No.1-2, 2007, pp.81-101.

J. Staum, Mingbin Feng and Ming Liu, "Systemic Risk Components in a Network Model of Contagion", *IIE Transactions*, Vol.48, No.6, 2016, pp. 501–510.

J.Castro, D. Gomez and J. Tejada, "Polynomial Calculation of the Shapley Value based on Sampling", *Computers and Operations Research*, Vol.36, No.5, 2009, pp.1726–1730.

J.L. Molina‑Borboa, S. Martnez‑Jaramillo, F. Lopez‑Gallo and M. van der Leij, "A Multiplex Network Analysis of the Mexican Banking System: Link Persistence, Overlap, and Waiting Times", *The Journal of Network Theory in Finance*, Vol.1, No.1, 2015, pp.99–138.

James C. "The Losses Realized in Bank Failures", *The Journal of Finance*, Vol.46, No.4, 1991, pp.1223–1242.

Jean Helwege and Gaiyan Zhang, "Financial Firm Bankruptcy and Contagion", *Review of Finance*, Vol.20, No.4, 2016, pp.1321–1362.

Jean. Tirole, "Illiquidity and all its Friends", *Journal of Economic Literature*, No.49, 2010, pp.287–325.

Jean‑Charles Rochet and Jean Tirole, "Controlling Risk in Payment Systems", *Journal of Money, Credit and Banking*, Vol.28, No.4, 1996, pp.832–862.

Jian Yang and Yinggang Zhou, "Credit Risk Spillovers among Financial Institutions around the Global Credit Crisis: Firm‑Level Evidence", *Management Science*, Vol.59, No.10, 2013, pp.2343–2359.

JianYang, Cheng Hsiao, Qi Li and Zijun Wang, "The Emerging Market Crisis and Stock Market Linkages: Further Evidence", *Journal of Applied Econometrics*, Vol.21, No.6, 2006, pp.727–744.

Joao F. Cocco, Francisco J. Gomes and Nuno C. Martins, "Lending Relationships in the Interbank Market", *Journal of Financial Intermediation*, Vol. 18, No.1, 2009, pp.24–48.

Jobst, Andreas, Dale F Gray, "Systemic Contingent Claims Analysis: Esti‑

mating Market−Implied Systemic Risk", IMF Working Papers, No 13/54, *International Monetary Fund*, 2013.

Joe Peek and Eric S. Rosengren, "The International Transmission of Financial Shocks: The Case of Japan", *American Economic Review*, Vol.87, No. 4, 1997, pp.495−505.

Jon Danielsson and Jean−Pierre Zigrand, "Equilibrium Asset Pricing with Systemic Risk", *Economic Theory*, Vol.35, No.2, 2008, pp.293−319.

Joon−Ho Hahm, Frederic S. Mishkin, Hyun Song Shin, and Kwanho Shin, "Macroprudential Policies in Open Emerging Economies", *Proceedings*, No.11, 2011, pp.63−114.

Joseph E. Stiglitz, "How to Restore Equitable and Sustainable Economic Growth in the United States", *American Economic Review*, Vol.106, No.5, 2016, pp.43−47.

Jun Qian, Strahan, Philip E. and Zhishu Yang, "The Impact of Incentives and Communication Costs on Information Production and use: Evidence from bank Lending", *Journal of Finance*, Vol.70, No.4, 2015, pp. 1457−1493.

K. Braun−Munzinger, Zijun Liu and A. E. Turrell, "An Agent−based Model of Corporate Bond Trading", *Quantitative Finance*, Vol.18, No.4, 2018, pp.591−608.

Karl Finger, Daniel Fricke and Thomas Lux, "Network Analysis of the e−MID Overnight Money Market: The Informational Value of Different Aggregation Levels for Intrinsic Dynamic Processes", *Computational Management Science*, Vol.10, No.2−3, 2013, pp.187−211.

Kartik Anand, Ben Craig, and Goetz von Peter, "Filling in the Blanks: Network Structure and Interbank Contagion", *Quantitative Finance*, Vol.15, No.4, 2015, pp.625−636.

Kim C., "Macroprudential Policies in Korea−Key Measures and Experiences",

Financial Stability Review, No.18, 2014, pp.121–130.

Konstantin Milbradt, and Martin Oehmke, "Maturity Rationing and Collective Short –termism", *Journal of Financial Economics*, No.118, 2015, pp. 553–570.

L. Eisenberg and T. H. Noe, "Systemic Risk in Financial Systems", *Management Science*, Vol.47, No.2, 2001, pp.236–249.

L. S. Shapley, "A Value for n–person Games", *Annals of Mathematical Studies*, Vol.28, No.7, 1953, pp.307–317.

L.Bargigli, G. di Iasio, L. Infante, F. Lillo and F. Pierobon, "The Multiplex Structure of Interbank Networks", *Quantitative Finance*, Vol.15, No.4, 2015, pp.673–691.

Laura Ballester, Barbara Casu and Ana González–Urteaga, "Bank Fragility and Contagion: Evidence from the Bank Cds Market", *Journal of Empirical Finance*, No.38, 2016, pp.394–416.

Linda Allen, Turan G. Bali and Yi Tang, "Does Systemic Risk in the Financial Sector Predict Future Economic Downturns?", *Review of Financial Studies*, Vol.25, No.10, 2012, pp.3000–3036.

Luca Arciero, Ronald Heijmans, Richard Heuver, Marco Massarenti, Cristina Picillo and Francesco Vacircaa, "How to Measure the Unsecured Money Market? The Eurosystem's Implementation and Validation Using TARGET2 data", DNB Working Papers, Vol.97, No.1–2, pp.107–118, *Netherlands Central Bank*, Research Department, 2013.

Lucian A. Bebchuk and Itay Goldstein, "Self–fulfilling Credit Market Freezes", *Review of Financial Studies*, No.24, 2011, pp.3519–3555.

Mario Eboli, "Systemic Risk in Financial Networks: A Graph –theoretic Approach", *Journal of Finance*, No.12, 2007, pp.1245–1248.

Mark Kritzman, Yuanzhen Li, Sébastien Page and Roberto Rigobon, "Principal Components as a Measure of Systemic Risk", *Journal of Portfolio*

Management, Vol.37, No.4, 2011, pp.112-126.

Markus K. Brunnermeier and Lasse Heje Pedersen, "Market Liquidity and Funding Liquidity", *Review of Financial Studies*, Vol.22, No.6, 2009, pp.2201-2238.

Markus K. Brunnermeier and Martin Oehmke, "The Maturity Rat Race", *The Journal of Finance*, Vol.68, No.2, 2013, pp.483-521.

Maryam Farboodi, "Intermediation and Voluntary Exposure to Counterparty Risk", *Meeting Papers*, *Society for Economic Dynamics*, No.365, 2014.

Masmai Imai and Seitaro Takarabe, "Bank Integration and Transmission of Financial Shocks: Evidence from Japan", *American Economic Journal: Macroeconomics*, Vol.3, No.1, 2011, pp.155-183.

Massimiliano Affinito, "Do Interbank Customer Relationships Exist? And How did they Function in the Crisis? Learning from Italy", *Journal of Banking & Finance*, Vol.36, No.12, 2012, pp.3163-3184.

Mathias Dewatripont and Jean Tirole, "The Prudential Regulation of Banks", Cambridge: MIT Press, 1994.

Mathias Drehmann, "Macroeconomic Stress -Testing Banks: A Survey of Methodologies", Cambridge: Cambridge University Press, 2009.

Matteo Chinazzi, Giorgio Fagiolo, "Systemic Risk, Contagion, and Financial Networks: A Survey", LEM Papers Series, Laboratory of Economics and Management (LEM), *Sant' Anna School of Advanced Studies*, *Pisa*, *Italy*, 2013.

Matthew Elliott, Benjamin Golub and Matthew O. Jackson, "Financial Networks and Contagion", *The American Economic Review*, Vol.104, No.10, 2014, pp.3115-3153.

Meghana Ayyagari, Asli Demirgüç -Kunt and Vojislav Maksimovic, "Formal Versus Informal Finance: Evidence from China", *Review of Financial Studies*, Vol.23, No.8, 2010, pp.3048-3097.

Michael B. Gordy, "A Risk-factor Model Foundation for Ratings Based Bank Capital Rules", *Journal of Financial Intermediation*, Vol.12, No.3, 2003, pp.199-232.

Michael Boss, "A Macroeconomic Credit Risk Model for Stress Testing the Austrian Credit Portfolio", *Financial Stability Report*, No.4, 2012, pp. 64-82.

Michael Boss, Helmut Elsinger, Martin Summer and Stefan Thurner, "Network Topology of the Interbank Market", *Quantitative Finance*, Vol.4, No.6, 2004, pp.677-684.

Mistrulli Paolo Emilio, "Assessing Financial Contagion in the Interbank Market: Maximum Entropy Versus Observed Interbank Lending Patterns", *Journal of Banking & Finance*, Vol.35, No.5, 2011, pp.1114-1127.

Monica Billio, Mila Getmansky, Andrew W. Lo, Loriana Pelizzon, "Econometric Measures of Connectedness and Systemic Risk in the Finance and Insurance Sectors", *Journal of Financial Economics*, Vol.104, No.3, 2012, pp.535-559.

Nicola Cetorelli and Linda S. Goldberg, "Banking Globalization and Monetary Transmission", *The Journal of Finance*, Vol.67, No.5, 2012, pp.1811-1843.

Nicola Gennaioli, Andrei Shleifer and Robert W. Vishny, "A Model of Shadow Banking", *The Journal of Finance*, Vol.68, No.4, 2013, pp.1331-1363.

Nikola Tarashev and Haibin Zhu, "Specification and Calibration Errors in Measures of Portfolio Credit Risk: The Case of the ASRF Model", *International Journal of Central Banking*, Vol.4, No.2, 2008, pp.129-173.

Nikola Tarashev, Claudio Borio, Kostas Tsatsaronis, "Attributing Systemic Risk to Individual Institutions", BIS Working Papers No 308, *Bank for International Settlements*, 2010.

P. Alessandri, P. Gai, S. Kapadia, N. Mora and C. Puhr, "Towards a Framework for Quantifying Systemic Stability", *International Journal of Central Banking*, Vol.5, No.3, 2019, pp.47–81.

P. Collin–Dufresne, R.S. Goldstein and J.S. Martin, "The Determinants of Credit Spread Changes", *Journal of Finance*, Vol.56, No.6, 2001, pp. 2177–2207.

P. Deb, B. Koo and Zijun Liu, "Competition, Premature Trading and Excess Volatility", *Journal of Banking and Finance*, Vol.41, No.1, 2014, pp. 178–193.

P. Erdös and A. Rényi, "On Random Graphs", *Publicationes Mathematicae Debrecen*, Vol.6, 1959, pp.290–297.

P.Angelini, G. Maresca and D. Russo, "Systemic Risk in the Netting System", *Journal of Banking and Finance*, Vol.20, No.5, 1996, pp.853–868.

Paul Glasserman and H. Peyton Young, "How Likely is Contagion in Financial Networks?", *Journal of Banking & Finance*, Vol.50, 2015, pp.383–399.

Paul Glasserman, Bert Loudis, "A Comparison of U.S. and International Global Systemically Important Banks", Briefs, Office of Financial Research, *US Department of the Treasury*, Vol.15, No.7, 2015.

Philipp Schnabl, "The International Transmission of Bank Liquidity Shocks: Evidence from an Emerging Market", *The Journal of Finance*, Vol.67, No.3, 2012, pp.897–932.

Phylaktis, Kate and Lichuan Xia, "Equity Market Comovement and Contagion: A Sectoral Perspective", *Financial Management*, Vol.38, No.2, 2009, pp.381–409.

Plantin, Guillaume, Haresh Sapra and Hyun Song Shin, "Marking–to–Market: Panacea or Pandora's Box?", *Journal of Accounting Research*, No.46, 2008, pp.435–460.

Rama Cont, Amal Moussa and Edson B, "Santos, Network Structure and Sys–

temic Risk in Banking Systems", Cambridge: Cambridge University Press, 2013.

Richard Roll, "Industrial Structure and the Comparative Behavior of International stock Market Indices", The Journal of Finance, Vol.47, No.1, 1992, pp.3–41.

Robert E. Hall "Quantifying the Lasting Harm to the US Economy from the Financial Crisis", *NBER Macroeconomics Annual*, Vol.29, No.1, 2015, pp.71–128.

Robin Greenwood, Augustin Landier and David Thesmar, "Vulnerable Banks", *Journal of Financial Economics*, Vol.115, No.3, 2015, pp.471–485.

S. Langfield, Zijun Liu and T. Ota, "Mapping the UK Interbank System", *Journal of Banking and Finance*, Vol.45, No.1, 2013, pp.288–303.

Sam Langfield, Zijun Liu and Tomohiro Ota, "Mapping the UK Interbank System", *Journal of Banking & Finance*, Vol.45, 2014, pp.288–303.

Sami Alpanda and Uluc Aysun, "International Transmission of Financial Shocks in an Estimated DSGE Model", Journal of International Money and Finance, Vol.47, 2014, pp.21–55.

Shekhar Aiyar, Charles W. Calomiris and Tomasz Wicladek, "Does Macro-Prudential Regulation Leak? Evidence from a UK Policy Experiment", *Journal of Money*, Credit and Banking, No.46, 2014, pp.181–214.

Shin H. S., "Financial Intermediation and the Post-crisis Financial System", BIS Working Papers, *Bank for International Settlements*, No. 304, 2010.

Soramaki K, Bech M L, Arnold J, Glass R J and Beyeler W.E., "The Topology of Interbank Payment Flows", *Physica A: Statistical Mechanics and its Applications*, Vol.379, No.1, 2007, pp.317–333.

Staum J. "Systemic Risk Components and Deposit Insurance Premia", *Quantitative Finance*, Vol.12, No.4, 2012, pp.651–662.

Stefano Giglio, Bryan Kelly and Seth Pruitt, "Systemic Risk and the Macroeconomy: An Empirical Evaluation", *Journal of Financial Economics*, Vol. 119, No.3, 2016, pp.457-471.

Tasca Paolo and Battiston Stefano, "Market Procyclicality and Systemic Risk", *Quantitative Finance*, Vol.16, No.8, 2016, pp.1219-1235.

Ting Levy, Xiangbo Liu, Zijun Liu and Zhigang Qiu, "Asset Pricing with Relative Performance and Heterogeneous Agents", *Theoretical Economic Letters*, Vol.2, 2012, pp.520-523.

Tobias Adrian and Hyun Song Shin, "Procyclical Leverage and Value -at -Risk", *Review of Financial Studies*, *Society for Financial Studies*, Vol. 27, No.2, 2014, pp.373-403.

Tsomocos, Dimitrios, Bhattacharya, Sudipto, Goodhart, Charles and Vardoulakis, Alexandros, "A Reconsideration of Minsky's Financial Instability Hypothesis", *Journal of Money, Credit and Banking*, Vol. 47, No. 5, 2015, pp. 931-973.

Turner, P, "Procyclicality of Regulatory Ratios?", SCEPA Working Paper, *Center for Economic Policy Analysis*, No. 13, 2000.

Upper, C, "Using Counterfactual Simulations to Assess the Danger of Contagion in Interbank Markets", BIS Working Papers, *Bank for International Settlements*, No.234, 2007.

Vasilis Hatzopoulos, Giulia Iori, Rosario N. Mantegna, Salvatore Miccich'e and Michele Tumminello, "Quantifying Preferential Trading in the E-MID Interbank Market", *Quantitative Finance*, Vol.15, No.4, 2015, pp.693-710.

Viral Acharya and Alberto Bisin, "Counterparty Risk Externality: Centralized Versus Over -the -counter Markets", *Journal of Economic Theory*, Vol. 149, 2014, pp.153-182.

Viral Acharya, Robert Engle and Matthew Richardson, "Capital Shortfall: A New Approach to Ranking and Regulating Systemic Risks", *American*

Economic Review, Vol.102, No.3, 2012, pp.59-64.

Viral V. Acharya and Tanju Yorulmazer, "Cash-in-the-market Pricing and Optimal Resolution of Bank Failures", *Review of Financial Studies*, Vol. 21, No.6, 2008, pp.2705-2742.

Viral V. Acharya and Tanju Yorulmazer, "Too Many to Fail—An Analysis of Time-inconsistency in Bank Closure Policies", *Journal of Financial Intermediation*, Vol.16, No.1, 2007, pp.1-31.

Viral V. Acharya, L. H. Pedersen, T. Philippon and M. Richardson, "Measuring Systemic Risk", *Review of Financial Studies*, Vol. 30, No. 1, 2017, pp.2-47.

Viral V. Acharya, Lasse Heje Pedersen, Thomas Philippon and Matthew P Richardson, "Measuring Systemic Risk", *Review of Financial Studies*, Vol.30, No.1, 2017, pp.2-47.

Viral V. Acharya, "A Theory of Systemic Risk and Design of Prudential Bank Regulation", *Journal of Financial Stability*, Vol.5, No.3, 2009, pp.224-255.

William R. White, "Procyclicality in the Financial System: Do we Need a New Macrofinancial Stabilisation Framework?", BIS Working Papers, *Bank for International Settlements*, No.193, 2006.

Wolf Wagner, "Diversification at Financial Institutions and Systemic Crises", *Journal of Financial Intermediation*, No.19, No.3, 2010, pp.373-386.

Xavier Freixas, Bruno M. Parigi and Jean-Charles Rochet, "Systemic Risk, Interbank Relations, and Liquidity Provision by the Central Bank", *Journal of Money, Credit and Banking*, Vol.32, No.3, 2000, pp.611-638.

Xin Huang, Hao Zhou and Haibin Zhu, "A Framework for Assessing the Systemic Risk of Major Financial Institutions", *Journal of Banking & Finance*, Vol.33, No.11, 2019, pp.2036-2049.

Xin Huang, Hao Zhou and Haibin Zhu, "Assessing the Systemic Risk of a

Heterogeneous Portfolio of Banks During the Recent Financial Crisis", *Journal of Financial Stability*，No.8，2012a，pp.193-205.

Xin Huang，Hao Zhou and Haibin Zhu，"Systemic Risk Contributions"，*Journal of Financial Services Research*，No.42，2012b，pp.55-83.

Y. Baranova，Z. Liu and J. Noss，"The Role of Collateral in Supporting Liquidity"，*Journal of Financial Market Infrastructure*，Vol.5，No.1，2016，pp.1-26.

Zhiguo He and Wei Xiong，"Dynamic Debt Runs"，*Review of Financial Studies*，No.25，2012，pp.1799-1843.

黄聪、贾彦东:《金融网络视角下的宏观审慎管理——基于银行间支付结算数据的实证分析》,《金融研究》2010 年第 4 期。

贾彦东:《金融机构的系统重要性分析——金融网络中的系统风险衡量与成本分担》,《金融研究》2011 年第 10 期。

贾彦东:《中国潜在产出的综合测算及其政策含义》,《金融研究》2019 年第 3 期。

金荦、陶玲:《新一轮国际金融监管体制改革的核心：强化宏观审慎监管》,《比较》2009 年第 4 期。

李文泓:《关于宏观审慎监管框架下逆周期政策的探讨》,《金融研究》2009 年第 7 期。

李研:《宏观审慎监管与金融稳定》,《金融研究》2009 年第 8 期。

刘春航、李文泓:《关于建立宏观审慎监管框架与逆周期政策机制的思考》,《比较》2009 年第 4 期。

庞皓、黎实、贾彦东:《金融安全的预警机制与风险控制研究》,科学出版社 2009 年版。

徐忠、贾彦东:《自然利率与中国宏观政策选择》,《经济研究》2019 年第 6 期。

张健华、贾彦东:《宏观审慎政策的理论与实践进展》,《金融研究》2012 年第 1 期。

周小川:《金融政策对金融危机的响应——宏观审慎政策框架的形成背景、内在逻辑和主要内容》,《金融研究》2011 年第 1 期。

索 引

专家推荐表

第八批《中国社会科学博士后文库》专家推荐表 1

《中国社会科学博士后文库》由中国社会科学院与全国博士后管理委员会共同设立，旨在集中推出选题立意高、成果质量高、真正反映当前我国哲学社会科学领域博士后研究最高学术水准的创新成果，充分发挥哲学社会科学优秀博士后科研成果和优秀博士后人才的引领示范作用，让《文库》著作真正成为时代的符号、学术的标杆、人才的导向。

推荐专家姓名	谢平	行政职务	
研究专长	宏观金融理论、互联网金融	电　　话	
工作单位	清华大学五道口金融学院	邮　　编	
推荐成果名称	金融网络视角下的系统风险与宏观审慎政策		
成果作者姓名	贾彦东		

(对书稿的学术创新、理论价值、现实意义、政治理论倾向及是否具有出版价值等方面做出全面评价，并指出其不足之处)

　　宏观审慎政策之所以受到理论与实务界的广泛关注与认可，一个重要理由就是"个体稳健并不意味着整体稳健"。该命题反映出的深层次含义是，在传统货币政策和微观监管政策之间可能存在着系统风险防范的"真空"，需要通过截面维度上的宏观审慎政策予以应对。当前被广泛使用的包括"系统重要性金融机构"监管在内的诸多截面维度上的宏观审慎政策，均是源于对这一认识的具体体现。个体健康与整体稳定之间关系的分析，主要源于对本次危机历程的观察与反思。先不谈理论上这一命题是否成立，单就个体风险与整体风险的关系，以及如何理解个体风险向系统风险的转化，也已经成为危机后系统风险与宏观审慎政策研究的热点。在这样的语境之下，金融体系内每个个体之间相互关联形成的网络以及网络结构的变化便成为了理解由个体风险到系统性风险传递、形成的关键。该书关于金融网络结构的分析便是在这样的思路下逐步展开的。

　　从内容上，该书主要集中在宏观审慎政策理论研究与实际政策相关进展，金融网络模型的开发，给予不同信息条件下的金融网络模型分析应用，以及将网络结构视为新的不确定性进行全新分析等主要方面。

　　文献梳理与进展方面，涉及文献时间跨度较长，文献归纳梳理较为规范。尤其是关于宏观审慎政策的最新进展部分，将宏观审慎政策的内涵与理论分析阐述的比较全面。网络模型开发部分，已经基本建立了自己的网络分析模型，并能够应用模型进行模拟和实证分析。在应用上，作者主要对我国金融网络的整体稳定性以及金融机构的系统重要性进行了深入分析和衡量，对以后的监管政策与相关理论研究意义较大。最后，作者将金融网络结构作为新的不确定性，纳入研究框架，视角比较独特，具有明显的创新性，为以后的相关研究指明了方向，也让我们对金融网络及其风险的未来研究充满期待。

本书作者是我在人民银行金融研究所指导的博士后。作为统计学博士与金融学博士后，该同学将金融网络、系统风险以及宏观审慎相关问题作为自己的研究选题，不仅契合当前理论界与实务界关心的热点，同时又结合了自己复合专业背景。贾彦东博士属于较早开展金融网络模型研究的学者之一。本书中大部分章节也已经在《金融研究》发表，并取得了较好的社会影响。例如，金融网络视角下的宏观审慎、金融机构的系统重要性分析两部分，已经分别在 2011 年和 2012 年发表于《金融研究》中，并被评选为 2011 年《金融研究》年度优秀论文一等奖以及 2015 年中国金融学会优秀论文二等奖。

　　金融网络对于讨论和研究系统风险形成以及宏观审慎政策工具设计是一个全新的视角，可以成为目前宏观金融研究的热点和前沿。我愿意推荐该书以博士后文库的形式出版，更期待着能由此带动一批相关成果的涌现。

签字：谢平

2019 年 3 月 10 日

说明：该推荐表由具有正高职称的同行专家填写。一旦推荐书稿入选《博士后文库》，推荐专家姓名及推荐意见将印入著作。

第八批《中国社会科学博士后文库》专家推荐表 2

《中国社会科学博士后文库》由中国社会科学院与全国博士后管理委员会共同设立，旨在集中推出选题立意高、成果质量高、真正反映当前我国哲学社会科学领域博士后研究最高学术水准的创新成果，充分发挥哲学社会科学优秀博士后科研成果和优秀博士后人才的引领示范作用，让《文库》著作真正成为时代的符号、学术的标杆、人才的导向。

推荐专家姓名	马骏	行政职务	
研究专长	宏观经济、金融市场	电　话	
工作单位	清华大学金融与发展研究中心	邮　编	100083
推荐成果名称	金融网络视角下的系统风险与宏观审慎政策分析		
成果作者姓名	贾彦东		

(对书稿的学术创新、理论价值、现实意义、政治理论倾向及是否具有出版价值等方面做出全面评价，并指出其不足之处)

理解风险在金融系统内部（尤其在银行体系内）传递、扩散的过程，对于监测、分析系统风险状态，有效制定宏观与微观监管政策等方面都具有重要意义。理论上，有利于我们更好的理解截面维度上的风险形成；有利于动态分析个体风险向整体风险的转化；有利于进一步理解市场与监管的界线。实践上，有助于回答"是否需要应对每一次微观风险""宏观政策对微观如何反应""在个体风险扩散传递过程中，政策应何时出手以及在哪个环节出手效果最好""各种总量与结构化政策措施又应该如何协调使用"等一系列问题。

沿着这样的思路展开，该书借鉴矩阵模型的思路构建中国金融网络的风险传递模型，以金融系统内个体间相互连接构成的网络为对象，立足于金融网络结构的稳定性分析，并以此为视角对整个金融体系的系统性风险状况进行监测、预警与分析。

学术和理论价值方面，该书作者贾彦东处长是我在人民银行研究局任首席经济学家时的同事，更是我最好的研究助手。他对系统风险模型的研究已经持续了较长时间，并曾以高级访问学者身份赴英格兰银行货币政策分析部，以及德国中央银行金融稳定部门开展了一年多的学习和学术交流，尤其在模型技术和定量方法等方面。此外，我们曾多次组织关于系统风险模型的国际研讨会。书中的部分内容已经过专家的广泛讨论和认可。从内容上，该书主要集中在宏观审慎政策理论研究与实际政策相关进展，金融网络模型开发，不同信息条件下金融网络模型应用，以及将网络结构视为新的不确定性进行全新分析四个主要方面。其中，尤其关于我国金融网络传染模型和金融机构的系统重要性分析两部分，非常具有创新性和理论价值。部分想法也已经被英格兰银行更新的 RAMSI 模型所采纳。尽管适合中国的系统风险模型尚未完全建立，但书中的部分内容已经成为该模型的核心。此外，作者将金融网络结构作为新的不确定性，纳入研究框架，视角比较独特，具有明显的创新性，亦为以后相关研究指明了方向。

此外，本书中部分章节已经在《金融研究》等权威期刊发表，并取得了较好的社会影响。其中，"金融网络视角下的宏观审慎"与"金融机构的系统重要性分析"两部分，已经分别在 2011 年和 2012 年发表于《金融研究》，并被评选为 2011 年《金融研究》年度优秀论文一等奖。"金融机构的系统重要性分析"更是获得了 2015 年中国金融学会优秀论文二等奖。

作为一个全新的方向，金融网络对于系统风险形成及宏观审慎政策工具设计等理论和实践问题的研究和讨论具有明显意义，如能成为博士后文库系列丛书的一员，必将提升整个丛书的前沿性和科学性。因此，我愿意推荐该书以博士后文库丛书形式出版，也期待着能由此带动一批相关成果的涌现。

签字：

2019 年 3 月 5 日

说明：该推荐表由具有正高职称的同行专家填写。一旦推荐书稿入选《博士后文库》，推荐专家姓名及推荐意见将印入著作。

经济管理出版社
《中国社会科学博士后文库》
成果目录

第二批《中国社会科学博士后文库》（2013 年出版）

序号	书 名	作 者
1	《国有大型企业制度改造的理论与实践》	董仕军
2	《后福特制生产方式下的流通组织理论研究》	宋宪萍
3	《基于场景理论的我国城市择居行为及房价空间差异问题研究》	吴 迪
4	《基于能力方法的福利经济学》	汪毅霖
5	《金融发展与企业家创业》	张龙耀
6	《金融危机、影子银行与中国银行业发展研究》	郭春松
7	《经济周期、经济转型与商业银行系统性风险管理》	李关政
8	《境内企业境外上市监管若干问题研究》	刘 轶
9	《生态维度下土地规划管理及其法制考量》	胡耘通
10	《市场预期、利率期限结构与间接货币政策转型》	李宏瑾
11	《直线幕僚体系、异常管理决策与企业动态能力》	杜长征
12	《中国产业转移的区域福利效应研究》	孙浩进
13	《中国低碳经济发展与低碳金融机制研究》	乔海曙
14	《中国地方政府绩效评估系统研究》	朱衍强
15	《中国工业经济运行效益分析与评价》	张航燕
16	《中国经济增长：一个"被破坏性创造"的内生增长模型》	韩忠亮
17	《中国老年收入保障体系研究》	梅 哲
18	《中国农民工的住房问题研究》	董 昕
19	《中美高管薪酬制度比较研究》	胡 玲
20	《转型与整合：跨国物流集团业务升级战略研究》	杜培枫

第三批《中国社会科学博士后文库》（2014 年出版）

序号	书 名	作 者
1	《程序正义与人的存在》	朱 丹
2	《高技术服务业外商直接投资对东道国制造业效率影响的研究》	华广敏
3	《国际货币体系多元化与人民币汇率动态研究》	林 楠
4	《基于经常项目失衡的金融危机研究》	匡可可
5	《金融创新及其宏观效应研究》	薛昊旸
6	《金融服务县域经济发展研究》	郭兴平
7	《军事供应链集成》	曾 勇
8	《科技型中小企业金融服务研究》	刘 飞
9	《农村基层医疗卫生机构运行机制研究》	张奎力
10	《农村信贷风险研究》	高雄伟
11	《评级与监管》	武 钰
12	《企业吸收能力与技术创新关系实证研究》	孙 婧
13	《统筹城乡发展背景下的农民工返乡创业研究》	唐 杰
14	《我国购买美国国债策略研究》	王 立
15	《我国行业反垄断和公共行政改革研究》	谢国旺
16	《我国农村剩余劳动力向城镇转移的制度约束研究》	王海全
17	《我国吸引和有效发挥高端人才作用的对策研究》	张 瑾
18	《系统重要性金融机构的识别与监管研究》	钟 震
19	《中国地区经济发展差距与地区生产率差距研究》	李晓萍
20	《中国国有企业对外直接投资的微观效应研究》	常玉春
21	《中国可再生资源决策支持系统中的数据、方法与模型研究》	代春艳
22	《中国劳动力素质提升对产业升级的促进作用分析》	梁泳梅
23	《中国少数民族犯罪及其对策研究》	吴大华
24	《中国西部地区优势产业发展与促进政策》	赵果庆
25	《主权财富基金监管研究》	李 虹
26	《专家对第三人责任论》	周友军

第四批《中国社会科学博士后文库》（2015年出版）

序号	书　名	作　者
1	《地方政府行为与中国经济波动研究》	李　猛
2	《东亚区域生产网络与全球经济失衡》	刘德伟
3	《互联网金融竞争力研究》	李继尊
4	《开放经济视角下中国环境污染的影响因素分析研究》	谢　锐
5	《矿业权政策性整合法律问题研究》	郗伟明
6	《老年长期照护：制度选择与国际比较》	张盈华
7	《农地征用冲突：形成机理与调适化解机制研究》	孟宏斌
8	《品牌原产地虚假对消费者购买意愿的影响研究》	南剑飞
9	《清朝旗民法律关系研究》	高中华
10	《人口结构与经济增长》	巩勋洲
11	《食用农产品战略供应关系治理研究》	陈　梅
12	《我国低碳发展的激励问题研究》	宋　蕾
13	《我国战略性海洋新兴产业发展政策研究》	仲雯雯
14	《银行集团并表管理与监管问题研究》	毛竹青
15	《中国村镇银行可持续发展研究》	常　戈
16	《中国地方政府规模与结构优化：理论、模型与实证研究》	罗　植
17	《中国服务外包发展战略及政策选择》	霍景东
18	《转变中的美联储》	黄胤英

第五批《中国社会科学博士后文库》（2016 年出版）

序号	书　名	作　者
1	《财务灵活性对上市公司财务政策的影响机制研究》	张玮婷
2	《财政分权、地方政府行为与经济发展》	杨志宏
3	《城市化进程中的劳动力流动与犯罪：实证研究与公共政策》	陈春良
4	《公司债券融资需求、工具选择和机制设计》	李　湛
5	《互补营销研究》	周　沛
6	《基于拍卖与金融契约的地方政府自行发债机制设计研究》	王治国
7	《经济学能够成为硬科学吗?》	汪毅霖
8	《科学知识网络理论与实践》	吕鹏辉
9	《欧盟社会养老保险开放性协调机制研究》	王美桃
10	《司法体制改革进程中的控权机制研究》	武晓慧
11	《我国商业银行资产管理业务的发展趋势与生态环境研究》	姚　良
12	《异质性企业国际化路径选择研究》	李春顶
13	《中国大学技术转移与知识产权制度关系演进的案例研究》	张　寒
14	《中国垄断性行业的政府管制体系研究》	陈　林

第六批《中国社会科学博士后文库》（2017 年出版）

序号	书 名	作 者
1	《城市化进程中土地资源配置的效率与平等》	戴媛媛
2	《高技术服务业进口技术溢出效应对制造业效率影响研究》	华广敏
3	《环境监管中的"数字减排"困局及其成因机理研究》	董 阳
4	《基于竞争情报的战略联盟关系风险管理研究》	张 超
5	《基于劳动力迁移的城市规模增长研究》	王 宁
6	《金融支持战略性新兴产业发展研究》	余 剑
7	《清乾隆时期长江中游米谷流通与市场整合》	赵伟洪
8	《文物保护经费绩效管理研究》	满 莉
9	《我国开放式基金绩效研究》	苏 辛
10	《医疗市场、医疗组织与激励动机研究》	方 燕
11	《中国的影子银行与股票市场：内在关联与作用机理》	李锦成
12	《中国应急预算管理与改革》	陈建华
13	《资本账户开放的金融风险及管理研究》	陈创练
14	《组织超越——企业如何克服组织惰性与实现持续成长》	白景坤

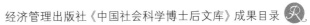

第七批《中国社会科学博士后文库》（2018 年出版）

序号	书　名	作　者
1	《行为金融视角下的人民币汇率形成机理及最优波动区间研究》	陈 华
2	《设计、制造与互联网"三业"融合创新与制造业转型升级研究》	赖红波
3	《复杂投资行为与资本市场异象——计算实验金融研究》	隆云滔
4	《长期经济增长的趋势与动力研究：国际比较与中国实证》	楠 玉
5	《流动性过剩与宏观资产负债表研究：基于流量存量一致性框架》	邵 宇
6	《绩效视角下我国政府执行力提升研究》	王福波
7	《互联网消费信贷：模式、风险与证券化》	王晋之
8	《农业低碳生产综合评价与技术采用研究——以施肥和保护性耕作为例》	王珊珊
9	《数字金融产业创新发展、传导效应与风险监管研究》	姚 博
10	《"互联网+"时代互联网产业相关市场界定研究》	占 佳
11	《我国面向西南开放的图书馆联盟战略研究》	赵益民
12	《全球价值链背景下中国服务外包产业竞争力测算及溢出效应研究》	朱福林
13	《债务、风险与监管——实体经济债务变化与金融系统性风险监管研究》	朱太辉

第八批《中国社会科学博士后文库》（2019 年出版）

序号	书　名	作　者
1	《分配正义的实证之维——实证社会选择的中国应用》	汪毅霖
2	《金融网络视角下的系统风险与宏观审慎政策》	贾彦东
3	《基于大数据的人口流动流量、流向新变化研究》	周晓津
4	《我国电力产业成本监管的机制设计——防范规制合谋视角》	杨菲菲
5	《货币政策、债务期限结构与企业投资行为研究》	钟　凯
6	《基层政区改革视野下的社区治理优化路径研究：以上海为例》	熊　竞
7	《大国版图：中国工业化 70 年空间格局演变》	胡　伟
8	《国家审计与预算绩效研究——基于服务国家治理的视角》	谢柳芳
9	《包容型领导对下属创造力的影响机制研究》	古银华
10	《国际传播范式的中国探索与策略重构——基于会展国际传播的研究》	郭　立
11	《唐代东都职官制度研究》	王　苗

《中国社会科学博士后文库》
征稿通知

为繁荣发展我国哲学社会科学领域博士后事业，打造集中展示哲学社会科学领域博士后优秀研究成果的学术平台，全国博士后管理委员会和中国社会科学院共同设立了《中国社会科学博士后文库》（以下简称《文库》），计划每年在全国范围内择优出版博士后成果。凡入选成果，将由《文库》设立单位予以资助出版，入选者同时将获得全国博士后管理委员会（省部级）颁发的"优秀博士后学术成果"证书。

《文库》现面向全国哲学社会科学领域的博士后科研流动站、工作站及广大博士后，征集代表博士后人员最高学术研究水平的相关学术著作。征稿长期有效，随时投稿，每年集中评选。征稿范围及具体要求参见《文库》征稿函。

联系人：宋　娜

电子邮箱：epostdoctoral@126.com

通讯地址：北京市海淀区北蜂窝 8 号中雅大厦 A 座 11 层经济管理出版社《中国社会科学博士后文库》编辑部

邮编：100038

经济管理出版社